思想政治教育文化范式的构建与优化研究

赵志亚 著

中国社会科学出版社

图书在版编目（CIP）数据

思想政治教育文化范式的构建与优化研究 / 赵志业著. —北京：中国社会科学出版社，2023.9

ISBN 978 - 7 - 5227 - 2519 - 2

Ⅰ.①思… Ⅱ.①赵… Ⅲ.①思想政治教育—研究—中国 Ⅳ.①D64

中国国家版本馆 CIP 数据核字（2023）第 162957 号

出 版 人	赵剑英
责任编辑	刘　洋
责任校对	闫　萃
责任印制	王　超

出　　版	中国社会科学出版社
社　　址	北京鼓楼西大街甲 158 号
邮　　编	100720
网　　址	http://www.csspw.cn
发 行 部	010 - 84083685
门 市 部	010 - 84029450
经　　销	新华书店及其他书店
印　　刷	北京君升印刷有限公司
装　　订	廊坊市广阳区广增装订厂
版　　次	2023 年 9 月第 1 版
印　　次	2023 年 9 月第 1 次印刷
开　　本	710×1000　1/16
印　　张	18
插　　页	2
字　　数	278 千字
定　　价	96.00 元

凡购买中国社会科学出版社图书，如有质量问题请与本社营销中心联系调换
电话：010 - 84083683
版权所有　侵权必究

摘　　要

在思想政治教育理论创新与实践发展过程中，以文化人、以文育人一直处于重要地位。尤其是习近平总书记在全国高校思想政治工作会议上强调思想政治工作要更加注重以文化人、以文育人之后，思想政治教育以文化人、以文育人研究迎来了新的发展机遇，但也对其提出更高的要求。特别是在新时代背景下，用主流文化的价值与意义对大众进行文化建构从而使大众提升自己思想道德文化素养的同时积极投身于中国特色社会主义伟大实践中去，是思想政治教育以文化人、以文育人的重大使命。这就要求思想政治教育以文化人、以文育人在理论研究与实践发展上都要有所突破，从而更好地完成新时代党和国家赋予思想政治教育理论工作和实践工作的崇高使命。基于以上认识，本书从"范式"高度，对思想政治教育文化范式进行深入研究，以期对思想政治教育以文化人、以文育人的理论研究与实践发展作出新贡献。

本书紧紧围绕思想政治教育文化范式的"构建"与"优化"开展研究。具体而言，主要针对以下问题进行了研究。第一，基于新时代背景、思想政治教育学科发展需要以及人民大众的文化精神需要等方面，指出思想政治教育文化范式构建与优化研究的必要性。针对目前思政界研究现状进行梳理和分析，归纳了当前研究的不足，确定了本书的研究思路和框架。第二，在对思想政治教育文化范式研究涉及的相关概念进行厘清的基础上，对思想政治教育文化范式概念进行深入研究。这主要体现在对思想政治教育文化范式的谱系地位、内涵、结构、特征、类型、功能等进行深入探讨，从而对思想政治教育文化范式形成一个整体理解和把握。之后对思想政治教育文化范式研究需要的理论支撑进行论述。第三，重点对思想政治教育文化范式结构模型进行学理构建。在静态结构要素层面，对思想政治教育文化范式结构模型按照深层要素圈、核心要素圈、中介要素圈和外围要素圈的组成结构进行多维立体构建。在此基础上，对思想政治教育文化范式的动态运行过程以及机理进行深入研究。分析了思想政治教育文化范式的通约性问题和转换问题。第四，在思想政治教育文化范式结构模型的理论指导下，以高校为场域，对新时代高校思想政治教育文化范式的静态要素状况、实践运行状况以及成因进行实证分析，从而为新时代高校思想政治教育文化范式的实践优化路径奠定了研究基础。第五，针对新时代高校思想政治教育文化范式实践运行中存在的不足，试图从完善高校思想政治教育文化范式的诸要素圈结构、构建高校思想政治教育文化范式实践的一体化格局、建立高校思想政治教育文化范式实践的长效机制等方面提出行之有效的高校思想政治教育文化范式实践优化路径。在此基础上，对思想政治教育文化范式在高校思想政治理论课中的应用作了案例分析。

本书基于当前思政界对思想政治教育文化范式研究存在的不足，在前人研究的基础上，对思想政治教育文化范式进行更加深入的研究，主要体现在对思想政治教育文化范式结构模型进行深入的学理分析，在此基础上以高校为场域，分析了高校思想政治教育文化范式的现状与优化路径。具体而言，本书的创新之处包括以下方面。

第一，厘清思想政治教育文化范式的谱系地位并对其内涵进行精准界定。本书在把思想政治教育范式划分为思想政治教育研究范式、学科范式、理论范式及实践范式四大类范式的基础上，指出思想政治教育文化范式在思想政治教育范式谱系中主要属于思想政治教育实践范式的范畴。虽然思想政治教育文化范式主要属于思想政治教育实践范式，但在形态上也有其理论表达。在此基础上对思想政治教育文化范式的内涵进行了精准界定，认为思想政治教育文化范式是指特定阶级或集团的教育者文化主体用其主导文化的意义与价值对受教育者文化主体进行文化建构所遵循的结构模型。

第二，对思想政治教育文化范式结构模型从静态要素与动态运行两方面进行了深入分析。思想政治教育文化范式结构模型在静态构成上由深层要素圈、核心要素圈、中介要素圈和外围要素圈组成。深层要素圈决定着思想政治教育文化范式的性质与方向。核心要素圈对思想政治教育文化范式作出最为重要的规定。中介要素圈对思想政治教育文化范式发挥着中介桥梁的作用。外围要素圈对思想政治教育文化范式发挥着重要的保障作用。思想政治教育文化范式的四个要素圈之间是相互联系和相互作用的。思想政治教育文化范式动态运行过程包括思想政治教育文化范式与社会大系统的动态互动过程以及思想政治教育文化范式作为独立系统的动态运行过程。思想政治教育文化范式与社会大系统的动态运行过程需遵循文化代码机理、文化资本机理、文化领导权机理和文化创造机理四个方面的机理。思想政治教育文化范式作为独立系统的运行过程需遵循文化引导—认同机理、文化选择—加工机理、文化适应—匹配机理、文化生成—超越机理四个方面的机理。

第三，尝试破解思想政治教育文化范式的通约性问题和转换问题。在思想政治教育文化范式结构模型的理论指导下，认为不同时代、不同国家和不同阶级的思想政治教育文化范式在形式上具有通约性，但在实质内容上具有不可通约性，但可以进行交流与借鉴。新时代我国各种形态与类型的思想政治教育文化范式之间具有可通约性。思想政治教育文化范式转换需要遵循范式转换的标准。新时代我国思想政治教育文化范式不论是从功能还是从结构分析，都不存在转换的需要，而是需要进行优化。优化的重点在于处理好思想政治教育文化范式发展的不平衡不充分的矛盾。

第四，在分析新时代高校思想政治教育文化范式现状的基础上提出其优化路径。本书通过对3000名大学生进行问卷调查，对100余位高校领导、教师和高校不同部门的工作人员等教育者文化主体进行深入访谈，对10位思政专家进行深度访谈，对200余位不同年级、不同专业的本科生受教育者文化主体进行深入访谈，在此基础上借鉴前人所做的数据分析，对高校思想政治教育文化范式现状进行了客观且全面的把握。在此基础上从完善高校思想政治教育文化范式的诸要素圈结构、构建高校思想政治教育文化范式实践的一体化格局、建立高校思想政治教育文化范式实践的长效机制等方面针对性地提出新时代高校思想政治教育文化范式实践的优化路径。

第五，将思想政治教育文化范式在高校思政课中落地实践，构建并实施了高校思政课文化型教学模式。高校思政课文化型教学模式是由宏观结构、中观结构和微观结构组成的多维立体教学模式。在宏观结构上，主要体现在对高校思想政治文化型教学模式的各个文化要素的规定上。在中观结构上，主要体现在把高校思政课文化型教学模式的课堂分为理论先导课堂、理论主导创造和体验实践课堂，努力打造高校思政课三课堂文化型教学模式。在微观结构上，主要体现为在宏观结构与中观结构的指导下，以《思想道德与法治》课程为例，对每一章节进行精细的教学设计。

关键词：思想政治教育文化范式；结构模型；要素圈；机理；优化路径

目 录

第一章 绪论 …………………………………………………………（1）
 第一节 选题背景和意义 ………………………………………（1）
  一 选题背景 …………………………………………………（1）
  二 研究意义 …………………………………………………（7）
 第二节 研究现状 ………………………………………………（9）
  一 思想政治教育范式研究的学术史梳理 …………………（9）
  二 思想政治教育以文化人、以文育人研究的学术史梳理 …（20）
  三 思想政治教育文化范式研究的学术史梳理 ……………（34）
  四 当前研究述评 ……………………………………………（36）
 第三节 研究思路 ………………………………………………（39）
 第四节 研究方法 ………………………………………………（41）
  一 文献资料分析法 …………………………………………（41）
  二 理论总结法 ………………………………………………（41）
  三 实证调研法 ………………………………………………（42）
 第五节 创新点 …………………………………………………（42）

第二章 思想政治教育文化范式的相关概念界定与理论支撑 ………（45）
 第一节 思想政治教育文化范式的相关概念界定 ……………（45）
  一 范式与文化概念界定 ……………………………………（46）
  二 思想政治教育范式概念界定 ……………………………（59）
  三 思想政治教育文化范式概念界定 ………………………（67）

第二节 思想政治教育文化范式的理论支撑 (73)
 一 理论基础：经典马克思主义文化理论 (74)
 二 历史传承：中国传统文化相关思想与中国共产党
  领导人相关论述 (78)
 三 理论借鉴：西方相关文化理论 (85)

第三章 思想政治教育文化范式结构模型的学理构建 (88)
第一节 思想政治教育文化范式的静态要素结构 (88)
 一 思想政治教育文化范式的深层要素圈 (89)
 二 思想政治教育文化范式的核心要素圈 (95)
 三 思想政治教育文化范式的中介要素圈 (104)
 四 思想政治教育文化范式的外围要素圈 (113)
第二节 思想政治教育文化范式的动态运行过程及机理 (119)
 一 思想政治教育文化范式的动态运行过程 (119)
 二 思想政治教育文化范式运行过程的机理 (130)
第三节 思想政治教育文化范式结构模型的通约性与转换
   问题思考 (138)
 一 思想政治教育文化范式结构模型的通约性问题 (138)
 二 思想政治教育文化范式结构模型的转换问题 (141)

第四章 新时代思想政治教育文化范式的实践状况审视
  ——以高校为场域 (144)
第一节 研究设计与研究过程 (146)
 一 调查问卷的设计 (146)
 二 调查问卷的发放与分析 (148)
第二节 新时代高校思想政治教育文化范式的实践现状
   剖析 (149)
 一 高校思想政治教育文化范式静态要素的基本状况 (149)
 二 高校思想政治教育文化范式的动态运行状况 (175)

第三节　新时代高校思想政治教育文化范式实践状况
　　　　问题的成因分析 ………………………………………… (190)
　　一　相关部门对高校思想政治教育文化范式的重视不足 …… (190)
　　二　高校思想政治教育文化范式实践中各方协同联动的
　　　　工作格局未形成 ………………………………………… (192)
　　三　高校思想政治教育文化范式实践中教育者文化主体
　　　　素质参差不齐 …………………………………………… (194)
　　四　高校思想政治教育文化范式实践中大学生文化主体的
　　　　主动性不足 ……………………………………………… (196)

第五章　新时代思想政治教育文化范式的实践优化路径
　　　　——以高校为场域 ……………………………………… (199)
第一节　完善高校思想政治教育文化范式的诸要素圈结构 …… (199)
　　一　坚定马克思主义对高校思想政治教育文化范式的指导
　　　　地位 ……………………………………………………… (200)
　　二　重点优化高校思想政治教育文化范式核心要素圈诸
　　　　要素 ……………………………………………………… (204)
　　三　充分发展高校思想政治教育文化范式中介要素圈诸
　　　　要素 ……………………………………………………… (211)
　　四　大力建设高校思想政治教育文化范式外围要素圈诸
　　　　要素 ……………………………………………………… (218)
第二节　构建高校思想政治教育文化范式实践的一体化
　　　　格局 ……………………………………………………… (221)
　　一　构建高校思想政治教育文化范式与社会大系统的互促
　　　　互进格局 ………………………………………………… (221)
　　二　构建高校思想政治教育文化范式实践过程中诸部门之间的
　　　　协同合力格局 …………………………………………… (223)
　　三　构建高校思想政治教育文化范式实践过程中诸要素圈之间的
　　　　衔接契合格局 …………………………………………… (225)
第三节　建立高校思想政治教育文化范式实践的长效机制 …… (228)

一　构建高校思想政治教育文化范式实践的组织领导机制 ……（228）
　　二　完善高校思想政治教育文化范式实践的制度规约机制 ……（230）
　　三　创新高校思想政治教育文化范式实践的评价与奖励机制 ……（232）
　　四　开发高校思想政治教育文化范式实践运行的科学反馈机制 ……（234）
第四节　案例：思想政治教育文化范式在高校思想政治理论课中的应用 ……（235）
　　一　高校思想政治理论课文化型教学模式宏观分析 ……（235）
　　二　高校思想政治理论课文化型教学模式中观分析 ……（243）
　　三　高校思想政治理论课文化型教学的教学设计案例呈现 ……（247）

结论与展望 ……（250）

附　录 ……（254）
　附录1 ……（254）
　附录2 ……（266）
　附录3 ……（267）
　附录4 ……（268）

参考文献 ……（269）

第一章

绪　论

思想政治教育与文化存在着天然的血肉联系，一方面，思想政治教育的对象是人，人的本质特征之一就是文化存在，这就决定了文化成为思想政治教育最直接的基础。也就是说，文化塑造着思想政治教育的文化品格及其相关逻辑规则。同时，以文化人、以文育人成为思想政治教育的重要方式。另一方面，思想政治教育的文化功能又精炼形成着文化，离开思想政治教育，文化的传承、创新和发展就失去一个极为有力的权威方式与机制。正是基于思想政治教育与文化的关系，学界从文化视角对思想政治教育开展了诸多理论研究，在实践上也愈加重视思想政治教育以文化人、以文育人。随着理论研究和实践开展的逐渐深入，加之新时代对思想政治教育以文化人、以文育人提出更高要求，这些都决定了研究者需要更加深入地对相关主题进行研究。基于这样的认识，笔者提出"思想政治教育文化范式"这一重要范畴，以"构建"与"优化"为两翼，对涉及的相关问题进行系统深入研究，以期能在理论上和实践上有所突破和贡献。

第一节　选题背景和意义

一　选题背景

任何有价值的学术研究都是以特有的方式回应着时代发展状况和理论发展趋势，这也就意味着任何有价值的学术研究都首先应该回答自己的研究初心和旨归。笔者对"思想政治教育文化范式"开展系统深入的研究有着深刻的理论背景和实践背景。

（一）理论背景

在理论上，思想政治教育文化范式的提出和研究，是建立在浓郁的学术传统和急切的学术发展之需基础上的。具体而言，主要表现在以下三个方面。

1. 新时代思想政治教育学科发展亟待加强思想政治教育范式研究

思想政治教育作为中国共产党的政治优势已经有一百余年的辉煌实践史。与思想政治教育实践史相比，思想政治教育学科从建立到发展只有不到四十年的历史。在这不到四十年的学科发展历程中，科学共同体对思想政治教育学科体系进行了辛勤耕耘，形成了一大批具有代表性的理论成果，这为思想政治教育学科的建设和发展奠定了坚实的学科传统并提供了丰富的理论资源。中国特色社会主义进入新时代，面对新时代对思想政治教育提出的新目标、新任务和新要求，科学共同体需要在前人理论创造的基础上从不同的理论层面对思想政治教育学科进行创新与发展，从而回应时代需求。在这之中，有一个问题是至关重要并亟待解决的，那就是思想政治教育范式的建立与发展，只有建立思想政治教育范式，才能使思想政治教育以更加"职业"的位置、"专业"的方式、发挥"合力"作用在新时代精准有力作为。这也就意味着，从学科发展意义上，思想政治教育范式作为学科建设和发展的结构模型，因具有汇聚和整合学科资源和条件的功能、传承学科优良传统并创新学科自身发展的功能、培育和造就学科人才的功能，而自然成为新时代思想政治教育学科建设和发展的关键问题。然而，在具体的研究中，思想政治教育范式是一项十分宏观和庞大的工程，单从类型和层次上讲就拥有立体和丰富的谱系。思想政治教育文化范式就是思想政治教育范式谱系中的一种。对思想政治教育文化范式进行研究的理论背景自然要以思想政治教育范式研究的理论背景为基础。因此，在此以思想政治教育范式研究的背景作为思想政治教育文化范式研究的理论背景之一进行论述。

2. 思想政治教育范式研究的"百花齐放"呼唤思想政治教育文化范式研究的出场

学界对思想政治教育范式进行研究，是与范式理论传入我国并被人文社会科学研究者关注同步进行的。目前学界对思想政治教育范式的研究集中在思想政治教育学科范式、思想政治教育理论研究范式、思想政治教育方法研究范式以及思想政治教育实践范式等方面，这些不同层面的思想政治教育范式之间不仅存在彼此联系、彼此交叉的关系，而且这些范式内部又存在不同的范式类型。可以说，学界形成了思想政治教育范式研究"百花齐放"的局面，这为思想政治教育文化范式的研究奠定了坚实的研究基础。但目前学界对思想政治教育范式的研究还处于比较初步的阶段，也存在着诸多需要厘清和深入的方面。比如，思想政治教育学科范式研究不仅需要从整体层面对其进行构建和研究，而且需要对不同层次的子范式进行深入研究，从而深化和丰富思想政治教育学科范式研究、思想政治教育理论范式之间存在的"非此即彼"的二元甚至多元对立关系研究、思想政治教育理论范式与实践范式之间的关系研究，等等。正是思想政治教育范式研究的内在矛盾运动引发了笔者的思考，其中一个思考重点是思想政治教育范式研究中的两大主流范式即"社会哲学范式"与"人学范式"存在一定程度的彼此对立状态，但这两种范式作为中国共产党思想政治教育范式在理论上是有可通约性的。如何对这两种范式进行综合研究，从而避免二者走向彼此对立的状态？经过深思熟虑，笔者认为能够把社会与人结合在一起进行考量和研究的是文化。思想政治教育文化范式兼具社会性和属人性的特点，可以实现对"社会哲学范式"和"人学范式"的有效综合、整合和超越。加之，学界从文化视角对思想政治教育进行研究也形成了一定的学术传统，思想政治教育文化范式研究的出场恰逢其时。

3. 学术共同体对思想政治教育以文化人、以文育人研究的不断深化要求对思想政治文化范式进行系统研究

思想政治教育文化范式的提出与深入研究离不开学术共同体对思想政治教育以文化人、以文育人研究的成果积累。纵观思想政治教育以文化人、以文育人研究，经历了从思想政治教育与文化的外在关联研究到思想政治教育与文化的内在契合研究的发展阶段。尤其是习近平总书记提出思想政治工作要更加注重以文化人、以文育人以来，思想政治教育文化研究更是成为学术共同体研究的焦点。思想政治教育以文化人、以

文育人研究主题和内容十分丰富，主要包括思想政治教育的文化本质、思想政治教育的文化价值与功能、思想政治教育文化载体、思想政治教育文化环境、思想政治教育文化过程、思想政治教育文化规律等方面。从目前研究状况分析，从事思想政治教育以文化人、以文育人研究的学术共同体正在形成，而且凝练出了比较丰富的研究成果，这是积极的一面。但是也存在研究成果重复、研究深度不够等问题。思想政治教育以文化人、以文育人研究如何在整合现有研究的基础上继续深入开展便成为学术共同体面临的一个问题。范式理论作为一个研究领域"应有的价值定位、理论风格、思维模式、学术传统、基本问题意识、基本概念逻辑、甚至意味着学科共同体的共同活动方式和学科未来趋向等等"[①]，它走进思想政治教育以文化人、以文育人研究成了一个可行且必需的路径。"可行"是因为学术共同体的逐渐形成及其前期研究成果为思想政治教育文化范式的研究奠定了坚实的基础。"必须"是因为思想政治教育以文化人、以文育人研究需要走向深入，思想政治教育文化范式研究意味着思想政治教育以文化人、以文育人研究进入了理论化和系统化阶段。

（二）实践背景

对思想政治教育文化范式进行研究，归根结底不只是依主观上觉得如何而定，更是依客观社会实践之需而定，这个"需"构成了思想政治教育文化范式研究的实践背景。

1. 新时代国外国内两个大局要求思想政治教育对大众进行充分的文化价值引领

习近平总书记指出："要胸怀两个大局，一个是中华民族伟大复兴的战略全局，一个是世界百年未有之大变局，这是我们谋划工作的基本出发点"[②]。自然，这也是谋划思想政治教育的基本出发点。具体而言，"两个大局"相互交汇、相互融合、相互作用，共同构成中华民族发展的时代背景。在两个大局的时代背景下，中华民族的发展前景是光明的，发

[①] 金林南：《思想政治教育学科范式的哲学沉思》，江苏人民出版社2013年版，第4—5页。

[②] 《习近平谈治国理政》第3卷，外文出版社2020年版，第77页。

展机遇是巨大的，但也面临着深层次矛盾和挑战。面对中华民族伟大复兴的战略布局，我国社会主要矛盾转变为人民日益增长的美好生活需要和不平衡不充分的发展之间的矛盾，在人民日益增长的美好生活需要中，精神生活需要越来越凸显，思想政治教育作为一种精神生产活动，理应有所作为。同时，我国已全面建成了小康社会，正向着全面建成社会主义现代化强国第二个百年奋斗目标奋进，在这一新征程中，国家内部也面临着诸多社会矛盾和风险，如何在矛盾和风险中凝聚社会共识的"最大公约数"，从而让大众以饱满的热情和昂扬的志气投身于中华民族伟大复兴的辉煌实践中，需要思想政治教育发挥其提供精神动力的功能。面对世界百年未有之大变局，国际竞争更加激烈，尤其是在意识形态领域，西方发达资本主义国家不择手段、变本加厉地运用各种方式对我国主流意识形态进行挑衅和攻击。如何牢牢掌握意识形态领导权、对各种非主流意识形态和西方思潮进行有力抵制和回击，也是新时代思想政治教育面临的重要考验和任务之一。不论是精神生产、精神动力还是意识形态领导权，都可以归结为文化价值引领这一主题上。也就是说，新时代"两个大局"急需思想政治教育在文化价值引领方面进行整体谋划和细致推进，思想政治教育文化范式研究就是在这样的时代大背景下应运而生的。

2. 现实文化境遇中大众的价值迷失倾向要求思想政治教育提供坚实的精神家园栖息地

当今大众处在由各种文化形态的相互作用所构成的多元且复杂的文化图景之中。这种复杂与多元的文化态势作用于大众的文化精神结构，势必会让大众产生价值迷茫甚至迷失等现象。首先，在文化市场，内含不同价值和意义的文化形态通过宣传和包装以大众文化的样态走进大众的视野，甚至一些与马克思主义相悖的文化形态都在市场上传播。这样文化市场呈现出以马克思主义为指导的中国特色社会主义文化这一主流文化形态与各种本土和非本土的非主流文化形态共生共存的局面。各种非主流文化形态并不停留在赚取"经济利益"或文化交流与对话上，而是利用各种方式和手段进行现实的实践即试图占领大众的头脑。大众在面临主流文化形态与非主流文化形态的对话与冲突时，势必会出现价值迷茫的情况。甚至有一些大众因为自己的个性化境遇与非主流文化的价值理念相契合而选择认同非主流文化形态。其次，在科学研究领域，科学文化与人文文化的冲突至今没有得到合理解决。虽然人文的重要性越来越受到国家重视，但在具体实践层面，科技至上的色彩并没有消失。重视科技的重要性对于国家的发展进步和人民生活水平的提高是十分重要的。但注重科技的同时却忽略人文的发展，势必会导致国家的发展缺乏深厚的人文底蕴。这种科技至上的理念延伸到大众的生活中来，导致大众的生活在很大程度上被科技支配，追求效率和有用性的工具理性成为大众主导的思维方式，失去了对生活价值与意义的本体追问，对价值理性的追求甚至成为一件无人问津的可耻之事。再次，在具体的生活样态上，受市场经济和多元文化的影响，大众的生活理念和生活方式也愈加多元。这自然有其积极和合理的一面，但物极必反，比如追求"成功""个性""自由""独立"发展到极致势必滋生拜金主义和个人主义等不良价值追求。同时，在多元诱惑与选择境遇下势必会给大众带来价值冲突和价值迷失等现象。面对这些情况，思想政治教育势必要充分发挥其为大众构建精神家园的功能，为大众提供价值栖息地。而这一功能的发挥只有站在"范式"高度才可能发挥整体效应从而实现其最大价值。

3. 思想政治教育以文化人、以文育人有效性提升要求构建系统化的思想政治教育文化范式

在思想政治教育实践中，以文化人、以文育人一直是其重要方式和手段。在顶层设计上，习近平总书记指出，思想政治工作要更加注重以文化人、以文育人。同时，中共教育部党组印发的《高校思想政治工作质量提升工程实施纲要》的通知，将构建"文化育人质量提升体系"作为"十大育人体系"之一。在资金支持和人才队伍建设方面，国家也进行了大量投入。具体到思想政治教育以文化人、以文育人的基层实践中，各单位、各部门在党委领导下也都进行了各自的探索与实践。比如在高校，各大高校利用自己的优势和特色，通过各种文化资源的开发、文化载体的运用、文化活动的开展，构建出一幅生动的以文化人、以文育人景象，取得了不可否认的成效。但思想政治教育以文化人、以文育人有效性具有整体性特征，即体现在思想政治教育以文化人、以文育人的要

素、过程、结果等方面的综合有效性以及对思想政治教育以文化人、以文育人实践本身的发展是否有促进作用。如果从这一方面进行评价，思想政治教育以文化人、以文育人有效性是有待进一步提升的。在思想政治教育以文化人、以文育人现有实践基础上对其有效性进行提升，不能停留在对某一层面或方面的修补和改进状态，而是要有整体性思维，在整体上对其进行实践推进，从而实现质的飞跃，思想政治教育文化范式就是对这种整体性要求的体现和发展。

二 研究意义

（一）理论意义

1. 对思想政治教育学科范式研究具有丰富和拓展的作用

思想政治教育学科范式研究是一个系统工程，从不同的层面和侧重点可以对其形成不同取向和路径的研究。从思想政治教育科学的分类分析，在学科母体范式下，又包括许多子范式。思想政治教育学科范式要想取得全面、科学的发展，不仅要对学科母体范式这一参天大树进行宏观构建与研究，而且要对涉及的子范式进行系统深入研究，只有这样思想政治教育学科范式才能真正具备科学性和学科性，从而有足够的底气立足于众多学科之林。思想政治教育文化范式是学科范式的重要子范式之一，本书的研究在理论上不仅厘清了思想政治教育文化范式的内涵，而且对其结构模型进行了深入系统的学理分析，从而为丰富和拓展思想政治教育学科范式研究作出应有贡献。

2. 有利于深化思想政治教育以文化人、以文育人理论研究

学术界关于思想政治教育以文化人、以文育人理论研究取得了比较丰厚的理论成果，这为学术共同体继续开展相关研究提供了丰富的理论资源。但是目前的研究处于不够系统和深入的局面，对其深层次的问题并没有进行深入挖掘。比如，思想政治教育视域下要用什么样的文化育人，思想政治教育以文化人、以文育人发挥作用所遵循的机理是什么，等等。这些问题是思想政治教育以文化人、以文育人理论研究中十分基础且重要的问题，但目前学术界对这些基础方面的研究成果较少。学术界的研究也存在其他一些情况，比如，有的研究偏于一隅，在理论上没

有全面把握思想政治教育以文化人、以文育人的要素构成与相互作用；有的研究是对政策精神和会议精神的解读，有的研究是对实践中具体做法的总结，出现研究成果的同质化倾向。本书从"范式"视角，在整体上对思想政治教育文化范式进行把握和研究的同时，对很多理论问题也进行了深入阐释，从而深化了关于思想政治教育以文化人、以文育人的相关理论研究。

（二）实践意义

1. 有利于切实加强对大众的文化价值引领和精神家园构建

新时代的伟大征程，需要思想政治教育为人民大众提供强有力的精神动力，实现文化价值引领。同时，文化全球化和文化多元化的时代文化背景下，面对大众价值迷失倾向，思想政治教育作为党的"生命线"和"中心工作"需发挥为大众构建精神家园的功能。在这些方面思想政治教育实践作出了诸多努力，也取得了一些成效。但大众的认可度和接受度不算太高，导致思想政治教育在文化价值引领和精神家园构建方面也并没有充分发挥其应有的效力。究其原因，一个很重要的方面就是思想政治教育在对主流价值文化进行输出的时候，在内容上存在"大而化之"的笼统现象，在方式上还是以"行政命令""政策宣传"为主，导致大众存在不理解甚至排斥的现象。思想政治文化范式是在遵循人们文化接受规律的基础上实现对大众的文化建构，从而可以在很大程度上切实实现对大众的文化价值引领和精神家园构建。

2. 有利于切实提升思想政治教育以文化人、以文育人有效性

运动与变化是世界存在的基本状态。当今世界的运动与变化是前所未有的。思想政治教育以文化人、以文育人实践所面对的宏观、中观和微观文化环境处于急剧变化之中，思想政治教育以文化人、以文育人的作用对象作为一种文化存在及其文化手段、文化方式也处于不断发展变化之中。面对这种局势，怎么在这种急剧变化的处境中提升思想政治教育以文化人、以文育人有效性，成为思政界必须面对的一大挑战。同时在具体的思想政治教育以文化人、以文育人实践中存在整体合力作用发挥不到位的状况，即没有形成系统化的思想政治教育以文化人、以文育人实践格局。思想政治教育文化范式不仅在理论上整体构建了其结构模

型，以更加科学、系统地指导实践，而且就目前思想政治教育文化范式运行现状进行了深入研究，在此基础上提出思想政治教育文化范式优化路径，从而有利于提升思想政治教育以文化人、以文育人有效性。

第二节　研究现状

"思想政治教育文化范式"的提出和研究有着深刻的学术研究背景，这种学术研究背景首先体现在思想政治教育文化范式研究是以思想政治教育范式研究为前提的。也就是说，思政界关于思想政治教育范式的研究为思想政治教育文化范式的研究奠定了重要的范式谱系基础；其次，思想政治教育文化范式研究以思想政治教育以文化人、以文育人研究为基础。目前思政界关于思想政治教育以文化人、以文育人的研究已经形成了相当的规模并向纵深发展，这为思想政治教育文化范式的提出提供了最为厚重的"底气"并为其深入研究提供了最直接的资料；在此基础上，思政界关于思想政治教育文化范式的研究成果已初见端倪，这为思想政治教育文化范式的深入研究提供了"合法性"依据。因此本研究的文献综述主要从这三个方面以学术史梳理的方式进行。在此需要说明的是，本研究的文献综述主要对我国思政界的研究现状进行梳理。国外的相关研究主要集中在从文化视角对公民教育进行研究以及学校文化建设及其育人方式等方面的研究。国外的这些研究成果已经被思政界进行了比较充足的研究与借鉴。鉴于思想政治教育的意识形态性以及我国思想政治教育学科的蓬勃发展，对国内现状进行综述足以说明目前研究现状。同时，对国外的与本书相关的其他研究比如范式理论、文化理论等，在本书具体章节对其进行应用的过程中会加以论述。

一　思想政治教育范式研究的学术史梳理

托马斯·库恩的范式理论被引入我国哲学社会科学研究领域后，自然也吸引了思政界学者的关注，对于思想政治教育范式的研究也就成为思想政治教育研究领域的热点、重点和难点问题。从其研究成果和结论来看，不同学者在逻辑前提方面即思想政治教育范式内涵的理解方面存在着差异，有的学者从学科视角对思想政治教育范式进行研究，有的学者认为思想政治教育范式严格意义上应该称为思想政治教育研究范式，有的学者则从实践模式视角对思想政治教育范式进行研究，这就导致学界对于思想政治教育范式的研究呈现出多视域研究的局面。这些研究视角是存在交叉的，比如在具体的论述中思想政治教育学科范式与思想政治教育研究范式，会出现混淆使用的情况，但出于研究的需要，有必要对其进行区分并分别论述。

（一）思想政治教育学科范式的研究现状

思政界从学科视域对思想政治教育范式进行研究的依据在于托马斯·库恩是从科学史发展层面对范式进行研究的，因此范式是在学科意义上使用的。关于思想政治教育学科范式的研究主要集中在以下三个方面。

1. 思想政治教育学科范式的相关规定

学界对于思想政治教育学科范式相关规定的研究主要集中在对其内涵、结构特点和功能等方面的研究。关于思想政治教育学科范式的内涵，目前学界有两种定义。第一种定义是通过综合托马斯·库恩对范式的理解以及我国哲学社会科学界对范式的理解对思想政治教育学科范式进行定义。其中有代表性的观点是学者吴琼指出，所谓思想政治教育学科范式是指"思想政治教育学术共同体成员对思想政治教育研究领域中诸如思维模式、理论基础、学术传统、价值定位、话语体系等学科的基本问题所持有的一致的信念"[①]。这一定义虽然在论述中提及"学科"二字，但其逻辑还是沿着"研究范式"的思路进行定义。随着研究的不断深入，关于思想政治教育学科范式的定义也在不断深化和发展。这主要表现在第二种定义的出现，其主要特点是抓住范式作为一种模型这一重点对思想政治教育学科范式进行界定。其中有代表性的观点是学者张耀灿、钱广荣指出，所谓思想政治教育范式就是"思想政治教育学科建设和发展

---

① 吴琼：《论思想政治教育学科范式及其发展路径》，《复旦教育论坛》2014年第2期。

的结构模型"①。关于思想政治教育学科范式的结构，有学者认为思想政治教育学科范式最起码应该包含"概念体系、理论基础、方法论、学术共同体"②四个核心要件；有学者认为思想政治教育学科范式结构主要由"科学共同体、理论框架、思维方式、范畴体系"③等方面构成。关于思想政治教育学科范式的特点，有学者从"政治导向性、实践性、综合性"④等方面进行论述；有学者从思想政治教育学科范式结构的特殊性即"科学共同体成员的身份和职业要求特殊、理论框架特殊、实验基地特殊、主流话语特殊"⑤等方面对思想政治教育学科范式的特点进行研究。关于思想政治教育学科范式的功能，有学者认为思想政治教育学科范式有助于"促进思想政治教育学术共同体的形成、聚焦于迫切需要解决的问题、筛选研究对象及'融合'反常现象"⑥等。有的学者虽然没有对思想政治教育学科范式的功能进行单独论述，但在对思想政治教育学科范式肩负的"政治使命"和"教育使命"⑦的论述中彰显出其功能。

2. 思想政治教育学科范式的发展状况

目前学界关于思想政治教育学科范式发展现状的研究，主要集中在发展经验和存在问题两个方面。就发展经验而言，有学者从比较宏观的视角对其进行研究。最具代表性的是张耀灿、钱广荣等学者在专著《思想政治教育学科范式简论》中对我国思想政治教育学科范式的发展经验进行了比较详细的论述。在这部著作中，学者们利用历史思维对我国三个特殊时期即"中国古代""新民主主义革命时期"和"改革开放以来"

---

① 张耀灿、钱广荣等：《思想政治教育学科范式简论》，安徽师范大学出版社2018年版，第8页。
② 吴琼：《论思想政治教育学科范式及其发展路径》，《复旦教育论坛》2014年第2期。
③ 张耀灿、钱广荣等：《思想政治教育学科范式简论》，安徽师范大学出版社2018年版，第82—87页。
④ 吴琼：《论思想政治教育学科范式及其发展路径》，《复旦教育论坛》2014年第2期。
⑤ 张耀灿、钱广荣等：《思想政治教育学科范式简论》，安徽师范大学出版社2018年版，第38—39页。
⑥ 吴琼：《论思想政治教育学科范式及其发展路径》，《复旦教育论坛》2014年第2期。
⑦ 张耀灿、钱广荣等：《思想政治教育学科范式简论》，安徽师范大学出版社2018年版，第67—70页。

思想政治教育学科范式建设的基本经验进行了总结。[①] 尤其在"改革开放以来"这一时期，其经验主要表现在：思想政治教育学科开始系统培养本学科的专门人才，从而使其科学共同体不断发展；思想政治教育学科面临国内和国外两个战场，要有意识地吸收国内外相关理论，从而不断丰盈本学科发展；思想政治教育学科根据时代发展的需要不断完善其理论框架；思想政治教育学科的方法系统和话语系统应时代发展需要有了新的变化。[②] 思想政治教育学科范式在历史的场合中不断洗练和发展，尤其是在中国共产党的领导下经过改革开放四十年的发展，已经具备了相对稳定的结构模型。学者陈秉公从思想政治教育学科的准备阶段、创立阶段、完备阶段和大发展阶段四个方面对我国思想政治教育学科的发展进行了宏观论述。[③] 也有学者从比较具体的维度对我国思想政治教育学科范式的发展经验进行研究，这主要集中在学者们对"思想政治教育学科价值""思想政治教育学科发展历程"等方面的研究上。[④] 关于思想政治教育学科范式发展面临的问题，不同的学者有不同的论述。学者胡晶晶、戴锐认为，我国思想政治教育学科范式发展存在学科基本理论框架还有缺陷、学术共同体没有完全形成、学科信念还不是很充足、学术传统和学术自治能力有待提升、学科问题意识和学科解题能力不足等现象。[⑤] 学者金林南认为，当前我国思想政治教育学科范式面临"知识信念不充分""价值主体不明""基本理论假设和研究方法的论证不充分""对学科范式中的范例关注不足"等问题。[⑥] 也有学者提出，我国思想政治教育学科范式发展存在与实践工作过于紧密而呈现出浓厚的经验性色彩、思想政

[①] 思想政治教育成为马克思主义理论一级学科下属的二级学科是2005年确定下来的，学者们在此的论述是在比较宽泛的意义上使用"学科"的。

[②] 张耀灿、钱广荣等：《思想政治教育学科范式简论》，安徽师范大学出版社2018年版。

[③] 陈秉公：《建党百年思想政治教育学科建设的回顾与展望》，《思想政治教育研究》2021年第6期。

[④] 金林南、孙晓蕾：《思想政治教育学科范式研究的若干思考》，《思想理论教育》2013年第11期。

[⑤] 胡晶晶、戴锐：《范式论视角下思想政治教育学科的理论之失与建构之路》，《现代教育管理》2011年第3期。

[⑥] 金林南：《思想政治教育学科范式论：现状、问题与发展》，《思想理论教育》2014年第5期。

治教育学科范式的要素没有达到完整意义上的库恩对于范式的理解、思想政治教育学科范式呈现多元却"不可通约性"的窘境等。①

3. 思想政治教育学科范式的发展路径

面对思想政治教育学科范式的发展困境,学者们主要从学科范式内部发展路径和外部发展路径两方面思考思想政治教育学科范式的发展。所谓学科范式内部发展路径主要是从科学共同体内部如何对相关问题进行深入研究来寻找学科范式发展的突破。比如有学者指出,思想政治教育学科范式的深入发展需要继续研究思想政治教育"是其所是"的哲学本体、在坚守学科立场的前提下对已有的思想政治教育研究成果开展范式意义上的批判性反思等。② 也有学者指出,思想政治教育学科范式的发展需要在学科意识下建立自足的"问题意识、话语系统、理论体系和学术建设"、要塑造思想政治教育学科发展的历史观并对其传统进行延续、要增强思想政治教育学科范式理论联系实际的解题能力等。③ 所谓学科范式外部发展路径主要是从机制、管理、调控等方面来探讨思想政治教育学科范式的发展。比如学者金林南在其专著《思想政治教育学科范式的哲学沉思》中指出,为了使思想政治教育学科发展真正摆脱他律现状,应该对现行思想政治教育科研行政管理体制进行改革,增强思想政治教育学科发展过程中在资源配置和组织管理等方面的自治水平和能力。④ 学者张耀灿、钱广荣从宏观调控与管理层面对我国思想政治教育学科范式发展提出对策建议。在宏观调控与管理的顶层设计上主要制定学科发展战略、完善学科组织结构功能、建立学科制度规范、奠定学科发展物质基础。同时也要进一步完善思想政治教育学科范式宏观调控与管理的体制和机制,这包括良好的领导体制与工作机制、科学的评估机制等

---

① 蔡如军:《思想政治教育学科范式的反思与建构》,《思想政治教育研究》2015年第4期。
② 蔡如军:《思想政治教育学科范式的反思与建构》,《思想政治教育研究》2015年第4期。
③ 胡晶晶、戴锐:《范式论视角下思想政治教育学科的理论之失与建构之路》,《现代教育管理》2011年第3期。
④ 金林南:《思想政治教育学科范式的哲学沉思》,江苏人民出版社2013年版。

方面。①

(二) 思想政治教育研究范式的研究现状

1. 思想政治教育研究范式的相关规定与整体研究状况

关于思想政治教育研究范式的相关规定，学界主要集中在对其内涵、结构和功能的研究上。关于思想政治教育研究范式的内涵，有学者首先澄清思想政治教育在使用"范式"一词时就应该是指"研究范式"，其依据是库恩从研究意义上对科学发展的范式进行使用的，并认为所谓思想政治教育研究范式是科学共同体"在思想政治教育实践活动与理论研究中所表现出来（具备）的共同的理想信念、价值取向、方法论模式和实践操作样态的完整体系"②。在此基础上，对思想政治教育研究路径、思想政治教育模式、思想政治教育范式三者与思想政治教育研究范式的区别进行了论述，以此进一步加深对思想政治教育研究范式内涵的理解。对思想政治教育研究范式的内涵进行权威界定的是学者王学俭，其认为思想政治教育研究范式是思想政治教育研究成员在研究活动中共有的"基本的学科传统、理论信念、价值旨趣、规范框架、概念体系、认知原则、研究指南、思维脉络、观察角度、探索视域、方法背景、分析模型和话语系统"③ 等。关于思想政治教育研究范式的结构，具有代表性的观点是学者李坤指出，思想政治教育研究范式结构是"一核心三层次"④，即以价值理念为核心，以逻辑原理、方法原则、实践策略为三层次。关于思想政治教育研究范式功能的讨论，学界主要集中在思想政治教育研究范式可以塑造思政研究共同体、诊断思想政治教育研究问题、规范思想政治教育研究、塑造思想政治教育学科等方面。⑤

---

① 张耀灿、钱广荣等：《思想政治教育学科范式简论》，安徽师范大学出版社 2018 年版。

② 李坤：《思想政治教育范式还是思想政治教育研究范式》，《思想教育研究》2019 年第 7 期。

③ 王学俭、郭绍均：《思想政治教育研究范式：体系、问题与建构》，《思想理论教育》2015 年第 3 期。

④ 李坤：《思想政治教育范式还是思想政治教育研究范式》，《思想教育研究》2019 年第 7 期。

⑤ 郭绍均：《思想政治教育研究范式的内涵、功能及其优化》，《思想教育研究》2018 年第 9 期。

关于思想政治教育研究范式的整体状况研究，学界主要集中在对研究经验与存在问题两部分的论述上。在研究经验部分，有学者从比较宏观的层面指出我国思想政治教育研究范式已经形成。比如沈壮海认为，思想政治教育经过多年发展，已经形成了以思想政治教育现象和规律为核心的研究内容；形成了以思想政治教育主体、客体、内容、过程、方法和环境等为核心的研究概念体系；以逻辑研究和理论演绎为核心的研究方法，这些都标志着思想政治教育研究范式已经形成。[1] 有学者从研究范式体系出发，认为思想政治教育研究范式已经形成了以马克思主义研究范式为主导范式和以跨学科研究范式、比较研究范式为辅助范式的研究范式体系。[2] 有学者从学科交叉研究范式视角出发，认为当前我国思想政治教育学科交叉研究范式呈现"学术版图显现、研究论域聚焦、研究范式创新等特征"[3]。在存在问题部分，不同的学者存在不同的理解。比如有学者指出我国思想政治教育研究范式存在"定域关注"而忽略更加宏观层面的研究、"精细发展"而出现走向封闭甚至僵硬的危机、"学院走向"趋势明显而淡漠、"问题意识"以及"解题低效"等情况。[4] 有学者认为思想政治教育研究范式存在普遍性问题和特殊性问题之分。其普遍性问题表现为，思想政治教育研究中范式意识比较薄弱；思想政治教育研究范式追求"纯科学""去政治性"而容易陷入"唯科学主义"和"历史唯物主义"；思想政治教育研究范式的内涵式发展有待提升；等等。特殊性问题主要表现为，在其主导的马克思主义研究范式中存在简单照搬和胡乱嫁接的情况，导致其研究出现碎片化和形式化的情况；在跨学科研究范式方面存在脱离思想政治教育学科属性、跨学科研究的定位不准等情况；在比较研究范式方面存在重宏观比较轻微观比较、没有深入

---

[1] 沈壮海：《论思想政治教育理论研究的新范式与新形态》，《思想理论教育导刊》2007年第2期。
[2] 王学俭、郭绍均：《思想政治教育研究范式：体系、问题与建构》，《思想理论教育》2015年第3期。
[3] 侯勇、钱锦：《思想政治教育学科交叉研究范式：现状、问题与创新》，《思想教育研究》2021年第8期。
[4] 沈壮海：《论思想政治教育理论研究的新范式与新形态》，《思想理论教育导刊》2007年第2期。

到国外思想政治教育实践的内部机理进行研究、缺乏对未来发展趋势的研究以及缺乏对发展中国家以及其他社会主义国家思想政治教育的关注等。①

2. 思想政治教育研究范式的"社会哲学范式"与"人学范式"之争

在思想政治教育研究范式中存在"社会哲学范式"和"人学范式"两种主流范式之争。对社会哲学范式研究比较早的是学者张澍军在其专著《德育哲学引论》中的相关论述。张澍军教授认为，所谓思想政治教育研究的社会哲学范式是从社会本位出发对思想政治教育进行研究的一种取向，体现了思想政治教育的工具价值和工具理性，对于维系人类社会生存、规范人类社会运转和促进社会文明发展具有重要作用。② 学者张耀灿对思想政治教育研究的社会哲学范式内容进行了较为细致的研究，认为社会哲学范式在思想政治教育研究的理论基础上以马克思主义意识形态理论为主、在研究对象上主要是思想政治教育规律、在思想政治教育概念界定上主要是采用"施加论"的观点和立场、在思想政治教育功能上注重其社会功能、在思想政治教育的目的任务层面主要在于提高人们认识世界和改造世界的能力、在思想政治教育的核心内容上以理想信念教育为主、在思想政治教育方法上注重显性教育和他教他律、在研究方法上以阶级分析法为主。③ 随着思想政治教育研究面临的国际和国内形势的变化，尤其在文化全球化和文化多元化背景下，人们的主体性日趋凸显，呼唤思想政治教育研究在关照社会发展的同时要更加注重人文关怀。在这样的背景下，思想政治教育研究的人学范式走进学者的视野，其中集大成者是学者张耀灿对思想政治教育研究的人学范式进行了深入论述。张耀灿认为，思想政治教育研究的人学范式在思想政治教育理论基础上以马克思主义人学为主、在研究对象上主要研究人们的思想品德结构及其形成发展规律、对思想政治教育概念的界定采用"生成论"和"建构论"的视角、在思想政治教育功能上更强调其个体功能、在思想政

---

① 王学俭、郭绍均：《思想政治教育研究范式：体系、问题与建构》，《思想理论教育》2015年第3期。

② 张澍军：《德育哲学引论》，中国社会科学出版社2008年版。

③ 张耀灿：《推进思想政治教育研究范式的人学转换》，《思想教育研究》2010年第7期。

治教育目的上主要在于对人的生存与发展方式的优化、在思想政治教育的核心内容上注重人们的主体能力素质的培养、在思想政治教育方法上以隐性教育和生成建构教育为主、在思想政治教育研究方法上采用马克思主义人学辩证法。① 同时，张耀灿指出思想政治教育研究的人学范式不是对社会哲学范式的否定，而是对其进行改革、创新和深化。在这之后，不同学者从不同视角对思想政治教育研究的人学范式谱系进行了研究。有学者基于马克思主义人学视角对思想政治教育目的展开了深入研究。② 有学者基于"实践人学"思维对思想政治教育的目的、内容和模式等方面开展深入研究。③ 有学者主要对思想政治教育人本研究范式进行研究，并从人的生活世界、人的生命存在、人的公共存在等方面与思想政治教育范式转换之间的关系进行了深入研究。④ 有学者对思想政治教育研究的人学范式从形成、困境与路径等方面进行了研究。⑤

在思想政治教育研究的人学范式迅速发展的同时，有学者对其提出了质疑。学者陈荣荣通过对人学范式与社会哲学范式进行对比后指出，思想政治教育研究的人学范式在表面上是对社会哲学范式的继承，但实际上是全面取代。然而思想政治教育研究的社会哲学范式本身并不存在漏洞，不能把思想政治教育面临的困境归结于是社会哲学范式存在问题。反而，只有在思想政治教育研究中坚持社会哲学范式才能真正坚持马克思主义。⑥ 学者赖雄麟、梁东亮指出，思想政治教育研究的人学范式存在逻辑不能自洽的现象，即对人学范式热衷的研究者认为人学范式是对社会哲学范式的超越，从理论前提分析这种超越首先需要实现马克思主义人学对马克思主义社会哲学的超越，但事实上两种理论学说都属于马克

---

① 张耀灿：《推进思想政治教育研究范式的人学转换》，《思想教育研究》2010年第7期。
② 曹清燕：《思想政治教育目的研究——基于马克思主义人学视角》，中国社会科学出版社2011年版。
③ 段文灵：《论思想政治教育与"实践人学"思维》，军事科学出版社2012年版。
④ 万光侠、张九童等：《马克思主义人学视域中的思想政治教育范式转换研究》，山东人民出版社2014年版。
⑤ 刘海春、吴之声：《思想政治教育研究的人学范式：形成、困境及出路》，《思想理论教育》2016年第11期。
⑥ 陈荣荣：《应慎重提倡思想政治教育人学范式转换》，《思想教育研究》2013年第9期。

思主义历史观,是马克思主义历史观的两种不同视野的表达,不存在谁超越谁,所以在此基础上建立的思想政治教育研究的人学范式对社会哲学范式的超越是站不住脚的。① 学者陶磊认为思想政治教育研究的人学范式蕴含着一种预成论式的关于人的价值悬设,在本质上属于一种形而上学的思维方式;② 同时思想政治教育人学范式有三个自相矛盾的困惑,即如何处理思想政治教育的工具性与目的性之间的关系、思想政治教育研究的人学范式是对社会哲学范式的超越还是污名化、如何看待思想政治教育研究的人学范式所主张的普遍的人文关怀与其辐射面窄化之间的矛盾;③ 面对这些矛盾和困惑,以马克思主义劳动政治说为基础,提出了社会主义"公共人"这一概念以弥补和纠正人学范式对"人"的理解。④ 也有学者指出目前思想政治教育研究的社会哲学范式和人学范式不能很好地回应思想政治教育面临的困境,提出了"科学实践观范式"以期实现对前两种范式的超越。⑤

3. 思想政治教育研究范式的发展

关于思想政治教育研究范式的发展,学界一个重要的学术研究争论在于是否存在"范式转换"这一说法。在一开始的研究中,大部分学者使用思想政治教育研究的范式转换这一说法,随着研究的深入,有学者对这一说法提出反思。具有代表性的观点是学者王学俭指出,思想政治教育研究范式的"转换"不是对思想政治教育研究范式进行"替换"和"变换",即不是对既有研究传统的否定,也不是对既有研究经验积累的抛弃,而需要在十分确定的条件下进行创新、生成和发展。⑥ 同时,学者

---

① 赖雄麟、梁东亮:《思想政治教育人学范式献疑》,《思想教育研究》2016 年第 3 期。
② 陶磊:《批判与探索:思想政治教育人学范式分析》,《河南师范大学学报》(哲学社会科学版) 2011 年第 2 期。
③ 陶磊、黄明理:《人学范式,还是社会哲学范式?——思想政治教育现代转型的反思》,《探索》2011 年第 6 期。
④ 陶磊:《思想政治教育研究范式人学转换的批判与探索》,《广西社会科学》2017 年第 12 期。
⑤ 李坤、王秀阁:《科学实践观何以可能——谈思想政治教育研究范式的转换》,《思想教育研究》2016 年第 2 期。
⑥ 王学俭、郭绍均:《思想政治教育研究范式:体系、问题与建构》,《思想理论教育》2015 年第 3 期。

们对思想政治教育研究范式的发展提出了自己的思考和见解。比如有学者指出，思想政治教育研究范式的发展需要在更新思想观念、树立以人为本的价值取向、发展多元化的范式研究视角和方法等方面下功夫。① 有研究者从维护思想政治教育研究范式的学科品性、坚持思想政治教育研究的主导范式、自觉扫除思想政治教育研究范式在借鉴其他学科理论时的盲目嫁接现象、强化对比研究等方面提出发展思想政治教育研究范式的路径。② 有的学者从对思想政治教育研究范式进行优化的进路进行思想政治教育研究范式发展的思考，指出对思想政治教育研究范式进行优化是一项长期且艰巨的工程，需要思想政治教育科学共同体多作添砖加瓦和锦上添花的贡献，而不能做那些推倒重建和另起炉灶的工作。③ 有学者从社会转型视角对思想政治教育研究范式的发展进行论述。④

（三）思想政治教育实践范式的研究现状

目前学界对思想政治教育实践范式的研究呈现出"百花齐放"的态势。从宏观上分析，目前主要有两种主流的思想政治教育实践范式。一种是思想政治教育实践的"灌输范式"。学界对这一实践范式呈现出两边倒的态度。有的学者认为思想政治教育作为意识形态宣传的工具，采用灌输的方式和手段是必需的。有的学者则对思想政治教育过程中的灌输方法提出质疑，认为这不适合现代人的接受心理。另一种是思想政治教育实践的"人本范式"。这种范式被认为是充分尊重人的范式，在这一范式下衍生出思想政治教育的"交往范式""主体间性范式""日常生活世界范式""心理疏导范式""对话教育范式"等。同时，关于思想政治教育实践范式的研究从场域的层面进行分析，目前学者的研究主要集中在高校场域、企业场域、农村场域、军队场域、网络场域等的思想政治教

---

① 陈勇、陈蕾等：《新时期思想政治教育研究范式的现状及发展析论》，《思想教育研究》2012年第11期。

② 王学俭、郭绍均：《思想政治教育研究范式：体系、问题与建构》，《思想理论教育》2015年第3期。

③ 郭绍均：《思想政治教育研究范式的内涵、功能及其优化》，《思想教育研究》2018年第9期。

④ 卢岚：《社会转型与研究范式：思想政治教育范式转换及其运作逻辑》，《学校党建与思想教育》2021年第7期。

育实践范式，学者们根据这些场域的特殊规定和表现构建符合这些场域的思想政治教育范式形态。比如，有学者对新时代高校思想政治教育范式进行宏观构建，提出构建由高校思想政治教育目的层面的发展性范式、高校思想政治教育过程层面的内生性范式以及高校思想政治教育方法层面的情感驱动范式组成的范式格局。[①] 有学者对高校思想政治教育实践教学范式进行创新，提出红色经典体验范式，即以"课前研究型教学、基地体验式教学、平台情景式教学、主体感悟式教学"[②] 为主要框架的相互配合和补充的立体化思政教学范式。有学者对网络思想政治教育范式转换进行研究，具体对网络思想政治教育范式转换的内涵、成因和意义等方面进行了研究。[③] 随着大数据的不断发展，大数据时代思想政治教育实践范式成为学界探索的一个热点。有学者根据大数据的特点指出，思想政治教育实践要从"分析模型"构建的层面进行思想政治教育实践范式创新，[④] 具体而言要构建包括"数据平台建设、精准化教育和个性化教育策略"[⑤] 在内的大数据时代思想政治教育实践范式。

二 思想政治教育以文化人、以文育人研究的学术史梳理

从思想政治教育以文化人、以文育人研究话语来分析，经历了从"文化育人"到"以文化人、以文育人"的演进。一开始学者们主要使用"文化育人"这一概念，习近平总书记指出要更加注重"以文化人、以文育人"之后，学者们的研究话语多集中在"以文化人、以文育人"上。从思想政治教育以文化人、以文育人研究内容来看，学界对思想政治教

[①] 任少波、许占鲁：《新时代高校思想政治教育范式建构初探》，《国家教育行政学院学报》2018年第12期。

[②] 欧巧云、甄凌：《红色经典体验：高校思想政治教育实践教学范式创新研究》，《湖南社会科学》2019年第2期。

[③] 赵玉枝、胡树祥：《网络思想政治教育范式转换：内涵、成因及意义》，《思想教育研究》2021年第6期。

[④] 李怀杰：《大数据时代思想政治教育研究范式的转型——以电子科技大学为例》，《思想教育研究》2016年第12期。

[⑤] 李怀杰：《现代思想政治教育大数据研究范式变革的逻辑理路与实践路径》，《学校党建与思想教育》2017年第1期。

育以文化人、以文育人的研究经历了对思想政治教育与文化的外部关联到文化作为思想政治教育的一种属性再到"思想政治教育文化"概念提出并深入研究的历史演进过程。具体而言，在起始的研究中，学者们一开始是把文化定位为思想政治教育的一个外在环境进行研究的，而且研究相对比较少，研究内容也比较浅。比如有学者指出："实践证明，思想政治教育不可能离开整体的文化发展环境，不可能游离于文化发展的格局来进行封闭式的设计与规划，而只有在整体的文化格局中去实现自身独特的价值，并不断得到完善和发展。"[1] 随着研究的深入，思想政治教育的文化性得到学界的关注。在理论上学界主要是对思想政治教育的文化性进行阐释，即把思想政治教育看成是一种特殊的文化现象进行研究。其中最具代表性的是学者沈壮海发文呼吁要关注思想政治教育的文化性，并出版个人学术专著《思想政治教育的文化视野》。与此同时，学界对思想政治教育文化性的研究拓展到对思想政治教育多方面的挖掘上，这主要包括对思想政治教育文化本质、思想政治教育文化功能和价值、思想政治教育文化载体、思想政治教育文化资源、思想政治教育文化环境、思想政治教育文化方法和路径等方面的研究上。随着研究的继续深入，学界对思想政治教育文化性的研究集中到思想政治教育以文化人、以文育人的机理、机制和规律上。也有学者直接提出"思想政治教育文化"这一概念，并对其进行深入研究，这标志着学界对思想政治教育以文化人、以文育人研究的质的飞跃。在对思想政治教育以文化人、以文育人研究史进行勾勒的基础上，通过综合和归纳，下面从六个方面对思想政治教育以文化人、以文育人研究现状作比较详细的阐释。需要说明的是，在论述过程中为了尽量保持话语的一致，基本采用"思想政治教育的文化+内容维度"来进行概括，其本质上还是对思想政治教育以文化人、以文育人进行论述。

（一）思想政治教育的文化属性、文化本质和文化价值研究

之所以把思想政治教育的文化属性、文化本质和文化价值放在一起

---

[1] 王东莉：《论思想政治教育的文化参照意义》，《浙江大学学报》（社会科学版）1995年第2期。

论述，是因为这三个问题是属于比较抽象层面的元理论问题。学界对思想政治教育文化属性的研究主要集中在以下研究进路。首先，在学理上从思想政治教育与文化内在关联中对思想政治教育的文化属性进行研究。学者沈壮海指出，思想政治教育本身就是一种文化现象，是"文化化人"现象的特殊表现形式。[1] 学者谢晓娟认为思想政治教育实践活动就是源于文化并以文化的形式存在和发展，在此基础上分析了思想政治教育与文化运行之间的共性和特性，从而彰显出思想政治教育的文化属性。[2] 学者顾友仁认为，思想政治教育的文化属性主要是通过其内容体系和过程特征表现出来的。从内容体系来看，意识形态教育是思想政治教育的核心内容，而意识形态是文化的核心内容，所以思想政治教育本质上是一种思想文化教育，具有深刻的文化属性。从思想政治教育过程来分析，思想政治教育体现为一种"人文力"，思想政治教育过程就是"人文力"发挥作用从而使人"人文化成"的过程。在这一过程中思想政治教育显现出浓厚的文化属性。[3] 有学者从思想政治教育的文化根源阐释思想政治教育的文化性。[4] 杨威认为，人类个体生命发展过程中个体的文化教养使得个体离不开对思想政治教育的文化需求，社会对主流意识形态的文化传播使得社会离不开对思想政治教育的文化需要，历史绵延发展离不开对思想政治教育的文化呼唤，正是这些"离不开"显示了思想政治教育的文化性。[5] 其次，对思想政治教育文化属性的表现进行研究。有学者指出，思想政治教育的文化属性体现在其文化特质中，这种文化特质主要包括民族性与世界性、科学性与艺术性、主体性与主体间性、实践性与超越性等方面。[6] 再次，对思想政治教育的政治性与文化性的关系进行辨析。有学者指出，在处理思想政治教育政治性与文化性的关系时，不应

---

[1] 沈壮海：《关注思想政治教育的文化性》，《思想理论教育》2008年第3期。
[2] 谢晓娟：《思想政治教育：一种文化的分析视角》，《马克思主义与现实》2010年第5期。
[3] 顾友仁：《我国当前思想政治教育的文化属性及其选择》，《大连理工大学学报》（社会科学版）2011年第4期。
[4] 杨威：《思想政治教育根源论》，社会科学文献出版社2022年版。
[5] 杨威：《论思想政治教育的文化根源》，《江汉论坛》2016年第9期。
[6] 倪娜、张澍军：《思想政治教育的文化特质》，《思想教育研究》2011年第7期。

该坚持政治性而忽视文化性，也不应该为了彰显文化性而淡化政治性。要认识到政治性属于思想政治教育的本质属性，只有以政治性统领文化性，才能保证思想政治教育正确的发展方向；文化性属于思想政治教育的基础属性，以文化性凸显政治性，才能实现思想政治教育方式方法创新，从而提升思想政治教育有效性。①

学界关于思想政治教育文化本质的研究，经历了从文化视野探究思想政治教育本质从而折射出思想政治教育文化本质到直接对思想政治教育文化本质进行论述的研究历程。在研究的初始阶段，研究的进路是以马克思主义人学为基础，通过分析人与文化的关系，进而对文化视野下的思想政治教育本质进行研究。比较有代表性的观点是学者郑忠梅在对人的本质的文化内涵进行分析的基础上，提出思想政治教育的本质就是思想政治教育关系的文化互动过程，在这一互动过程中主体间进行着文化的传承和文化的建构。② 在此基础上，有学者从文化的精神生产性出发对思想政治教育本质进行厘清。比如学者王升臻指出，思想政治教育本质是一种人类的精神生产实践活动，是精神生产的简单再生产和扩大再生产的统一。③ 前面两种研究取向对思想政治教育本质的探索建立在文化与思想政治教育的外在关系上，而且主要是从文化功能的视角对思想政治教育本质进行研究。在前人研究的基础上，有学者将思想政治教育本身看成是一种特殊的文化现象和文化活动，将思想政治教育的本质理解为思想政治教育的文化本质。在此前提下，指出思想政治教育文化本质是"特定阶级或集团用特定文化的价值和意义对人们进行文化建构的过程和活动"④，并对思想政治教育文化本质的内在生成、外在表现和实现方式进行详细论述。在思想政治教育文化本质的内在生成上，认为思想政治教育的文化价值是思想政治教育文化本质生成的逻辑起点，思想政治教育的文化意义世界与人的心理机制之间的契合使得思想政治教育文

---

① 柳礼泉、周文斌：《思想政治教育的政治性与文化性之关系解读》，《思想理论教育导刊》2013年第9期。
② 郑忠梅：《文化视野中的思想政治教育研究》，吉林人民出版社2006年版。
③ 王升臻：《文化视角下思想政治教育本质新论》，《探索》2012年第2期。
④ 赵志业：《文化视野中的思想政治教育研究》，吉林大学出版社2018年版，第70页。

化本质的生成得以可能，思想政治教育文化本质的生成过程表现为人与文化的双重建构。思想政治教育文化本质的外在表现主要体现在内容表现和形式表现上，内容表现主要包括文化的直觉建构、逻辑建构和实践建构，形式表现主要包括思想政治教育精神生产和精神生长两个方面。在此基础上，提出思想政治教育濡化、涵化和自育三种思想政治教育文化本质的实现方式。①

学界关于思想政治教育的文化价值的研究，在表述上有"文化功能""文化价值"和"文化责任"等说法，其论述大同小异，且学界对这些用法并没有进行理论上的区分，所以在此统一以"文化价值"进行论述。首先，从其研究进路来分析，主要存在两种研究进路。一种进路是从"人化"的进路进行分析。这种进路主要是讨论思想政治教育对特定文化的发展所发挥的功能和作用。另一种进路是从"化人"的进路进行分析。这种进路主要是将文化作为思想政治教育内容和方式，用特定的文化武装人们的头脑，提高人们的文化鉴赏力、分辨力和创造力，陶冶人们的情操，从而提高人们的总体素质，进而实现人的全面自由发展。这种进路更契合思想政治教育存在的合理性和合法性规定，但在具体论述中，学者们点出这一研究进路后，又回到了"人化"进路对思想政治教育的文化价值进行阐释。其次，关于思想政治教育文化价值的具体表现存在一般规定和具体规定两种表现方式。所谓一般规定就是对思想政治教育文化价值的表现进行原理意义上的学理研究。比如有学者们指出思想政治教育具有文化孕育价值、文化整合价值和文化预测功能、② 文化传承功能、文化引领功能、文化创新功能、③ 文化整合功能，④ 等等。所谓具体规定就是根据具体形势或具体场域对思想政治教育文化价值进行研究。比如，在国家治理体系现代化背景下，有学者指出思想政治教育具有文

---

① 赵志业：《文化视野中的思想政治教育研究》，吉林大学出版社2018年版。
② 郑永廷、董伟武：《论思想政治教育的文化功能及其发展》，《江苏高教》2008年第5期。
③ 马文颖：《思想政治教育的文化功能研究》，博士学位论文，辽宁大学，2013年。
④ 马文颖：《思想政治教育的文化功能》，中国社会科学出版社2022年版。

化意识形态治理的重要功能。① 也有学者对以文化人在国家治理现代化的重要价值进行全方位研究，认为思想政治教育用优秀文化滋养人可以提升人的现代化治理能力、可以防范和化解社会矛盾、可以加强国家治理顶层设计。② 有学者对高校场域思想政治教育的文化价值进行研究，认为高校思想政治教育的文化价值表现为文化选择价值、文化传播价值、文化整合价值和文化创造价值。文化选择价值体现为高校思想政治教育对积极文化的肯定和对消极文化的否定；文化传播价值体现为高校思想政治教育对社会主义主流意识形态和伦理道德规范的传播；文化整合价值体现为高校思想政治教育对不同类型的合理成分进行整合、将主流文化通过各种方式渗透到各种亚文化中；文化创造价值体现为高校思想政治教育具有塑造大学精神和造就创新人才的功能。③ 也有学者从思想政治教育肩负的社会主义文化大发展大繁荣以及培育和践行社会主义核心价值观的职能方面对思想政治教育的价值进行论述。④

（二）思想政治教育的文化载体、文化资源、文化话语和文化环境研究

学界关于思想政治教育文化载体的研究，主要包括以下方面。第一，思想政治教育文化的内涵和类型研究。有学者从文化产品和文化建设的角度对思想政治教育文化载体内涵进行论述。认为思想政治教育文化载体就是把文化作为思想政治教育载体，其中包含两层意思，第一层意思是充分利用既成的文化产品所蕴含的思想政治教育因素，让文化产品发挥思想政治教育功能，第二层意思是将思想政治教育融入文化建设中去，通过文化建设过程达到育人目的。⑤ 也有学者从文化符号的视角对思想政治教育文化载体内涵进行论述。认为思想政治教育文化载体是能够承载

---

① 杨威：《思想政治教育：文化意识形态治理的重要方式》，《思想理论教育》2014 年第 11 期。
② 冯刚、王振：《以文化人在国家治理现代化中的价值意蕴》，《北京大学学报》（哲学社会科学版）2019 年第 6 期。
③ 冯开甫、李小双：《高校思想政治教育文化价值的表现形态》，《思想政治教育研究》2017 年第 5 期。
④ 卢景昆、罗洪铁：《论思想政治教育的文化责任》，《思想教育研究》2012 年第 3 期。
⑤ 陈万柏：《论思想政治教育文化载体的特征和功能》，《求索》2005 年第 5 期。

和传导思想政治教育信息，从而能为教育主体所运用，并能够促进教育者与受教育者有效互动的一种特殊的文化符号形式。① 对思想政治教育关于思想政治教育文化载体的类型，学界一般从物质文化载体、精神文化载体、制度文化载体以及潜性文化载体和显性文化载体等层次进行论述。第二，思想政治教育文化载体的特征研究。有学者指出，思想政治教育文化载体具有形式的多样性、对人影响的全面性、影响方式的渗透性等特点。② 有学者通过将思想政治教育文化载体与文化环境进行对比，得出思想政治教育文化载体具有稳定性、传承性、封闭性和个体性等特点。③ 有学者从思想政治教育载体与符号的关系为视角，对思想政治教育载体包括文化载体的实体特征进行研究。④ 第三，思想政治教育文化载体的功能研究。学者们认为思想政治教育文化载体的功能发挥因其在教育主体的驾驭范围内从而更具自觉性，因此多呈现出积极的功能。这种积极的功能表现在可以更好地提升思想政治教育的吸引力从而扩大思想政治教育的影响和有效性等方面。⑤ 第四，思想政治教育文化载体的优化研究。学者们主要集中在对思想政治教育传统文化载体现代化以及网络文化载体等新型文化载体的开发和利用进行研究。⑥ 第五，思想政治教育具体文化载体研究。有学者从场域出发对不同场域尤其是高校场域的思想政治教育文化载体进行研究。有学者对微博、微信、快手、抖音等新型文化载体对思想政治教育的价值及其如何利用进行研究。

学界关于思想政治教育文化资源的研究，主要包括以下方面。首先，关于思想政治教育文化资源的基本理论研究。学界对思想政治教育文化资源的基本理论研究多集中在精神资源的研究上。这主要包括对思想政治教育精神资源的内涵、类型、特征和构成上。比如，有学者指出，所

---

① 王升臻：《文化符号：思想政治教育载体研究的新视角》，《思想政治教育研究》2018年第3期。
② 陈万柏：《论思想政治教育文化载体的特征和功能》，《求索》2005年第5期。
③ 梅萍、贾月：《析思想政治教育文化环境和文化载体之异》，《思想教育研究》2017年第3期。
④ 陈卓：《论思想政治教育载体的实体性》，《思想教育研究》2021年第12期。
⑤ 陈万柏：《论思想政治教育文化载体的特征和功能》，《求索》2005年第5期。
⑥ 王景云：《思想政治教育文化载体发展新趋势刍议》，《思想教育研究》2015年第7期。

谓思想政治教育精神资源是指能够为思想政治教育活动所开发利用,并能够对思想政治教育目标的实现产生重要作用的、独立于思想政治教育物质精神之外的一切思想、观念和意识的结果。关于思想政治教育精神资源的类型,按照呈现状态分类可以分为显性精神资源、隐性精神资源;按照精神资源载体形态分类,可以分为文本精神资源、音像精神资源、网络精神资源;按照精神资源产生的时间分类,可以分为传统和现实两类精神资源;按照精神资源层次分类,可以分为社会精神资源、群体精神资源和个人精神资源等。思想政治教育精神资源具有阶级性与大众性、丰富性与稀缺性、共享性与选择性、渗透性与延展性等特征。思想政治教育精神资源的构成在现代语境下表现为马克思主义理论、理想信念、民族精神与时代精神、社会主义荣辱观等方面。[①] 其次,关于思想政治教育文化资源的开发与利用研究。以思想政治教育精神资源为例,学界对思想政治教育精神资源开发利用的内涵、现状以及举措进行了研究。[②] 也有学者从系统思维对新时代思想政治教育资源包括精神资源的整合优化路径进行研究。[③] 最后,不同类型思想政治教育文化资源研究。从研究规模来看,主要集中在传统文化资源和红色文化资源的研究。关于思想政治教育传统文化资源的研究,有研究者指出,中国传统文化作为一种崇德型文化,积累了丰富的思想政治教育资源,这体现在中国传统文化中的思想政治教育目标在于塑造圣贤人格、内容在于培养整体观念、原则在于注重言传身教、方法在于强调知行合一。[④] 在此基础上,有学者对传统文化中蕴含的思想政治教育内容、原则与方法做了更为系统的研究。[⑤] 关于思想政治教育红色资源的研究,主要集中在对我国不同地区、不同类型的思想政治教育红色资源的挖掘与利用的研究。

关于思想政治教育文化话语的研究,学界研究成果相对较少,目前

---

① 张其娟:《现代思想政治教育精神资源开发与利用》,知识产权出版社2013年版。
② 张其娟:《现代思想政治教育精神资源开发与利用》,知识产权出版社2013年版。
③ 胡洪彬:《系统思维与新时代思想政治教育资源的整合优化》,《思想理论教育》2021年第12期。
④ 顾友仁:《中国传统文化与思想政治教育的创新》,安徽大学出版社2011年版。
⑤ 王易:《传统文化与思想政治教育创新》,中国人民大学出版社2018年版。

研究主要有两种进路。一种进路是把思想政治教育作为一种文化现象来看待,按照这一逻辑,把思想政治教育话语等同于思想政治教育文化话语,在此基础上进行相关研究。比如有学者对文化与高校思想政治教育话语相关性进行研究,认为高校思想政治教育与文化之间存在契合性,主要表现在高校思想政治教育话语作为社会文化的组成部分存在于特定文化境遇中,同时特定文化为高校思想政治教育的发展创设资源和条件。基于这样的理解,认为当前高校思想政治教育话语存在文化困惑,主要表现在传统与现代、断裂与接续、冲突与融合之间的矛盾。进而从文化路向、文化传承和文化语境等方面探索高校思想政治教育话语转型的文化路径。[1] 另一种进路是从不同的文化背景或视域对思想政治教育话语进行研究。有的研究从大众文化背景下对思想政治教育话语进行研究。比如有研究者指出,在大众文化视域下思想政治教育话语存在"变"与"不变"的辩证关系。"变"主要表现在话语主体、话语符合和话语内容等方面的变化;"不变"主要表现在思想政治教育话语的根本性质保持着基本的稳定。基于这样的认识,实现思想政治教育话语创新就需要正确处理好思想政治教育话语"变"与"不变"之间的关系。[2] 有的研究从文化自信视域下对思想政治教育话语创新进行研究。有研究者从文化自信视域对思想政治教育话语体系进行释义,分析了文化自信与思想政治教育话语体系的关联、文化自信视域下的思想政治教育话语体系内涵以及思想政治教育话语体系创新的文化蕴含。在此基础上对文化自信视域下思想政治教育话语体系创新的机遇、挑战和路径进行探究。[3] 有研究者对文化自信视域下思想政治教育话语创新需要把握的前提进行了研究,这包括要处理好思想政治教育话语的文化属性与政治站位之间的关系、充分把握思想政治教育话语解读的文化规范性及其理论严谨性、在对原

---

[1] 张翼、崔华华:《论高校思想政治教育话语的文化困境与文化进路》,《学术论坛》2017年第1期。

[2] 黎海燕、张忠江:《大众文化视域下思想政治教育话语的"变"与"不变"》,《广西社会科学》2015年第2期。

[3] 李超民、茹以蓓:《文化自信视域下思想政治教育话语体系创新研究》,《学术论坛》2017年第5期。

有文化话语的继承与借鉴中进行发展和创新、要注意面向话语客体的文化生活世界等。①

学界关于思想政治教育文化环境的研究首先集中在对其内涵、类型、特征、功能等方面的研究。关于思想政治教育文化环境的内涵，有学者认为思想政治教育文化环境就是在精神文化支配下的各种行为关系构成的社会文化关系系统。② 有学者认为，只要是作用于人们思想观念和行为方式的一切文化因素和特质都可以称为思想政治教育文化环境。③ 有学者从本质分析思想政治教育文化环境是"客观实在性与主观建构性的辩证统一"④。关于思想政治教育文化环境的类型，大部分学者根据文化形态的划分标准把思想政治教育文化环境划分为物质文化环境、精神文化环境和制度文化环境等方面。也有学者按照是否是思想政治教育者自觉建构的标准将思想政治教育文化环境划分为自在的文化环境和自觉的文化环境。自在的文化环境不是思想政治教育者主动建构的，而自觉的文化环境是思想政治教育者主动建构的。⑤ 有学者从大社会视野下对思想政治教育文化环境进行分类，第一类为社会思潮、文化运动与社会文化公共活动；第二类为社会反面教育的文化意义；第三类为社会文化争论和文化大讨论；第四类为大众影视与通俗读物。⑥ 对于思想政治教育文化环境的特征，学者们多从多维性、时代性、创造性、属人性等方面进行论述。对于思想政治教育文化环境的功能，学者们认为思想政治教育文化环境具有教化、凝聚和整合等功能。其次，学界关于思想政治教育文化环境建设的研究。这方面研究的最新发展是，有学者对思想政治教育文化环境建设的原则进行分析，认为思想政治教育文化环境建设要坚持主导性这一中心原则，同时要坚持合力原则、顺应超越原则和预警引导原则。

---

① 王晶：《文化自信视域下思想政治教育话语方式研究》，《学校党建与思想教育》2019年第3期。
② 邱伟光、张耀灿：《思想政治教育学原理》，高等教育出版社1999年版。
③ 沈国权：《思想政治教育环境论》，复旦大学出版社2002年版。
④ 王宝鑫、段妍：《关于思想政治教育环境本质的再认识》，《学校党建与思想教育》2019年第2期。
⑤ 张耀灿：《思想政治教育学前沿》，人民出版社2006年版。
⑥ 王滨：《思想政治教育环境论》，同济大学出版社2011年版。

在此基础上指出思想政治教育文化环境的发展趋势应该为强化文化情境认知、大力整合文化资源以及拓展网络文化空间等。[1] 也有研究者对大学生思想政治教育文化环境建设进行探索，提出构建社会文化、家庭文化和校园文化三位一体的思想政治教育文化环境格局。[2] 有学者从全媒体背景出发，对思想政治教育文化环境建设路径提出自己的建议。[3] 再次，对思想政治教育的多元文化环境、大众文化环境、后现代文化环境、网络文化环境等方面的研究。这方面的研究主要集中在这些文化环境对思想政治教育的影响与对策等方面。最后，有研究者从文化生态的视角对思想政治教育文化环境进行研究。学者顾友仁是较早提出思想政治教育文化生态的研究者，他对新中国思想政治教育文化生态从历史、现实和实践等维度进行了深入探究。[4] 在此基础上，有学者对当代思想政治教育文化生态的建构困境与建构路径进行了研究。[5] 有研究者从学术研究视角对思想政治教育文化生态研究所遵循的实践逻辑以及思想政治教育文化生态发展的现实维度进行了深入考察。[6]

（三）思想政治教育的文化方法和文化路径研究

关于思想政治教育文化方法的研究，学界研究成果相对较少，同时学界的研究主要集中在对方法具体表现的探索上。比如，有研究者把思想政治教育文化方法分为一般方法和具体方法。一般方法包括以"己"育己、寓教于文、文以自教等方法；具体方法包括转移焦点法、情感共鸣法和人文关怀法等。[7] 有研究者认为思想政治教育文化方法包括理论武

---

[1] 张立平：《思想政治教育文化环境建设的原则向度及趋势探析》，《理论月刊》2018年第2期。

[2] 崔成前：《面向大学生的三位一体"以文化人"育人环境探究》，《思想理论教育导刊》2018年第4期。

[3] 卢忠萍、王欣：《全媒体时代思想政治教育环境研究》，《思想理论教育导刊》2021年第12期。

[4] 顾友仁：《论新中国思想政治教育的文化生态》，《探索》2011年第4期。

[5] 余亚林：《思想政治教育视域下的当代文化生态建构探析》，《思想政治教育研究》2016年第4期。

[6] 胡菊华：《思想政治教育文化生态研究的实践逻辑与现实向度》，《马克思主义研究》2020年第2期。

[7] 王振：《遵循以文化人规律 创新思想政治教育方法》，《思想教育研究》2017年第4期。

装法、实践锻炼法和环境教育法等方面。在理论武装法方面，要提升思想政治教育者的能动性、针对受教者的实际情况进行突出重点与分层开展相结合的教育内容划分。在实践锻炼法方面，在坚持实践锻炼的文化意蕴时突出实践锻炼的时代性和针对性。在环境教育法方面，要注重发挥文化环境的熏陶性，尤其是在情感渗透上下功夫。① 有研究者从"以文化人"出发，以"理""情""器""事"等方面作为"文"的重要内容，提出思想政治教育文化方法。②

关于思想政治教育文化路径的研究，学界进行了较为丰富的研究，但研究成果并不系统，不同的研究者从不同的维度进行了相应研究。有的学者从模式构建的角度提出构建大学生思想政治教育文化模式，指出要用文化的理念，运用文化载体把有文化内涵的内容传播给教育者，从而培养有文化品位和文化素养的人。③ 有的研究者指出，思想政治教育文化路径的构建要以提升教师和学生的文化自觉为目标，围绕这一目标要构建思想政治教育以文化人、以文育人工作体系，但对工作体系的具体建构路径没有作详细的论述。④ 有研究者从协同过程出发对思想政治教育文化路径进行研究。认为思想政治教育的文化路径建构应是众多要素协同发展的过程，这种协同发展就要求众要素要同向同行。具体而言，思想政治教育的文化多重目标要以立德树人这一根本目标为导向、要建立不同类型的思想政治教育以文化人、以文育人队伍之间的对话机制、要对思想政治教育以文化人、以文育人的内部环节衔接与外部环节衔接进行深入关切、在文化事业与文化产业的协同发展中为思想政治教育创造更多的文化载体。⑤ 有研究者对新时代背景下高校思想政治教育文化路径

---

① 杨光：《高校思想政治教育以文化人的方法研究》，《思想理论教育导刊》2018年第6期。

② 秦在东、唐佳海：《新时代提升文化育人质量的基本方略》，《思想理论教育》2019年第6期。

③ 乔万敏、邢亮：《文化型：大学生思想政治教育质量提升的新模式》，《社会科学战线》2014年第2期。

④ 蔺伟、苟曼莉：《高校文化育人的工作原则和实现途径》，《中国高等教育》2017年第2期。

⑤ 王振：《以文化人过程中的协同问题研究》，《学校党建与思想教育》2018年第20期。

进行探究。比如，有学者从整体设计、目标价值导向、长效机制建设、网络阵地维护等方面对新时代高校思想政治教育的文化路径进行探索。①有学者从育人导向、育人原则和顶层设计等方面对新时代高校思想政治教育文化路径进行建构。②

（四）思想政治教育的文化机理和文化规律研究

思想政治教育文化机理和文化规律研究属于思想政治教育以文化人、以文育人深层方面的研究，从目前研究现状来看，这方面的研究成果较少。对于思想政治教育文化机理的研究，学界从不同维度进行了研究。概括起来，主要有两种研究维度。一种研究维度是从抽象理论视角对思想政治教育文化机理进行研究。比如，有学者认为，思想政治教育的文化机理主要表现为场域的系统性和复杂性影响，思想政治教育以文化人、以文育人就是在文化场域中发挥着润物细无声的潜移默化作用。③ 也有学者认为应该遵从思想政治教育以文化人、以文育人的特殊矛盾对思想政治教育的文化机理进行研究。认为思想政治教育以文化人、以文育人的特殊矛盾为思想政治教育的自觉性、时代性、实践选择性、普遍有效性诉求与文化的自在性、相对滞后性、多元性、自主正当性诉求等方面的矛盾。基于这样的特殊矛盾，思想政治教育的文化机理就表现为对实现文化的意识形态引领与实现个体社会认同的整合。在此基础上，从回归日常生活世界、进行显性与隐性教育相结合、对思想政治教育实践的微观领域进行文化批判等方面实现思想政治教育的文化机理。④ 有研究者从隐性知识传递的理论视角，建构了思想政治教育以文化人、以文育人的隐性知识动力学模型，从而体现出思想政治教育的文化机理。⑤ 另一种研究维度是对具体文化的思想政治教育文化机理进行研究。比如有研究者

---

① 冯刚、张芳：《新时代高校文化育人的理论与实践探析》，《湖北社会科学》2019 年第 5 期。
② 罗莎、熊晓琳：《新时代高校文化育人实现理路探赜》，《思想教育研究》2020 年第 4 期。
③ 李辉：《"以文化人"的价值论思考》，《思想教育研究》2015 年第 11 期。
④ 邵从清：《思想政治教育的文化机理及其实现路径》，《江苏高教》2016 年第 3 期。
⑤ 常亮：《大学文化育人功能的实现机理：基于隐性知识传递的分析》，《国家教育行政学院》2017 年第 9 期。

对高校学生社团文化的育人机理进行分析，提出了濡化、内化和外化的以文化人、以文育人机制。①

关于思想政治教育的文化规律研究，学界的研究成果散见于个别论文之中，没有形成相对系统和深入的研究。有研究者认为，思想政治教育文化规律体现在把以文化人、以文育人作为一种信念、原则、社会文化运动过程、心理建构机制和大学基本功能，在此基础上才能真正实现思想政治教育以文化人、以文育人的有效性。② 有研究者对思想政治教育文化规律的理论基础进行了一定的论述。认为文化在生成过程中对人的思想和行为产生影响，文化对个体生活方式发展以及群体生活方式的认同发挥着至关重要的作用，这些构成了思想政治教育文化规律的理论基础。③

（五）"思想政治教育文化"概念的提出及其相关研究

随着对思想政治教育与文化关系研究的逐渐深入，"思想政治教育文化"作为一个独立概念被提出来并对相关内容作了延展研究，这标志着思想政治教育以文化人、以文育人研究的深化。目前关于思想政治教育文化的研究首先体现在对其内涵的研究。最早提出"思想政治教育文化"概念的是学者於国波，他指出所谓思想政治教育文化是指思想政治教育过程中创造的物质存在和精神存在的总和。④ 也有学者指出，所谓思想政治教育文化是在思想政治教育实践过程中思想政治教育要素和活动成果的综合体。⑤ 这两种定义借鉴了对文化定义的广义理解，但对文化元素的凸显略显不够。在此基础上，学者们的研究更进一步。比如有学者指出，思想政治教育文化就是具备思想政治教育意义的文化所组成的文化系统。⑥ 这一定义把思想政治教育文化作为一种特殊的文化形态去理解，

---

① 陆凯、杨连生：《以文化人视域下高校学生社团文化育人机制研究》，《思想教育研究》2017年第9期。
② 刘献君：《论文化育人》，《高等教育研究》2013年第2期。
③ 王振：《遵循以文化人规律 创新思想政治教育方法》，《思想教育研究》2017年第4期。
④ 於国波：《思想政治教育文化的理论范畴探究》，《中国青年政治学院学报》2010年第1期。
⑤ 王莹、孙其昂：《思想政治教育文化及其系统解读》，《思想理论教育》2015年第2期。
⑥ 张建晓、孙其昂：《论思想政治教育文化的逻辑建构》，《理论与改革》2017年第2期。

凸显了思想政治教育的文化内涵。其次,学界对思想政治教育文化的构成进行了一定研究。有学者指出,思想政治教育文化从异质层面分析包括思想政治教育物质形态文化、精神形态文化和制度形态文化;从同质层面分析包括思想政治教育文化特质、文化丛和文化模式。① 也有学者认为,思想政治教育文化由文化产品形态、活动方式形态和文化观念形态等构成。② 在此基础上,有学者进一步指出,思想政治教育文化是一个由不同层次的思想政治教育文化相互作用构成的文化系统,在这个系统里最小特征是思想政治教育文化要素,由思想政治教育文化要素的相互作用构成不同类型的思想政治教育文化中层,再由思想政治教育文化中层的相互作用构成思想政治教育文化整体。③ 再次,对思想政治教育文化的特征与功能进行研究。在特征方面,学者们多从思想政治教育文化的历史性、阶级性、实践性、渗透性等方面进行研究。在功能方面,有学者认为思想政治教育文化具有认知、规范和导向等功能;有研究者认为思想政治教育文化对于育人场域的有效塑造、育人情境的有效构建、育人内容的有效呈现等方面具有重要作用。④ 最后,关于思想政治教育文化的发展研究。有学者认为当前我国思想政治教育文化处于形成阶段,随着思想政治教育文化实践的不断演进,思想政治教育文化研究在深度和广度上的不断发展,思想政治教育文化将向着整体化方向发展。⑤

三 思想政治教育文化范式研究的学术史梳理

在思想政治教育范式与思想政治教育以文化人、以文育人研究受到学界高度重视的同时,有学者从交叉视域提出要构建思想政治教育文化

---

① 於国波:《思想政治教育文化的理论范畴探究》,《中国青年政治学院学报》2010年第1期。
② 王莹、孙其昂:《思想政治教育文化及其系统解读》,《思想理论教育》2015年第2期。
③ 张建晓、孙其昂:《论思想政治教育文化的逻辑建构》,《理论与改革》2017年第2期。
④ 丁玉峰、黄蓉生:《略论思想政治教育文化形态的类别、特性与功能》,《思想教育研究》2019年第5期。
⑤ 张建晓、孙其昂:《论思想政治教育文化的逻辑建构》,《理论与改革》2017年第2期。

范式。总体来分析，对思想政治教育文化范式的研究还处于起步探索阶段。对思想政治教育文化范式的论述主要散见于学者们关于思想政治教育范式的研究成果中，主要是在对目前思想政治教育范式研究取向或现状进行分析时，对思想政治教育文化范式有所提及。最早明确对思想政治教育文化范式进行专门系统研究的是学者徐伟。他认为，思想政治教育的存在和发展总是与一定的文化相联系的，把思想政治教育放在社会文化大系统进行考察，可以实现思想政治教育原理的新突破。在这样的认知指导下，对思想政治教育文化范式进行初步建构。这种初步构建首先表现在对思想政治教育文化范式的基本内涵、蕴含的共同信念和主张、不同层次的研究问题、包含的社会主义先进文化基本内容等进行论述。在此基础上，对思想政治教育文化范式的主体框架进行分析，对其涵盖的理论基础、价值取向、教育功能、研究目的、研究对象和研究方法进行了分析。[①] 笔者也对思想政治教育文化范式进行了比较深入的研究。在笔者的专著《文化视野中的思想政治教育研究》中，认为思想政治教育文化范式的出场是思想教育内在矛盾运动和思想政治教育外在环境变化综合条件下的产物。思想政治教育内部出现"社会哲学范式"和"人学范式"的非此即彼之争，呼吁新范式的出场进行调和，思想政治教育文化学范式就在很大程度上可以胜任这一调和工作。思想政治教育外部环境呈现出复杂的文化发展态势也呼吁思想政治教育文化范式从幕后走向台前。随后，对思想政治教育文化范式的哲学基础进行分析，主要集中在对马克思主义"人化"和"化人"思想的研究上。在此基础上，对思想政治教育文化范式的方法论即马克思主义社会建构进行论述，并指出这是思想政治教育文化范式区别于思想政治教育其他范式的重要标志之一。继而，对思想政治教育文化范式的主要内容进行研究，认为精神家园的建构这一主要目的贯穿于思想政治教育文化范式的始终，并提出思想政治教育文化范式的问题域。[②] 这些对思想政治教育文化范式进行专门研究的成果，为思想政治教育文化范式的研究提供了"合法性"与"合

---

① 徐伟：《思想政治教育文化范式探微》，《湖北社会科学》2012年第5期。
② 赵志业：《文化视野中的思想政治教育研究》，吉林大学出版社2018年版。

理性",是思想政治教育文化范式深入研究与继续发展的最为直接的思想资源。

四 当前研究述评

思想政治教育文化范式研究是在思想政治教育范式研究谱系下进行的,是以思想政治教育以文化人、以文育人研究为基础,以思想政治教育文化范式研究前期成果为直接借鉴的。目前学界关于思想政治教育文化范式研究的三个借鉴来源均取得一定成果,为思想政治教育文化范式的继续研究提供了有利和有力的学术支撑。但从总体上,专门对思想政治教育文化范式进行的研究还处于起步阶段,要么是对思想政治教育文化范式涉及的某一个部分进行研究,要么是对思想政治教育文化范式的整体呈现散见在对其他范式的论述中,这导致其专门研究成果呈现出零散化状态,缺乏系统性。同时,目前对思想政治教育文化范式关涉的诸多理论与实践问题没有进行深入探索,有的甚至停留在提出问题的浅尝辄止阶段。具体而言,学界关于思想政治教育文化范式研究存在以下问题亟待解决。

(一) 思想政治教育范式谱系的混乱导致对思想政治教育文化范式定位不清晰

思想政治教育文化范式研究是在思想政治教育范式谱系下进行的,找准思想政治教育文化范式在思想政治教育范式中的定位,是进行思想政治教育文化范式研究的逻辑起点,这关系到思想政治教育文化范式研究的进路与取向,因而是需要首先解决的问题。通过前面研究可见,目前学界关于思想政治教育范式研究取得了众多成果,其中不乏有重大影响力的研究成果。但不同的研究从不同的视角和侧重点使用范式。比如,有的研究者是从思想政治教育学科范式视角使用范式,有的研究者是从思想政治教育研究范式视角使用范式,也有从思想政治教育理论范式、话语范式等方面使用范式。甚至有的研究者不顾范式一般意义上的基本规定,把自己的研究冠以范式之名,但并无范式之实,出现了误用、滥用范式的情况。导致这些情况出现的一个重要原因是,学界对思想政治教育范式谱系这一基本理论没有进行深入研究,导致思想政治教育"多"

范式研究缺乏基本遵循，从而找不准自己在思想政治教育范式中的定位，进而出现研究的混乱现象。就思想政治教育文化范式而言，一个难点就是思想政治教育文化范式是侧重于学科意义上的范式、原理意义上的范式还是实践意义上的范式，或者其他层面的范式。这几种意义上的范式存在交叉性是毋庸置疑的，但它们各自的侧重点是不同的。比如，学科意义上的范式更侧重于思想政治教育学科的整体的发展，涉及的理论与实践问题复杂繁多；原理意义上的范式侧重于对思想政治教育的基础原理进行前提性反思与理论性构建；实践范式更侧重于思想政治教育的落地实操。就现有研究成果来看，对思想政治教育文化范式在思想政治教育范式谱系中的定位不清晰，导致思想政治教育文化范式研究呈现出一定混乱现象。

(二) 缺乏对思想政治教育文化范式的整体性构建

思想政治教育文化范式的形成与发展离不开思想政治教育以文化人、以文育人的研究与实践，但又必须遵循范式与思想政治教育范式的基本结构规定进行系统建构，从而超越零散化的思想政治教育以文化人、以文育人的研究与实践。然而，从目前学界研究现状来分析，大多数研究者通过不同的进路针对思想政治教育的文化性、思想政治教育的文化要素和思想政治教育的文化路径开展研究。在研究初期，研究成果集中在这些方面属于正常现象，但随着研究的逐渐深入，研究成果在这些方面积累到一定程度，难免出现低水平重复的现象。就这些研究成果与思想政治教育文化范式的关系而言，虽然这些内容在一定程度上折射出思想政治教育文化范式的内容构成，但并不是思想政治教育文化范式的全部，更不能体现出思想政治教育文化范式的整体性与系统性。在对思想政治教育文化范式进行专门论述的研究成果中，对思想政治教育文化范式构建的基本思路进行了有益探索，但其研究在数量上和质量上并没有形成可观的研究成果，同时诸多问题也并没有得到系统深入考察，比如，到底是思想政治教育文化学范式还是思想政治教育文化范式，两者的区别与联系是什么；对思想政治教育文化范式的构成研究是否遵循了范式与思想政治教育范式的基本结构规定；等等。

(三) 思想政治教育文化范式关涉的重大理论问题没有得到深入澄清和解决

从目前学界对于思想政治教育文化范式在理论上的构建来看，还处于比较"蜻蜓点水"的阶段。首先是对思想政治教育文化范式结构的研究照搬对思想政治教育"社会哲学范式"与"人学范式"研究的分析框架，而这些分析框架是站在"学科"或"原理"视角对思想政治教育进行研究的分析框架，是否适用于对思想政治教育文化范式的分析，是需要进行进一步论证的。其次，对于思想政治教育文化范式结构涉及的诸多理论问题并没有进行深入研究。比如，怎么处理好库恩对范式结构的基本规定与思想政治教育文化范式结构之间的关系，思想政治教育文化范式结构在静态层面的具体表征是什么，思想政治教育文化范式的核心构成要素是什么，思想政治教育文化范式存在什么样的动态运行机理以便实现以文化人、以文育人效果，思想政治教育文化范式之间的通约性问题，等等。这些问题都属于思想政治教育文化范式研究的重大理论问题，只有把这些问题研究透彻，才能为思想政治教育文化范式的实践运行提供强有力的理论保障，真正实现理论对实践的指导。

(四) 对思想政治教育文化范式的实践运行研究不足

从研究内容的深度和广度分析，目前学界对思想政治教育文化范式的实践运行研究处于零星研究状态。大多数研究者并没有对思想政治教育文化范式的实践运行进行系统性研究，而是仅就关涉的某一个要素进行分析，比如对思想政治教育文化环境、文化载体等方面的实践优化进行研究，这使得思想政治教育文化范式的系统合力作用不能充分发挥。从研究方法来看，学界多采用经验总结法对思想政治教育文化范式的实践运行进行研究。经验总结法是进行思想政治教育研究的传统方法，把它运用到思想政治教育文化范式实践运行研究中有它自身的优势。但学者们运用这一方法时并没有严格按照经验总结法的流程进行研究，而多从自己所处的工作和生活环境出发进行比较主观的理解和阐释，这样使得研究成果的推广性和应用性相对不足。从思想政治教育文化范式的实践运行场域来分析，目前学者多是在一般意义上泛泛而谈，虽然是在谈实践，但研究成果的呈现比较宏观和抽象，看不出针对特定场域的思想政治教育文化范式的具体实践过程，更没有形成比较成熟的针对特定场域的思想政治教育文化范式实践范本以供参考和借鉴。这些研究不足，在很大程度上阻碍了思想政治教育文化范式实践有效性的提升，是需要在进一步研究中进行攻关的主要实践难题。

第三节 研究思路

本书紧紧围绕思想政治教育文化范式的"构建"与"优化"开展研究。思想政治教育文化范式的构建研究主要体现在对思想政治教育文化范式相关概念与理论支撑进行厘清的基础上，对思想政治教育文化范式结构模型的静态要素、动态运行以及思想政治教育文化范式的通约性与转换问题进行深入研究。思想政治教育文化范式的优化研究主要体现在以思想政治教育文化范式结构模型为理论指导，以高校为场域，对新时代背景下高校思想政治教育文化范式的现状与成因进行深入分析，在此基础上提出新时代高校思想政治教育文化范式的优化路径。具体而言，本书共分为六部分内容。

第一章，绪论。本章基于新时代背景、思想政治教育学科发展需要以及人民大众的文化精神需要等方面，从理论背景与实践背景介绍了思想政治教育文化范式构建与优化研究的选题背景，并分析了本书的研究意义。之后分别从思想政治教育范式研究的学术史、思想政治教育以文化人和以文育人研究的学术史、思想政治教育文化范式研究的学术史三个方面对目前思政界的研究现状进行梳理和分析，并指出目前研究存在的不足之处。在这之后，提出了本书的研究思路和研究方法。继而，对本书研究的创新点进行了概括和说明，从而明确了本书研究的独特之处。

第二章，思想政治教育文化范式的相关概念界定与理论支撑。本章首先对范式、文化以及思想政治教育范式概念进行深入研究，为思想政治教育文化范式概念界定奠定相关概念基础。在此基础上，对思想政治教育文化范式概念进行深入研究，这主要体现在对思想政治教育文化范式的谱系地位、内涵、结构、特征、类型、功能等进行深入探讨，从而对思想政治教育文化范式形成整体理解和把握。之后对思想政治教育文化范式研究需要的理论支撑进行论述，按照所需理论在整个研究中的不同地位，具体分为理论基础、历史传承以及理论借鉴三个部分，对理论支撑进行论述。

第三章，思想政治教育文化范式结构模型的学理构建。在上一章内容对思想政治教育文化范式有整体理解的基础上，本章对思想政治教育文化范式进行更加深入的分析。首先从静态结构要素层面，对思想政治教育文化范式结构模型的深层要素圈、核心要素圈、中介要素圈和外围要素圈四个要素圈以及各个要素圈内部的各个要素进行深入分析，在静态层面达到对思想政治教育文化范式结构模型的多维立体理解。其次，在此基础上，对思想政治教育文化范式的动态运行过程以及机理进行深入研究。具体而言，主要对思想政治教育文化范式与社会大系统之间的动态互动过程及其蕴含的机理、思想政治教育文化范式作为独立系统的动态运行过程及其蕴含的机理等进行深入探讨。最后，依据思想政治教育文化范式结构模型理论，分析了思想政治教育文化范式的通约性问题和转换问题。

第四章，新时代思想政治教育文化范式的实践状况审视——以高校为场域。本章立足于现实，以高校为场域，在思想政治教育文化范式结构模型的理论指导下，通过问卷调查与深度访谈，对新时代高校思想政治教育文化范式的静态要素状况与实践运行状况进行深入细致的实证研究。之后对新时代高校思想政治教育文化范式实践状况的成因进行了分析。这些研究为新时代高校思想政治教育文化范式的实践优化路径奠定了研究基础。

第五章，新时代思想政治教育文化范式的实践优化路径——以高校为场域。针对高校思想政治教育文化范式实践运行中存在的不足，本章试图提出行之有效的措施对高校思想政治教育文化范式的实践运行进行优化。具体而言，一是要完善高校思想政治教育文化范式的诸要素圈结构；二是要构建高校思想政治教育文化范式实践的一体化格局；三是要建立高校思想政治教育文化范式实践的长效机制。除此之外，笔者将思想政治教育文化范式应用在高校思想政治理论课教学中，构建并实践了高校思想政治理论课文化型教学模式。因此，在本章最后一部分对这一教学模式从宏观、中观和微观三个层面进行分别阐释，以期体现思想政治教育文化范式的具体应用。

最后，结论与展望。首先对本书的研究结论进行总结，同时，对本书研究中存在的不足之处进行论述。在此基础上，对后续的深入研究以及研究方向进行展望。

第四节　研究方法

本书在研究过程中，坚持以马克思主义的辩证唯物主义和历史唯物主义为指导，综合应用了多种研究方法。其中最主要的是应用了以下三种研究方法。

一　文献资料分析法

任何研究都离不开对既有文献的梳理和整理。在完成"思想政治教育文化范式的构建与优化研究"这一课题的过程中，主要对文化学、范式理论、思想政治教育文化学、思想政治教育范式、思想政治教育文化范式等方面的相关文献资料和图书进行了详细的查阅、阅读和分析。通过文化资料分析法，一方面对目前思想政治教育文化范式研究现状有了清晰的理解，对于思想政治教育文化范式研究的薄弱环节有了精准的把握，对于思想政治教育文化范式研究的发展趋势与发展前景有了深入的认识；另一方面，通过搜集和分析相关文献，对于构建思想政治教育文化范式提供了许多理论支撑和思路启发。

二　理论总结法

所谓理论总结法，就是将分析和处理问题的思路、经验上升到理论的一种研究方法。在对"思想政治教育文化范式的构建与优化研究"这一课题的研究过程中，理论总结法不论是在绪论部分、概念分析部分、理论构建部分还是路径优化部分都处处可见。尤其是在对思想政治教育文化范式的结构模型进行学理分析时，对理论总结法的应用更为明显。这主要体现在通过理论总结法，分析了思想政治教育文化范式的四个要素圈以及各个要素圈的各个要素、分析了思想政治教育文化范式的动态运行过程与机理、分析了思想政治教育文化范式的通约性与转换问题，进而达到对思想政治教育文化范式涉及的主要理论难点进行透彻剖析的目的。

三　实证调研法

实证调研法是指通过应用调查问卷、访谈等方式在现场搜集资料的一种方法。本书对实证调研法的应用主要体现在对高校思想政治教育文化范式现状的分析部分。具体而言，本书通过发放3000份问卷，对100余位高校领导、教师和高校不同部门的工作人员等教育者文化主体进行深入访谈，对10位思政专家进行深度访谈，对200余位不同年级、不同专业的本科生受教育者文化主体进行深入访谈，继而结合课题组研究成员的日常观察，对高校思想政治教育文化范式现状研究所需的经验资料进行了全方位、深入的搜集。在此基础上对所搜集资料进行整理和分析，得出高校思想政治教育文化范式现状表现并对其成因进行分析，继而提出高校思想政治教育文化范式优化路径。

第五节　创新点

本书基于当前思政界对思想政治教育文化范式研究存在的不足，在前人研究的基础上，对思想政治教育文化范式进行更加深入的研究，主要体现在对思想政治教育文化范式结构模型进行深入的学理分析，在此基础上以高校为场域，分析了高校思想政治教育文化范式的现状与优化路径。具体而言，本书的创新之处包括以下方面。

1. 厘清思想政治教育文化范式的谱系地位并对其内涵进行精准界定

本书在把思想政治教育范式划分为思想政治教育研究范式、学科范式、理论范式及实践范式四大类范式的基础上，指出思想政治教育文化范式在思想政治教育范式谱系中主要属于思想政治教育实践范式的范畴。虽然思想政治教育文化范式主要属于思想政治教育实践范式，但在形态上也有其理论表达。在此基础上对思想政治教育文化范式的内涵进行了精准界定，认为思想政治教育文化范式是指特定阶级或集团的教育者文化主体用其主导文化的意义与价值对受教育者文化主体进行文化建构所遵循的结构模型。

2. 对思想政治教育文化范式结构模型从静态要素与动态运行两方面进行了深入分析

思想政治教育文化范式结构模型在静态构成上由深层要素圈、核心要素圈、中介要素圈和外围要素圈组成。深层要素圈决定着思想政治教育文化范式的性质与方向。核心要素圈对思想政治教育文化范式作出最为重要的规定。中介要素圈对思想政治教育文化范式发挥着中介桥梁的作用。外围要素圈对思想政治教育文化范式发挥着重要的保障作用。思想政治教育文化范式的四个要素圈之间是相互联系和相互作用的。思想政治教育文化范式动态运行过程包括思想政治教育文化范式与社会大系统的动态互动过程以及思想政治教育文化范式作为独立系统的动态运行过程。思想政治教育文化范式与社会大系统的动态运行过程需遵循文化代码机理、文化资本机理、文化领导权机理和文化创造机理四个方面的机理。思想政治教育文化范式作为独立系统的运行过程需遵循文化引导—认同机理、文化选择—加工机理、文化适应—匹配机理、文化生成—超越机理四个方面的机理。

3. 尝试破解思想政治教育文化范式的通约性问题和转换问题

在思想政治教育文化范式结构模型的理论指导下，认为不同时代、不同国家和不同阶级的思想政治教育文化范式在形式上具有通约性，但在实质内容上具有不可通约性，却可以进行交流与借鉴。新时代中国各种形态与类型的思想政治教育文化范式之间具有可通约性。思想政治教育文化范式转换需要遵循范式转换的标准。新时代中国思想政治教育文化范式不论是从功能还是从结构分析，都不存在转换的需要，而是需要进行优化。优化的重点在于处理好思想政治教育文化范式发展的不平衡不充分的矛盾。

4. 在分析新时代高校思想政治教育文化范式现状的基础上提出其优化路径

本书通过对 3000 名大学生进行问卷调查，对 100 余位包括高校领导、教师和高校不同部门的工作人员等教育者文化主体进行深入访谈，对 10 位思政专家进行深度访谈，对 200 余位不同年级、不同专业的本科生受教育者文化主体进行深入访谈，在此基础上借鉴前人所做的数据分析，对高校思想政治教育文化范式现状进行了客观且全面的把握。在此基础上从完善高校思想政治教育文化范式的诸要素圈结构、构建高校思想政治教育文化范式实践的一体化格局、建立高校思想政治教育文化范式实践的长效机制等方面针对性地提出新时代高校思想政治教育文化范式实践的优化路径。

5. 将思想政治教育文化范式在高校思政课中落地实践，构建并实施了高校思政课文化型教学模式

高校思政课文化型教学模式是由宏观结构、中观结构和微观结构组成的多维立体教学模式。在宏观结构上，主要体现在对高校思想政治文化型教学模式的各个文化要素的规定上。在中观结构上，主要体现在把高校思政课文化型教学模式的课堂分为理论先导课堂、理论主导创造和体验实践课堂，努力打造高校思政课三课堂文化型教学模式。在微观结构上，主要体现为在宏观结构与中观结构的指导下，以《思想道德与法治》课程为例，对每一章节进行精细的教学设计并实践实施。

第 二 章

思想政治教育文化范式的相关概念界定与理论支撑

概念研究是一项研究的逻辑起点，自然也是对思想政治教育文化范式进行研究的逻辑起点。对思想政治教育文化范式的概念进行界定时，需要对相关核心概念进行界定，这主要包括对范式、文化和思想政治教育范式的概念进行界定。在这之中，尤其要对思想政治教育范式的定义、类型等问题进行明确分析，厘清思想政治教育范式谱系，从而为思想政治教育文化范式在思想政治教育范式谱系中的定位提供坚实基础和重要参考。对思想政治教育文化范式的概念界定，不仅要对什么是思想政治教育文化范式进行明确界说，而且要对思想政治教育文化范式的形态、思想政治教育文化范式与思想政治教育范式以及思想政治教育文化学范式之间的关系进行厘清，从而为整个研究奠定清晰明确的概念基础。在此基础上，需要对整个研究的理论支撑进行界说，主要包括对思想政治教育文化范式进行研究的理论基础和理论借鉴，从而为整个研究提供坚实的理论支持。

第一节 思想政治教育文化范式的相关概念界定

从逻辑上讲，对思想政治教育文化范式进行界定，首先要对范式与文化概念、思想政治教育范式概念进行界定，在此基础上对思想政治教育文化范式概念进行界定。沿着这样的逻辑，本部分就从以上三个方面分别进行研究。

一 范式与文化概念界定

从字面分析,思想政治教育文化范式由"思想政治教育""文化""范式"三个词组成。要想对思想政治教育文化范式内涵进行界定,首先需要对这三个词进行界定。从目前研究现状分析,学界对于"思想政治教育"概念虽有争论,但分歧较小,且内涵较为清晰。对于"范式"与"文化"的概念研究,由于这两个词本身涉及的内容就很庞杂,学界对其界说也存在一定分歧。因此,对"范式"与"文化"进行一个较为清晰且明确的界定,就成为本研究首先应该解决的问题,从而为后续研究提供坚实的概念基础。

(一)范式概念界定

1. 范式的内涵

对于范式的理解,在中国古代没有专门的"范式"一词,只有对"范"与"式"的分别理解。在西方话语中,最早对范式进行描述的是柏拉图,他是从"对象的相似性"层面对范式进行理解的,并认为人们通过范式可以获得认识和知识。在《韦氏大学词典》《牛津大学英语词典》中多从"范例""模式""例子"方面对范式进行界定。把范式上升到理论的集大成者是托马斯·库恩,他在其名著《科学革命的结构》中对范式进行了比较深入的研究。库恩对范式理论的研究起始于他对科学史的研究。在对科学发展史进行研究的过程中,库恩发现科学技术的发展并不呈现出线性的发展过程,而呈现出"一个以一种信念、规则和技术取代另一种信念、规则和技术"[①] 的发展过程。库恩将科学技术研究中的信念、规则和技术的集合体称为范式,将科学发展过程称为科学革命的结构发展过程,即一种范式取代另一种范式的过程。对范式究竟是什么,库恩并没有给出严格意义上的统一界定,在其著作中他多从科学共同体

---

① 蔡宗模、毛亚庆:《范式理论与高等教育理论范式》,《复旦教育论坛》2014 年第 6 期。

"公认的成就"①"公认的模型或模式"②等方面对范式进行定义。在借鉴库恩对范式的理解的基础上，我国社会科学界认为，所谓范式是指"某一科学家集团围绕某一学科或专业所具有的理论上或方法上的共同信念"③。库恩对范式的理解是建立在自然科学史的基础上的，我国社会科学界对范式的理解是从学科或专业发展角度进行界说的，这为我们对范式的理解提供了思路，但也都存在各自的弊端。正确的选择应该是不拘泥于对范式的教条理解，而应该沿着库恩和学界对范式研究开辟的道路，把握范式最核心的规定。笔者认为，对范式的理解应该遵循三个基本规定。首先，范式是一个科学概念，是科学共同体在从事科学工作时使用的一个概念。因此，对范式概念的使用应该在科学研究与科学实践的语境下进行。其次，范式是科学共同体共同秉持的、公认的信念和方法等的集合。它之所以被科学共同体公认，是因为它揭示了所指称对象发展过程中的普遍现象和规律。这就意味着对范式的使用需要建立在"公认""规律"基础之上，而不能对任何对象都冠之以范式之名，使得出现滥用和误用范式现象。最后，范式表现为一种结构模型。这一结构模型规定了不论是什么类型的范式，在形式上都应该具备范式的结构规定。但在具体运用范式结构模型的过程中，不能对范式结构进行教条式应用，要处理好范式结构运用过程中的原则性与灵活性之间的关系，即要根据具体内容需要对具体范式的结构进行符合实际情况的研究与表达。范式作为一种结构模型，其结构要素在后文有专门的部分进行论述。

2. 范式的类型

范式类型按照不同的划分标准有不同的划分类型。按照范式的隶属关系，可以把范式分为母体范式和子范式。母体范式是指具有极大包容性、可以囊括一大类对象的范式。在母体范式下，又可以根据科学研究与实践的不同范围、对象、任务、方法等划分为不同类型的范式，这些

---

① ［美］托马斯·库恩：《科学革命的结构》，金吾伦、胡新和译，北京大学出版社2003年版，第4页。
② ［美］托马斯·库恩：《科学革命的结构》，金吾伦、胡新和译，北京大学出版社2003年版，第21页。
③ 刘放桐：《现代西方哲学》，人民出版社1990年版，第813页。

范式就是子范式。母体范式与子范式的划分不是绝对的。某一母体范式可以是更大母体范式的子范式,某一子范式可以是下属范式的母体范式。但不管是什么类型的范式,只要存在母体范式和子范式之间的隶属关系,这一范式总会保留母体范式的共同特征,同时又有跟母体范式及其母体范式下的其他子范式不同的特征,从而彰显其个性色彩。按照科学研究与科学实践的侧重点不同,可以把范式分为研究范式、理论范式、实践范式等。研究范式侧重于对某一类现象或对象进行研究时应该遵循的基本规定,研究范式凸显研究视域、研究进路和研究方法的重要性。理论范式侧重于进行理论研究应该遵循的基本规定,理论范式的重点在于理论假说、基本概念、研究方法等方面。实践范式侧重于进行科学实践时应该遵循的基本规定,实践范式的重点在于实践方法和策略。需要说明的是,对这三种类型的范式的划分不是绝对意义上的,它们之间存在交叉关系。研究范式在一定意义上讲是贯穿于理论与实践研究始终的,因此对理论范式与实践范式具有指导作用。同时,理论范式与实践范式的不断发展,需要研究范式作出必要的更新与改进,从而更好地指导理论与实践研究的发展。理论范式作为理论研究的范本或模型,内蕴着特定研究范式的基本思路,并对特定实践范式的运行具有直接意义上的指导作用。实践范式作为一种科学范式,需要遵循特定研究范式的基本规定,才能保证其科学性与规范性;同时,实践范式不是纯粹实践策略的表征,它具有理论形态的特征与表达,并对理论范式具有检验作用。按照学科划分,范式具有理、工、农、医、文等大类的划分。不同的学科范式,其结构在形式上遵循着范式的基本结构规定,但在具体内容上存在着极大差别。同时,这些学科范式在对待库恩所指出的范式不可通约性问题上也是有很大区别的。总体而言,与其他学科范式相比,文科范式的不可通约性相对弱一些,在文科范式内部,也要根据具体情况对范式的通约性问题进行具体研究与判断。

3. 范式的特征

对范式的特征进行描述,有助于更好地理解范式。具体而言,范式具有以下特征。首先,范式具有共同性与个别性相统一的特征。范式的共同性主要表现在,不论什么类型的范式其结构在形式上具有相同性。

范式的个别性主要表现在，不同类型的范式其结构在内容上具有不同的实质和表征。以学科范式为例进行分析，不论是什么类型的学科范式都具有共同的范式结构，但也存在相互区别的个性特征。同时，在同一学科范式内部，不同的子范式在"分有"着母范式的共同性的基础上表征出它们之间的共同性，但这些子范式之间也存在着差别从而表征出个体性特征。范式的这种共同性与个别性相统一的特征在不同学科的表现程度存在不同。文科范式相对于其他学科范式，其个别性会更明显一些。但在文科范式内部，也存在差异。比如，思想政治教育范式与其他文科范式相比，由于其自身的学科属性与学科定位，导致其共同性特征表现得更为明显。但总体而言，范式的共同性是绝对的，个别性是相对的。其次，范式具有整体性与交互性相统一的特征。范式的整体性一方面体现在范式结构的整体性上。这就意味着，范式是由其要素组成的有机统一体，单独拿出范式结构的某一部分或某几部分，并不能代表范式的全部。范式的整体性还体现在范式结构功能的合力性上，即范式发挥作用是其结构要素各个组成部分相互作用的过程与结果。范式的交互性体现在范式结构要素之间相互联系与相互作用的有机配合过程。范式的整体性与交互性特征遵循哲学意义上整体与部分的关系逻辑，范式的整体性是其交互性的前提，同时范式通过其交互性表现出整体性。再次，范式具有定向性与超越性相统一的特征。所谓范式的定向性是指在特定历史阶段，科学研究与实践总是围绕特定范式开展的，科学共同体在特定历史时期是通过特定范式的指导来解决理论与实践问题的。所谓范式的超越性是指范式的发展性，最主要体现在新范式对旧范式的替代以及范式内部的自我调整两个方面。范式的定向性与超越性遵循事物运动发展的规律，体现出范式的相对静止性与绝对运动性之间的辩证关系，两者并不是相互背离的，而是相互依存的。最后，范式具有封闭性与开放性相统一的特征。范式的封闭性是指特定范式具有区别于其他范式的质的规定性。正因为范式具有封闭性特征，才能在一定程度上保证范式的稳定性。范式的开放性是指范式不是完全自我封闭的，在其形成与发展过程中保持着对其他范式的开放，与其他范式之间进行着相互交流与借鉴，从而为范式的不断发展提供养分保障。总体而言，范式的开放性是绝对的，封闭性是相对的，但在具体历史时期具体某一范式在其封闭性与开放性上表现不同。

4. 范式的结构

作为范式理论的集大成者，库恩并没有对范式的结构进行专门论述，但是在对范式进行分析的过程中，在字里行间可见库恩对范式结构的理解。库恩把范式结构看成是"团体承诺的集合"①，这些集合包括共同秉持的世界观、基本理论、方法等从事科学研究与科学实践所需要的东西。在此基础上，有学者通过将范式理论操作化后对其结构进行分析，认为范式结构包括理念、话语和基础三个方面。② 也有学者认为范式结构"上承形而上的哲学承诺，下至形而下的实践规范"③。通过借鉴库恩以及不同学者对范式结构的论述，在此认为，范式结构主要包括以下四个方面。首先，范式结构中处于"牛鼻子"地位的是科学共同体。不同的科学共同体是由秉持着共同的信念、承诺与旨趣进行科学研究与科学实践的成员所组成，具体成员由专家学者、科学家和一般科学工作者等组成。科学共同体按照规范程度划分，可以划分为规范程度较高的科学共同体和规范程度较低的科学共同体。科学共同体也有着自身的结构要素，大致可以从科学史要素、国情要素和科学观要素等方面对其结构进行分析。其次，理论与实践框架是范式的核心组成部分。理论框架是指科学共同体从事理论研究时所遵循的由基本知识构成的理论体系构架，这一构架对理论研究的对象、目标、理论视域、基本理论观点等方面进行界说与规范。实践框架是指科学共同体从事科学实践时所遵循的由基本程序、策略与机制等构成的实践体系构架。理论与实践框架是科学共同体共同信念的外显与表征，也是范式之间存在差异的最直观的表征。再次，方法体系是范式的重要组成部分。方法系统在范式结构中属于思维方式与行动技术层面的要素。方法体系包括研究方法体系与实践方法体系。研究方法体系是指科学共同体成员进行研究活动时所涉及的思维方法的总

---

① ［美］托马斯·库恩：《科学革命的结构》，金吾伦、胡新和译，北京大学出版社 2003 年版，第 163 页。
② 蔡宗模、毛亚庆：《范式理论与高等教育理论范式》，《复旦教育论坛》2014 年第 6 期。
③ 洪波：《思想政治教育话语范式转换研究》，浙江大学出版社 2012 年版，第 190 页。

和。实践方法体系是指科学共同体成员进行实践活动时所涉及的操作方法的总和。方法体系在范式结构中处于"桥梁"和"中介"的地位，在很大程度上决定着范式发展的水平。最后，社会建制是范式的保障性组成部分。任何一个范式的形成与发展都离不开特定的政策支持、物质支撑、组织规范方面的保障。这四个方面相辅相成，共同构成了范式的结构要素。需要说明的是，对于具体形态的范式，其结构要素在大体遵循范式结构要素的基本规定的同时，对其结构要素的具体内容要根据情况进行个性化分析，不能简单地通过移植和套用范式一般结构规定的方法对具体范式结构进行形式主义的分析。

5. 范式的功能

理解范式的功能，对于进一步理解范式对科学研究与科学实践的重要性具有重要的价值和意义。对于范式的功能，总结起来主要有以下六个方面。第一，汇聚整合功能。这主要体现在科学研究与科学实践过程中，范式能够对各种有利的条件和资源进行整合，同时对一些不利条件进行规避，从而保障科学研究与实践在范式的指引下顺利进行。第二，价值导向功能。这一功能主要体现在范式对于科学共同体在科学研究与实践过程中的奋斗目标与终极价值的确证，为科学共同体进行科学研究与科学实践提供价值标准与判断依据。不同的范式内蕴着不同的旨趣与理念，从而对科学共同体的具体工作具有不同的价值指引功能。第三，规范认知功能。正如库恩指出："范式不仅给科学家以地图，也给了他们绘图指南"①。这个地图与绘图指南承载着对于科学共同体的全方位规范的功能。比如，划定什么样的对象是科学研究与实践的对象，范式规定范围之外的对象就进入不了科学研究与实践的范围；范式对科学研究与实践采用什么样的取向、进路与方法也进行了比较全面的界定。需要说明的是，范式的这一功能在不同类型的范式中表现的严格程度不同，需要具体情况具体分析。第四，聚焦解题功能。这一功能主要表现在，特定的范式可以将这一范式下的科学共同体成员聚集在一起，即把科学共

---

① [美]托马斯·库恩：《科学革命的结构》，金吾伦、胡新和译，北京大学出版社2003年版，第100页。

同体的注意力、精力和能力引导到范式划定的特定领域与特定问题上，从而实现协作攻关，有利于重大理论与实践问题的解决。第五，培育造就功能。从事科学研究与实践的人并不是天生就是某一科学领域的人才或专家，而是要经过不断学习从而成长起来的。其中一条最高效的成长路径就是在特定范式的统领下进行专业成长。范式作为科学研究与实践的基本遵循，它能为在其统领下的各类人员提供专业平台与配套机制，从而最大限度地确保各类人员在专业成长的路上少走弯路。这就是范式的培育造就功能的体现。第六，传承创生功能。任何一个较为成熟的范式都具有传承优良传统从而推动自我更新的功能。同时特定范式发展到一定阶段，也会出现革命性的变革，也就是库恩言说的范式革命与范式转换，从而实现范式创生。需要说明的是，对范式这些功能的论述是在理论上进行的，对于特定具体范式所具有的功能在遵循范式功能的一般规定之外，其功能的表现方式、实现程度以及侧重点会有所不同。

（二）文化概念界定

1. 文化的内涵

"文化是什么"，应该是学界最为复杂的问题之一。目前学界关于文化的定义大体可以分为五种思路。第一种思路是将文化看成是人类创造的成果的总和。这种文化定义是目前最为普遍的一种定义。这种定义又有广义和狭义之分。广义的文化定义包括人类创造的一切物质财富和精神财富。而狭义的文化定义专门指人类创造的精神财富。这种类型的定义存在把文化实体化的倾向，同时将文化看成是一个无所不包的大口袋，在一定程度上没有把握住文化的本质。第二种思路是将文化定义为人的生存与生活的具体样态和样法。梁漱溟、朱谦之等文化学者多从这方面对文化进行定义。这种定义有助于我们从经验观察的角度来认识和理解文化，但把文化等同于生活样态样法，缺乏对文化深层意义的挖掘。第三种思路将人类通过后天的教育、学习、训练和培养所习得的素质称为文化。西方著名文化学者爱德华·泰勒就是这种文化定义的代表者。这种文化定义的一个进步之处就是把"文化"与"自然"相区分，指出文化的后天人为性。但这种定义对文化的理解停留在"知其然"的层面，对于为什么人类要进行后天的各种学习和培养从而习得和创造文化这一

"知其所以然"层面的问题并没有进行回答。第四种思路是将文化定义为符号系统。这种定义的代表是卡西尔，他在其名著《人论》中把人是"理性动物"引申到人是"符号动物"，在此基础上把人创造的符号世界称为文化世界。这一定义将人类的符号意义世界理解为文化，从而与人类的物理世界相区分，无疑对理解文化是什么是一个巨大的理论提升。但是卡西尔在《人论》中的讨论重点并不是文化，因此对文化没有下一个完整的定义，也没有进行更深入的探究。第五种思路是马克思主义经典作家对文化的界定。他们多从文明、文艺和意识形态等方面对文化进行界定。他们认为，文化是社会意识形态的重要表现形式；同时，与物质生产力的发展相比，文化的发展具有不平衡性。

通过以上分析可以发现，学界对文化的理解是丰富多彩的。在此，坚持马克思主义基本原理指导，借鉴中西方学者对文化的理解，结合本书研究内容的需要，对文化进行定义。本书认为，文化是人的特定价值与意义在社会实践中对象化的过程与结果。理解这一定义，需要把握以下三个方面。首先，文化的核心在于意义与价值。文化问题，在本质上是人的意义与价值问题。对文化的理解，在本质上是对人的意义与价值的理解。进而言之，人与动物的区别，就在于人不是像动物一样按照自然本能存活于世的，而是在不断地追寻着意义与价值。也就是说，人在社会实践过程中，总是依循特定的意义与价值对外部世界进行着价值思维肯定，这种价值思维肯定的结果就是使人类的世界成为一种负载着特定价值与意义的文化世界。不论何种文化，不论文化的表现方式有何不同，它们都内蕴着人们对意义与价值的理解，不然它们就不能被称为文化。其次，从生成论的视角理解文化。以往学者对文化的定义有一个特点就是从静态的角度对其进行解读。本书不仅从"结果"外显的静态层面理解什么是文化，而且从生成动态过程理解文化。具体而言，文化是"人化"与"化人"两方面相互生成的过程。人按照特定的价值与意义改造外部世界，从而实现对外部世界的"人化"；人在改造外部世界的过程中，人的价值与意义不仅会发生外化，而且会得到新的改变、创造与发展，从而使人得到锻炼，实现"化人"。"人化"与"化人"相互作用的过程综合为文化的生成。最后，超越"小文化"与"大文化"的分歧，实现对文化的综合理解。在对文化进行界定的传统中，有"小文化"和"大文化"两种定义。小文化主要从观念形态理解文化，这种理解把握住了文化的精髓，却容易把文化局限在具体的领域与形式，从而窄化了对文化的理解。大文化主要是把人类创造的一切都说成是文化，这种理解虽然扩大了文化的范围，但容易犯把什么都称为文化的错误。本书对文化的界定，认为文化是由文化意义与文化形式构成的，二者缺一不可。文化意义就是指文化所承载的特定意义与价值。而文化意义不是单独存在的，需要附着在特定文化形式上才能被人掌握与理解。从文化意义与文化形式的结合理解文化，就不必纠缠所谓的小文化与大文化之间的区别，只要某一存在具有文化意义与文化形式，就可以称之为文化。这种理解实现了对文化定义的综合理解。

2. 文化的结构

从形态角度分析，文化是由内核与外缘组成的整体，从外向内，大体可以分为四个层次，即物质文化、制度文化、行为文化和精神文化。物质文化是人的物质生产活动方式与产品的总和，是具有物质实体的文化事物，是人们最容易用五官感受到的文化存在，它也是人类进行文化发展与文化创造的物质基础。制度文化由人类在社会实践活动过程中形成与构建的各种社会规范所构成。制度文化对于人类社会的有序发展提供了重要的保障。物质文化是文化的基础，制度文化是文化的中枢，在这两种文化形态基础上，形成了更具精神性的其他文化形态。行为文化由人们在社会实践与社会交往中形成的约定俗成的习惯性定式所构成。它在很大程度上体现为见之于动作与行动的行为模式。精神文化由人类社会实践过程中经过实践与思维的辩证运动孕育出来的思维方式、价值观念、审美情趣等构成，这是文化的核心组成部分，它以不同的方式体现在物质文化、制度文化和行为文化之中。精神文化也可以称为社会意识，按照是否经过系统加工可以将其划分为社会心理与社会意识形态。社会心理是尚未经过理论加工的社会意识形态，它体现在人们日常生活的精神状态与道德面貌之中。社会意识形态是经过系统加工的社会意识形态，它呈现出系统性、专门性、深刻性等特点。社会心理与社会意识形态之间具有辩证的关系，社会心理以潜意识的状态存在于人们的日常生活中，它是社会意识形态赖以形成与发展的原材料，也经常接受社会意识形态的加工与改造。社会意识形态按照与社会存在的疏密程度，可以划分为基层意识形态与高层意识形态。基层意识形态与社会存在尤其是经济基础有着较为紧密的联系，比如政治理论。而高层意识形态与社会存在的关系更为隐秘，独立性相对更强，比如科学、哲学等。需要说明的是，文化结构的四个组成部分在稳定性方面是存在差异的。物质文化因与生产力关系最为直接，随着生产力的发展物质文化的变化性更强，而制度文化和行为文化的保守性更强。在精神文化中，从一般意义上分析，社会心理作为一种"集体潜意识"，它深植于大众内心深处，因而它具有更强的稳定性与延续力。与社会心理相比，随着社会的变迁与发展，社会意识形态的活跃性表现得更强一些。同时需要说明的是，不论是哪种形态的文化，都是由显结构与隐结构构成的。显结构就是我们前面提到的文化形式，它的符号性特征明显，是可以从外部加以理解和把握的文化事实。任何文化的显结构背后都有其隐结构，也就是我们前面论述的文化意义，对隐结构的理解和把握是文化自觉的体现。文化的显结构是隐结构的外部表现，文化的隐结构是显结构的内在灵魂，二者相辅相成构成一个完成的文化存在。

3. 文化的特征

对文化特点的认知，有利于更好地理解和认识文化。总结起来，文化主要有以下特点。第一，人为性与为人性。文化的人为性是指文化并不是本来就存在的，而是人在实践过程中创造的，具有属人性。也就是说，文化是与自然相对的一个概念，它体现了人的主体性与实践性。文化的为人性是文化人为性的目的性体现，意指人类创造文化是为了满足人类的特定工具价值与目的价值。文化为人性的工具价值是指文化作为人的创造对于人的功能与价值。文化为人性的目的价值体现在文化作为人的创造表征着人对人存活于世的意义与价值的追寻。第二，肯定性与超越性。文化是人在实践过程中价值思维肯定的产物，它在确证着人之为人的意义与价值，所以文化具有肯定性。同时，文化一方面表征着人"应当如此"的价值理想，另一方面伴随着人对意义与价值的不断追寻，实现着对既定文化的批判与发展，这两个方面体现出文化的超越性特征。

第三，普遍性与多样性。文化的普遍性首先体现在文化的群体性。文化不是单个人的个体现象，而是人类的群体现象，有人类群体的地方就存在文化。文化的普遍性还体现在不同时空、地域、民族和时代中，存在着一些带有共同普遍性的文化现象。文化的多样性是指在不同的条件下，文化呈现出不同的阶级性、地域性、民族性与时代性，从而呈现出一幅丰富多彩的文化图景。第四，时间性与空间性。文化的时间性意味着特定的文化是在特定的时间维度上存在的，表征着文化发展的历时性、方向性、连续性。文化的空间性意味着文化的一种共时性存在状态，表征着文化发展的共在性和共生性。通过特定时间和空间的组合来解读特定文化，是我们理解和认识文化的重要途径。第五，组织性与弥散性。文化的组织性主要表现在文化因有其特定结构而呈现出一种可供我们认识和把握的结构形态。文化的弥散性体现在文化渗透到人的活动的方方面面，正如有学者指出："文化不仅仅是上层建筑的一个相对独立的部分，而且作为内在的文化机理与文化动力存在于作为上层建筑重要组成部分的政治运行之中，渗透到物质生产、经济运行和社会生活的所有领域"[①]。第六，继承性与变异性。特定文化一经产生，就会以相对独立的状态存在并被代代相传，这就是文化的继承性特点。进而言之，文化的继承性表现在特定文化在其形成与发展的过程中逐渐模式化为文化传统而被继承与发扬。同时，特定文化并不是一成不变的，随着各种条件的变化，特定文化也在发生变化，这就是文化变异性的体现。第七，系统性与功能性。文化的系统性是指文化由众多文化要素按照一定结构组合而成的有机整体。在文化诸要素中，最小的文化单位是文化特质，文化特质的组合形成文化丛，文化丛的组合形成文化模式。文化的功能性是其系统性的功能表征，任何文化按照特定结构形成之后必定要发挥特定的功能。

4. 文化的类型

文化按照不同的划分标准，可以划分为不同的类型，不同的文化类型构成了多样的文化类型图景。在此，根据研究所需，对文化类型作以下几个方面的划分。首先，按照文化的自觉程度可以把文化划分为世俗

---

① 衣俊卿等：《马克思主义文化理论研究》，北京师范大学出版社2017年版，第270页。

文化与理论文化。世俗文化是文化自觉程度较低的一种文化类型，它主要由日常生活中的文化观念、民间文化和大众文化等方面构成。世俗文化具有群众性和广泛性等特点。理论文化是自觉程度较高的一种文化类型，它主要由专门从事文化工作的知识分子、文化学者创造的文化形态构成。理论文化具有理论化和专门化等特点。从自觉程度把文化划分为世俗文化与理论文化，并不代表世俗文化是不好的，理论文化是好的，而要具体情况具体分析。同时，世俗文化与理论文化并不是对立的，而是相互影响的。世俗文化中的很多文化观念可以上升为理论文化，而理论文化也可以转换为世俗文化，而且这种转换在很多时候是非常有必要的，这是理论文化被大众理解与接受的必经过程。其次，按照是否被特定阶级或集团认可，可以把文化划分为主导文化与非主导文化。主导文化是代表特定阶级或集团利益的、被特定阶级或集团所认可的、占主导地位的文化形态。非主导文化自然就是不被特定阶级或集团认可的文化形态。在此需要对主导文化与主流文化进行一下区分。即便是统治阶级所认可的主导文化，也不一定都是主流文化。被大众普遍认可与接受的文化才是主流文化。再次，按照文化是否符合历史发展规律，可以把文化划分为先进文化与落后文化。先进文化是站在时代前列的、符合历史发展规律并代表社会发展趋势的文化形态。反之，就是落后文化。在此需要说明的是，我们经常提到时代文化，在理论上讲，时代文化不一定是先进文化，它是否是先进文化要按照先进文化的标准对其进行衡量与判断。最后，按照文化的内容形态可以把文化划分为政治文化、道德文化、生态文化等方面。所谓政治文化，是影响人们政治行为的各种文化要素组成的复合体。不论是哪个民族、国家、阶级与社会的人，都以不同的方式过着政治生活，而政治文化是影响人们政治生活的重要因素。所谓道德文化，是影响人们道德行为的各种文化要素组成的复合体。道德文化作为一种文化现象，对特定民族精神的形成与发展发挥着重大的影响。生态文化是影响人们处理人与自然关系的各种文化要素的复合体。人类本身是从自然界进化而来的，而且以自然界为基础进行着各种活动。如何处理人与自然的关系是人类生存与发展首先需要面对的问题。围绕这一问题，形成了不同的思路，在此基础上就形成了不同的生态文化。

5. 文化的功能

任何文化都是有其功能的，文化的功能主要表现在以下四个方面。第一，文化的认知功能。人创造文化后，文化就成为人们认识自然、社会以及自己的重要方式与手段。这是因为文化承载着关于自然、社会以及人类自身的知识，人类通过各种方式将这些知识保存下来，以便供人类自身学习。后人也正是通过学习前人的文化成果，从而建立起对自然、社会以及人自身的认知，在此基础上进行着文化实践，并进行着新的文化创造与发展。文化的认知功能是非常强大且广泛的，在各个领域的各个方面文化都以自己的方式对人们的认知进行着引导。第二，文化的规范功能。这一功能主要体现在文化对人们的行为方式具有规约作用。这尤其体现在制度文化和行为文化之中。制度文化以制度的强制性对人们的行为方式进行规约。行为文化以一种文化氛围的浸染性对人们的行为方式进行规约。正所谓无规矩不成方圆，大到国家与社会，小到家庭与工作单位，文化的规范性是保证人类按照特定秩序进行有序发展的重要保障。但在不同的时空背景下，人类的文化规范是不同的。这不同的文化规范是由特定社会制度以及人的文化素养水平所决定的，同时背后隐含着对于"人"的不同的哲学理解。第三，文化的凝聚功能。特定的文化如果被人们所认同，会使人们形成相同或相似的文化精神结构，从而对人们产生凝聚功能。这一功能在民族文化认同中表现得更为明显和重要。每个民族在文化意义上都是一个文化共同体，长期的文化历史积淀使得人们形成对民族文化的价值认同感。这种价值认同感形成后，在特定民族发展的过程中尤其是发生重大历史事件时，就会表现出一种凝聚人心的力量，对于维护特定民族的稳定发展发挥着重要的作用。第四，文化的教化功能。这一功能体现在文化对于什么是"真善美"是有自己的理解与界定的，这背后体现的是人关于人的意义与价值的理解。人们会通过各种方式将文化对于"真善美"的理解内化和外化到自己身上，从而实现文化的教化功能。文化的教化功能是人实现社会化的重要手段。人从一出生就开始接受文化的教化功能，随着社会化程度的发展，文化的教化功能一直相伴左右。

二 思想政治教育范式概念界定

思想政治教育范式作为一种母范式，是进行思想政治教育子范式研究的基础。思想政治教育文化范式作为思想政治教育范式的一种子范式，是建立在对思想政治教育范式明晰的理解基础上的。所以，很有必要对思想政治教育范式这一概念涉及的相关问题进行澄清，从而为思想政治教育文化范式研究奠定坚实的母范式前提与基础。思想政治教育范式概念涉及的基本问题是十分多样且复杂的，在此出于对思想政治教育文化范式研究提供指导的视角，主要对三个基本问题进行阐释。

（一）思想政治教育范式的内涵与结构问题

"思想政治教育范式是什么"是进行思想政治教育范式研究的元理论和元问题。思政界对思想政治教育范式的定义是建立在托马斯·库恩对"范式是什么"这一基本问题的理解基础上的。库恩在《科学革命的结构》中从科学共同体"公认的成就"[①]"公认的模型或模式"[②]等方面对范式进行定义，但并没有对范式形成一个统一的定义。我国理论界认为，所谓范式是指"某一科学家集团围绕某一学科或专业所具有的理论上或方法上的共同信念"[③]。在此基础上，不同学者对思想政治教育范式进行了不同的界定，可将其总结为两类。第一类定义是从学科角度对思想政治教育范式进行界定。这种定义以"库恩是在学科史演进的角度谈论范式"为依据，因此对思想政治教育范式的定义定位在学科范式上。比如学者张耀灿、钱广荣指出，所谓思想政治教育范式就是"思想政治教育学科建设和发展的结构模型"[④]。第二类定义是从研究范式角度对思想政治教育范式进行界定。这种定义基于一个认识论前提，即范式是在研究

[①] ［美］托马斯·库恩：《科学革命的结构》，金吾伦、胡新和译，北京大学出版社2003年版，第4页。

[②] ［美］托马斯·库恩：《科学革命的结构》，金吾伦、胡新和译，北京大学出版社2003年版，第21页。

[③] 刘放桐：《现代西方哲学》，人民出版社1990年版，第813页。

[④] 张耀灿、钱广荣等：《思想政治教育学科范式简论》，安徽师范大学出版社2018年版，第8页。

的意义上使用的，所以思想政治教育范式严格意义上是指思想政治教育研究范式。比如学者王学俭、郭绍均认为，思想政治教育研究范式是思想政治教育研究成员在研究活动中共有的"基本的学科传统、理论信念、价值旨趣、规范框架、概念体系、认知原则、研究指南、思维脉络、观察角度、探索视域、方法背景、分析模型和话语系统"[①] 等。以上两种定义对思想政治教育范式定义的继续研究具有重大的借鉴价值，但也存在一定的弊端，尤为明显的是现有定义把思想政治教育范式的作用对象和范围主要集中在理论及其研究上，忽视了思想政治教育范式的实践属性。在此，遵循范式的一般定义并结合思想政治教育的理论与实践属性对思想政治教育范式定义进行优化，认为思想政治教育范式是指思想政治教育理论研究与应用、实践研究与发展的过程中形成和遵循的结构模型。

思想政治教育范式不是一个空洞的概念，它作为一种结构模型是有实质内容的。有学者认为，思想政治教育范式结构是"一核心三层次"[②]，即以价值理念为核心，以逻辑原理、方法原则、实践策略为三层次。有学者指出，思想政治教育范式结构主要由"目的体系、规范体系和价值体系"[③] 构成。也有学者认为，思想政治教育范式结构主要包括"科学共同体、理论框架、思维方式和范畴体系"[④] 等。这些研究为思想政治教育范式结构的讨论提供了丰富的资源，但由于这些研究是从不同的侧重点，即从研究范式结构、话语范式结构、学科范式结构等方面，进行思想政治教育范式结构阐释，难免出现以偏概全的情况。结合学界的研究成果以及库恩对范式结构的认识，本书认为，思想政治教育范式结构是由科学共同体、框架体系、方法体系以及社会建制构成的。思想政治教育科学共同体是秉承相同的价值和信仰从事思想政治教育理论研究和实践操作的人的集合体。思想政治教育科学共同体由领导主体、理论研究主体、

---

① 王学俭、郭绍均：《思想政治教育研究范式：体系、问题与建构》，《思想理论教育》2015年第3期。

② 李坤：《思想政治教育范式还是思想政治教育研究范式?》，《思想教育研究》2019年第7期。

③ 高鑫：《思想政治教育话语范式解读》，《湖北社会科学》2018年第1期。

④ 张耀灿、钱广荣：《思想政治教育研究范式论纲》，《思想教育研究》2014年第7期。

实践操作主体构成。领导主体决定着思想政治教育范式的阶级属性与阶级立场；理论研究主体负责思想政治教育范式的理论构建；实践操作主体负责思想政治教育范式的实践运行。这三类主体在现实层面可能是同一的，也可能是分开的。思想政治教育框架体系是指思想政治教育科学共同体在认同同样的世界观、历史观、价值观基础上形成的对思想政治教育的共有信念和共识。思想政治教育框架体系由理论框架体系和实践框架体系构成。思想政治教育理论框架体系是指科学共同体对各种层面的思想政治教育现象进行学理研究之后形成的共有知识与理论的集合体，这主要由一系列的概念、范畴和话语来体现。思想政治教育实践框架体系是指科学共同体进行思想政治教育实践活动时所共同遵循的解决问题的框架体系。思想政治教育理论框架体系的形成是科学共同体从感性认识到理性认识的发展过程，思想政治教育实践框架体系的形成是科学共同体从理性认识到具体实践的发展过程。思想政治教育理论框架体系和实践框架体系应遵循认识与实践的辩证规律，二者在相互作用中相辅相成、相得益彰，从而推动思想政治教育框架体系的发展。思想政治教育方法体系是指科学共同体进行思想政治教育研究与实践所遵循的主导性的思维方式及其衍生出的各种方法的总和。思想政治教育方法体系由研究方法体系和教育实践方法体系构成。思想政治教育社会建制是指进行思想政治教育研究与实践所依托的政策支持、物质支撑、组织规范以及平台、基地、场所等方面的保障。思想政治教育范式结构四个方面缺一不可，它们在相互作用下共筑思想政治教育范式的形成、发展与运行，这四个方面的发展程度也成为衡量思想政治教育范式发展水平的最重要标准。在此有两点需要特别说明：第一，思想政治教育范式结构的四个组成部分作为一种理论分析可以进行分别的论述和讨论，但这不等于在思想政治教育范式研究中不分情况地、机械地套用这个结构，而应该根据研究需要对其结构进行灵活把握和应用；第二，在没有特别说明的情况下，本书的思想政治教育范式特指当前我国思想政治教育范式。

（二）思想政治教育范式的形成与发展问题

目前，在已有思想政治教育范式研究中存在对范式随意建构和随意"冠名"的取向。同时，学界对思想政治教育范式是否已经形成也存在分歧。因此，有必要对思想政治教育范式的形成与发展问题进行研究和澄清，从而为后续进行思想政治教育文化范式的形成与发展研究提供思路。

"一般而言，范式是逐步形成的"①，这意味着思想政治教育范式不是一个理论预设，它是在历史发展过程中多方合力作用下逐渐形成并继续发展的。对于我国当前思想政治教育范式而言，首先，思想政治教育范式的形成与发展离不开党和国家对思想政治教育的高度重视。中国共产党是思想政治教育范式形成与发展过程中的领导力量，这一领导力量在保证思想政治教育范式的阶级立场与党性基础上，为思想政治教育范式的形成提供了强有力的政策保障。以党和国家颁布的思想政治教育学科建设政策来分析，据不完全统计，自新中国成立以来"与思想政治教育学科建设直接相关的政策，约有225份单体文件"②。党的十八大以来，以习近平同志为核心的党中央对思想政治教育的地位和作用的认识提升到一个新高度。2016年12月8日，习近平总书记在全国高校思想政治教育工作会议上作重要发言，对思想政治教育的地位作了符合时代发展要求的阐释，并指出要将思想政治教育贯穿于教育教学全过程。2017年3月18日习近平总书记主持召开学校思想政治理论课教师座谈会并发表重要讲话，对思政课教师提出"六个要"的要求，对思政课的创新发展提出"八个相结合"的要求。这些重要讲话和精神不仅为思想政治教育范式的发展指明了方向，而且提供了重要的领导保障。其次，思想政治教育范式的形成与发展以中国共产党在革命、建设和改革过程中的思想政治教育活动为实践基础。思想政治教育范式不是书斋式抽象的结果，而是在深厚的实践经验基础上建立起来并不断发展的。中国共产党成立以来，思想政治教育一直是其政治优势，在革命、建设和改革过程中积累了丰富的思想政治教育实践经验。这些实践经验为思想政治教育范式的形成与发展提供了丰富的经验养分。当前，实现中华民族伟大复兴，是中华民族近代以来最伟大的梦想，思想政治教育范式是在实现这个伟大

---

① 陈秉公：《论思想政治教育的"一体二重性"范式》，《教学与研究》2016年第8期。
② 宋俊成：《高校思想政治教育学科建设研究——以学科政策内容分析为视角》，社会科学文献出版社2017年版，第199页。

梦想的实践中继续发展的，对其进行研究需要对中华民族伟大复兴的进程及其伴随的思想政治教育实践具有深刻体验。最后，思想政治教育范式的形成与发展以一代又一代的思想政治教育研究工作者的辛劳付出及其劳动成果为重要依托。在革命战争年代，党内重要领导及知识分子在具体的思想政治教育实践中形成的关于思想政治教育的知识，是思想政治教育范式形成的重要理论资源。改革开放以来，伴随着党和国家对思想政治教育科学化发展的需要，独立从事思想政治教育研究的共同体逐渐形成，他们在思想政治教育从专业化发展到学科化发展的科学化路途中，做出了辛勤的探索和耕耘，使得当前思想政治教育范式逐渐形成，他们所取得的研究成果是思想政治教育范式继续发展的重要学术传统与学术资源。同时，当前思想政治教育范式的形成与发展离不开对古今中外其他思想政治教育范式资源的借鉴。

在中国共产党领导下，在理论工作者和实践工作者的努力下，当前我国思想政治教育范式已经形成了比较稳固的结构。首先，在思想政治教育科学共同体方面，形成了以中国共产党为核心的领导主体、以思想政治教育学科领军人物为代表的研究者主体以及各级各类从事思想政治教育工作的实践操作主体组成的科学共同体。以高校思政课教师为例，高校思政课教师是思想政治教育科学共同体的重要组成部分，根据教育部数据显示，截至 2020 年 11 月，其人数首次突破 10 万人大关。其次，形成了相对比较成熟的框架体系。在理论框架体系上，经过一代又一代思政理论工作者辛勤探索，构建起了以思想政治教育原理、思想政治教育方法论、比较思想政治教育学、思想政治教育史等为主干的理论体系。围绕这些主干，研究者们从不同的角度、层面进行纵深研究，使得思想政治教育理论体系日渐丰富。在实践框架体系上，中国的发展实践"是思政教育创新发展的沃土"[1]，在这片沃土上形成了党中央统一领导下的"哪里有群众，哪里就有党的思想政治教育"的工作框架；在具体基层实践中，形成了党委统一领导下各部门协同运行的思想政治教育工作模式。

---

[1] 冯刚：《增强新时代思想政治教育专业人才培养的内在动力》，《学校党建与思想教育》2021 年第 5 期。

再次，形成了比较成型的方法体系。在研究方法层面，在马克思主义方法论指导下，大体形成了以思辨研究法、定量研究法、质性研究法、混合研究法等构成的研究方法体系。在教育实践方法层面，以高校、军队、企业、农村等为单位，针对不同的群体形成了比较成熟的教育方法。最后，在社会建制上，思想政治教育的发展得到了党和国家在政策和资金上的大力支持，全国马克思主义学院蓬勃发展，思想政治教育博士点和硕士点数量呈上升趋势，各种思想政治教育研究会逐渐形成，各种思想政治教育方面的高质量期刊平台成功搭建。综上所述，可以理直气壮地判定，当前我国思想政治教育范式已经形成。但思想政治教育范式的形成并不意味着它已经完全成熟甚至固化下来，这在理论上不符合范式变化发展规律，在实践上不符合范式运动发展状态。它会随着时代发展的车轮不断前行，人们对其进行丰富与发展，而不是怀疑与否定，才是应该坚持的正确态度。

（三）思想政治教育范式的层次类型问题

目前学界关于思想政治教育范式的叫法和用法多从研究范式、学科范式、人学范式等方面进行讨论。这是思想政治教育范式发展过程中丰富性的表现。但这些叫法与用法也会带来反思，为什么会出现这些不同的用法与叫法，它们分别是在什么层面来研究思想政治教育范式，它们与思想政治教育范式的关系是什么？这些问题其实涉及一个重要的理论难点，即思想政治教育范式的层次类型问题。对于本研究而言，把这一理论难点阐释明白，有助于建立思想政治教育范式研究谱系，明确思想政治教育文化范式研究是在哪个层面开展研究，从而有助于思想政治教育范式研究的有序进行。正如有学者指出，"思想政治教育是思想政治教育的总体性概念"[①]，思想政治教育范式也是思想政治教育范式的总体性概念，它作为一种母体范式是由众多子范式构成的，母体范式具有普遍性并寓于子范式的特殊性之中，子范式作为母体范式的具体特殊形态表现着母体范式的普遍性。思想政治教育范式的子范式可以分为思想政治

---

① 孙其昂：《论思想政治教育的学科定位及组织建设》，《思想政治教育研究》2020年第2期。

教育研究范式、学科范式、理论范式及实践范式四大类，在这四种子范式下又有多种子范式的形态。这四类子范式在结构上遵循着思想政治教育范式的基本规定，它们之间的关系是彼此交叉和部分重叠的，同时它们的侧重点有所不同。

思想政治教育研究范式是指以思想政治教育研究活动为作用对象而形成和遵循的结构模型。从其定义可以看出，思想政治教育研究范式主要是对思想政治教育研究活动进行有效规范和提供有效指引。从思想政治教育研究范式结构来分析，思想政治教育研究范式最主要的特点首先体现在理论框架上有两个侧重点：第一个侧重点是对"研究共同域"进行厘定和澄清，也就是说划定哪些问题是属于思想政治教育研究的问题，哪些问题不属于思想政治教育研究的问题；第二个侧重点是研究取向的确定。研究取向体现了思想政治教育学科共同体的理论旨趣和理论偏好。学界比较典型的思想政治教育研究范式的取向有人学取向、哲学社会科学取向、文化学取向。虽然学者们通常直接用"人学范式""哲学社会科学范式""文化学范式"冠名，但仔细研究即可发现，它们其实是思想政治教育研究范式的一种理论取向，"这种不同研究取向是理论发展从感性具体到抽象规定到理性具体的过程"[1]，在此需要特别澄清和说明。思想政治教育研究范式的另一个主要特点是研究方法的体系化。因为"思想政治教育研究范式作用于思想政治教育研究的方方面面"[2]，在这个"作用的过程中"非常重要的就是为思想政治教育方方面面的研究提供研究方法，思想政治教育研究涉及问题的复杂性和多样性，自然就要求思想政治教育研究范式提供的研究方法具有系统性和全面性。

思想政治教育学科范式是指以思想政治教育学科建设、发展的规律以及规律应用为作用对象而形成和遵循的结构模型。2005年国务院学位委员会颁布《关于调整增设马克思主义理论一级学科及所属二级学科的通知》，将思想政治教育作为一门学科下设到马克思主义理论一级学科之

---

[1] 万光侠、张九童等：《马克思主义人学视域中的思想政治教育范式转换研究》，山东人民出版社2014年版，第12页。

[2] 郭绍均：《思想政治教育研究范式的内涵、功能及其优化》，《思想教育研究》2018年第9期。

下，这标志着思想政治教育从工作形态和专业形态到学科形态的重大转变。思想政治教育作为一门学科需要按照学科发展建设和发展的规律茁壮成长，而这个规律不是现成的，需要思想政治教育科学共同体共同努力深耕与探索。围绕学科建设、发展规律的研究与实践而形成的科学共同体、框架体系、方法体系和社会建制的综合体，形成了思想政治教育学科范式。思想政治教育学科范式在宏观上要处理好思想政治教育学科与哲学、政治学、社会学等相关学科的逻辑关系，在中观上要处理好思想政治教育学科与马克思主义理论一级学科以及其他二级学科之间的关系，在微观上要处理好思想政治教育学科内部关涉的对象之间的关系。因为思想政治教育学科范式需要处理好以上三层关系，从而使思想政治教育学科范式结构的四个方面都呈现出综合性和整体性的要求与特征。

思想政治教育理论范式是指以人的思想品德形成规律和思想政治教育规律的发现和阐释为作用对象而形成和遵循的结构模型。思想政治教育理论范式有两个侧重点：第一个侧重点是，思想政治教育理论范式是思想政治教育科学共同体主要围绕人的思想品德形成规律和思想政治教育规律的发现和阐释为目标；第二个侧重点是，思想政治教育理论范式主要以"由一系列富有解释力的基本概念、判断、假说、范例"[①] 构成的理论体系的形态呈现，而且这些理论体系在被思想政治教育科学共同体认可的基础上可供模仿、借鉴和应用。思想政治教育理论范式由于其研究进路的不同，还可以表现为不同的子范式。目前学界比较成型的是思想政治教育原理范式、比较政治教育学范式、中国共产党思想政治教育史学范式等，他们分别以元理论研究路径、比较研究路径、史学研究路径探究着人的思想品德形成规律和思想政治教育规律。

思想政治教育实践范式是指以人的思想品德形成规律和思想政治教育规律的具体应用为作用对象而形成和遵循的结构模型。思想政治教育实践范式对思想政治教育活动过程具有最直接的指导价值和意义，其结构的组成部分也以强烈的实践形态呈现出来。思想政治教育实践范式的科学共同体主要为从事思想政治教育实践工作的人，框架体系主要表现

[①] 金林南：《思想政治教育学科范式的哲学沉思》，江苏人民出版社2013年版，第15页。

为一种解决实际问题的工作模式和样板，方法体系主要表现为进行思想政治教育实践的方法。目前思想政治教育实践范式的发展状态，可以划分为高校思想政治教育实践范式、军队思想政治教育实践范式、企业思想政治教育实践范式和农村思想政治教育实践范式等类型。

三　思想政治教育文化范式概念界定

对范式、文化、思想政治教育范式这三个基础概念进行的相关研究，为思想政治教育文化范式概念界定奠定了扎实的研究基础。对思想政治教育文化范式概念界定属于思想政治教育文化范式研究中的基础性工作，它在很大程度上决定着思想政治教育文化范式研究的进路、取向以及其他方面的研究。基于这样的认识，对思想政治教育文化范式概念涉及的主要问题在此进行阐述与澄清。

（一）思想政治教育文化范式的谱系地位澄清及其内涵

在对思想政治教育内涵进行阐释之前，有一个工作是十分必要的，那就是厘清思想政治教育文化范式在思想政治教育范式中的谱系地位，这里的谱系地位不是从"高"与"低"的方面进行的界定，而是要厘清思想政治教育文化范式是属于哪种类型的思想政治教育范式，这关涉到对思想政治教育文化范式的研究定位与研究取向。在前面对思想政治教育范式的层次类型划分中，把思想政治教育范式划分为研究范式、学科范式、理论范式及实践范式四种大类。由于这四种类型的范式本身就存在交叉相关性，思想政治教育文化范式自然带有这四种范式的特点，但它最主要是属于思想政治教育实践范式这一类型。这就意味着，本研究主要是从实践范式取向对思想政治教育文化范式开展相关研究的。思想政治教育文化范式属于思想政治教育实践范式，这并不意味着不从理论层面对其进行论述与研究，也就是说思想政治教育文化范式作为一种实践范式也是有其理论表达的。关于这一点，在后面思想政治教育文化范式的类型中会再作分析。既然思想政治教育文化范式也有理论表达，那就又有一个问题需要解答，即它与关系极其密切的思想政治教育文化学范式这一理论性极强的范式有什么区别与联系。金林南教授把思想政治教育理论分为思想政治教育哲学型理论、原理型理论和应用型理论。思想政治教育文化学范式带有一个"学"字，这个"学"一般是从哲学角度和原理角度对其进行解读。哲学与原理涉及的问题在很大程度上都属于原点、元理论方面的问题。具体到思想政治教育文化学范式，它主要是遵循范式的基本规定从文化学视角对思想政治教育的基本原理进行系统审视与解读，它在理论上的系统挖掘与研究会更深，其反思性与批判性特征较为明显，其理论形态更接近于哲学型理论和原理型理论。思想政治教育文化范式在很大程度上是与思想政治教育文化学范式存在交叉，同时它会接受思想政治教育文化学范式的相关理论指导。思想政治教育文化范式也会涉及很多理论问题，但它的理论重点不是原点意义上的理论，而是理念与操作意义上的理论，其理论形态会涉及哲学型理论，但主要还是以原理型理论和应用型理论为主。在澄清思想政治教育文化范式在思想政治教育范式谱系中的地位以及与思想政治教育文化学范式的关系之后，就可以对思想政治教育文化范式的内涵进行界定。在此认为，所谓思想政治教育文化范式，是指特定阶级或集团的教育者文化主体用其主导文化的意义与价值对受教育者文化主体进行文化建构所遵循的结构模型。这一定义遵循了范式作为一种结构模型的基本规定，体现了文化的核心内容即意义与价值，也从文化建构的立场彰显出了其实践特性。

（二）思想政治教育文化范式的结构

思想政治教育文化范式的结构模型是进行思想政治教育文化范式研究的重点内容，因此会在下一章进行重点论述。在此为了体现研究的整体性与连贯性，会对其结构模型涉及的问题进行说明并对结构模型进行简要论述。首先，本书对思想政治教育文化范式的结构模型论述在遵循思想政治教育范式结构模型基本规定的基础上，进行了较为灵活的发展与研究。也就是说，思想政治教育文化范式在一般规定上是由科学共同体、框架体系、方法体系以及社会建制四个部分构成的。这个基本结构作为一般意义上的结构，对思想政治教育文化范式的研究提供指引与参考。但本研究在论述时，不是采用机械的方式对这四个方面分别研究与论述，而是采用原则性与灵活性相统一的方式对其结构模型进行更合理恰当的论述。在字里行间可以体现出对四个要素的理解与把握，但又不是形式主义的机械套用与应用。其次，思想政治教育文化范式作为一种结构模型，它的形成与发展不是个人随意建构的，而是多方面动力与合力的发展结果。这意味着，本研究对思想政治教育文化范式结构模型的建构并不是研究者本人个人主观意志的结果，也不是研究者本人对个别实践范例的总结，而是综合思想政治教育以文化人、以文育人各种研究成果及其实践基础之上的一种高度凝练、总结与升华。这体现出了思想政治教育文化范式作为一种结构模型的系统性与普遍性特征。最后，思想政治教育文化范式作为一种结构模型，是由静态结构要素与动态运行过程所组成，在此进行简单勾勒。在静态结构要素层面，思想政治教育文化范式结构由深层结构要素、核心结构要素、中介结构要素、外围结构要素四个方面由内到外构成一个同心圆结构。思想政治教育文化范式的深层结构要素包括指导思想与人性基础。思想政治教育文化范式的核心结构要素包括思想政治教育文化主体、文化目标与文化内容。思想政治教育文化范式的中介结构要素包括思想政治教育文化资源、文化载体与文化方法。思想政治教育文化范式的外围结构要素包括思想政治教育文化情境与文化环境。在这个同心圆结构中，如果与一般意义上的思想政治教育范式结构的四个组成部分进行对接的话，思想政治教育文化主体体现出了科学共同体这一结构要素，同心圆结构本身就体现出了框架体系这一结构要素，对同心圆结构进行建构所体现出的思维方式以及思想政治教育文化方法体现出了方法体系这一结构要素，同心圆结构的每一组成部分或隐或显都与相关社会建制有关，从而体现出了社会建制这一结构要素。在动态运行过程层面，思想政治教育文化范式的结构运行体现在两个方面：第一个方面，思想政治教育文化范式作为社会运行的有机构成部分，它在与社会其他有机组成部分之间是如何互动从而实现思想政治教育文化范式的功能与作用的；第二个方面，思想政治教育文化范式自身作为一个相对独立与自主的系统，它的内部要素之间是如何相互作用从而实现思想政治教育文化范式的功能与作用的。这两个方面的结合，可以比较全面地反映出思想政治教育文化范式的作用方式与运行过程，从而在动态上把握住思想政治教育文化范式的结构模型。

（三）思想政治教育文化范式的特征

思想政治教育文化范式在字面上作为"思想政治教育""文化""范

式"的综合体，在保有思想政治教育的基本特征之外，也分有文化与范式的基本特征。但思想政治教育文化范式的特征又不是对三者的简单叠加，这种综合的过程与结果形成了思想政治教育文化范式的特征。具体而言，主要体现在以下方面。第一，思想政治教育文化范式具有整合性的特征。思想政治教育文化范式的形成与发展过程就是各种思想政治教育文化要素整合的过程。在整合的过程中各种思想政治教育文化要素需要经过排列、组合、冲突、协调的相互作用。在这个相互作用过程中，有利于思想政治教育文化范式开展的文化要素被保留了下来成为思想政治教育文化要素，并被放到合适的位置与其他思想政治教育文化要素进行结构组合从而发挥其最大功能，不利于思想政治教育文化范式开展的文化要素会被淘汰出局。这一整合特征使得思想政治教育文化范式成为一个有机整体，从而保障其合理发挥应有的育人功能与作用。第二，思想政治教育文化范式具有趋向性的特征。思想政治教育文化范式作为一种整合的结果就表现为趋向一致性。这种趋向一致性首先体现在目标层面。思想政治教育文化范式的各种要素的功能以及要素之间相互作用发挥的功能都是为了同一个思想政治教育目标而进行的。在目标趋向一致性的前提下，思想政治教育文化范式表现出理念、内容、操作等方面的趋向一致性。这种趋向一致性也是思想政治教育文化范式作为思政科学共同体的共同承诺在思想与行为方面的显现。需要说明的是，趋向一致性不是绝对意义上的"齐步走"与"一刀切"，需要在原则性与灵活性之间保持平衡，要具体情况具体分析。第三，思想政治教育文化范式具有规范性的特征。思想政治教育文化范式是对各种文化要素进行"去粗取精""去伪存真"后形成的结构模型。经过这样的过程，思想政治教育文化范式的各个要素及其功能体现出一种高度的契合性，这种契合性会外显为一种规范性体现在思想政治教育文化范式的各个部分与各个环节，从而保证思想政治教育文化范式的有效运行。第四，思想政治教育文化范式具有时空性的特征。思想政治教育文化范式在形式上表现出统一性与普遍性，但其具体内容与运行方式是与具体的时空联系在一起的，是特定时间与空间组合下的思想政治教育文化范式。这一时空特征，告诫我们不能抽象地谈论思想政治教育文化范式，而要在具体的境遇中对其开展研究。第五，思想政治教育文化范式具有稳定性的特征。所谓稳定性，是指一种思想政治教育文化范式形成之后，一般情况下不易发生太大变化，尤其是在质的方面。当然，这种稳定性是相对的，要结合具体的时空条件进行具体分析。一般而言，时间积淀越久的思想政治教育文化范式其稳定性越强，空间越封闭的思想政治教育文化范式其稳定性也越强。第六，思想政治教育文化范式具有开放性的特征。思想政治教育文化范式具有稳定性的特征，但并不意味着它是封闭保守的，而是具有开放性特征。这种开放性是立体的、多层次的。既可以体现为不同思想政治教育文化范式之间的交流对话，也可以体现为思想政治教育文化范式对各种有利文化要素资源营养的运用与汲取。

(四) 思想政治教育文化范式的类型

按照不同的标准，思想政治教育文化范式可以划分为不同的类型。在此，根据整个研究的需要主要从三个方面对其进行划分。首先，按照时空划分，可以划分为不同时代、国别以及地域的思想政治教育文化范式。比如，在空间上，有中国思想政治教育文化范式，也有诸如美国、英国等其他国家的思想政治教育文化范式。对于我国国内而言，有不同地域、不同场域的思想政治教育文化范式。比如，在地域上可以按照省份划分，在场域上可以按照高校、军队、农村、企业等划分。在时间上，按照大的历史发展脉络，可以划分为古代、近代和现代的思想政治教育文化范式，也可以按照小的历史发展脉络进行具体情况具体分析。其次，从呈现形态划分，可以把思想政治教育文化范式划分为理论形态、实践形态、历史形态三种主要形态。理论形态的思想政治教育文化范式侧重于通过概念逻辑的方式外显和展示其具体形态。历史形态的思想政治教育文化范式主要是从历史演进的历时性方式再现其具体形态。实践形态的思想政治教育文化范式重点是通过此时此地对象化的方式现时地再现其具体形态。三种形态的思想政治教育文化范式是思想政治教育文化范式的三个不同侧面的表达，三者存在相互联系、相互作用的关系。具体而言，理论形态的思想政治教育文化范式作为对思想政治教育文化范式的理论表达，是对历史形态与实践形态的思想政治教育文化范式进行理论升华的产物，又反过来对反思历史形态的思想政治教育文化范式与指导实践形态的思想政治文化范式具有重大作用与意义。历史形态的思想政治教育文化范式作为传统，对建构理论形态的思想政治教育文化范式提供了扎实的理论支撑与丰富的理论素材。同时，正所谓"以史为鉴"，历史形态的思想政治教育文化范式对现时的实践形态的思想政治教育范式具有反思与借鉴作用。实践形态的思想政治教育文化范式对于理论形态的思想政治教育文化范式具有检验与优化的作用。同时，实践形态的思想政治教育文化范式随着历史的发展终究会成为历史形态的思想政治教育文化范式。最后，按照生成方式，可以把思想政治教育文化范式划分为内生型、借鉴型与同化型三种类型。内生型思想政治教育文化范式主要是通过自身内部发展与变革而形成的。借鉴型思想政治教育文化范式主要是原有的思想政治教育文化范式面对外在压力通过借鉴外来的思想政治教育文化范式而形成的。同化型思想政治教育文化范式主要是通过照搬外来的思想政治教育文化范式而形成的。需要说明的是，思想政治教育文化范式的这三种生成方式之间是相互交叉的，没有哪种生成方式是完全独立的，只是其侧重点和比重有所不同。

（五）思想政治教育文化范式的功能

思想政治教育文化范式之所以重要，是因为它发挥着重要的功能。这主要表现在以下方面：第一，思想政治教育文化范式的基础功能是为科学共同体提供范本。这是因为，思想政治教育文化范式作为范式的一种类型，应该具备范式提供范本的功能。具体而言，首先，思想政治教育文化范式以其特有的结构模型为思政共同体进行以文化人、以文育人实践提供范本指引。思政共同体要想以文化人、以文育人实践取得良好效果，就应该是有章可循的。而最好的"章"就是思想政治教育文化范式。因为思想政治教育文化范式是历史发展的脉络中经过理论与实践的螺旋式相互作用而形成的，是特定历史时期较为稳定与成熟的思想政治教育以文化人、以文育人的结构模型。思想政治教育文化范式为思政共同体提供的范本并不是绝对意义上的遵循，要根据思想政治教育文化范式的要素结构构成，具体情况具体分析，即根据实际情况分析哪些要素构成是需要严格遵循的，哪些要素构成是作为参考加以考量的，哪些要素构成是根据实际情况可以进行灵活变通的。其次，思想政治教育文化范式为思政共同体进行思想政治教育以文化人、以文育人的理论与实践反思提供范本。思政共同体的有效反思是思想政治教育以文化人、以文育人取得成效的重要因素之一。思政共同体的有效反思需要有效资源与平台的支持，思想政治教育文化范式作为一种结构模型因其在框架体系、方法体系和社会建制等方面有着较为完善的结构构成，因而为思政共同体进行思想政治教育以文化人、以文育人的反思提供着基本范本。第二，思想政治教育文化范式的核心功能是实现文化教化。思想政治教育文化范式是为思想政治教育以文化人、以文育人服务的。思想政治教育文化范式与其他思想政治教育以文化人、以文育人手段相比，其优点在于它不是以零散化状态存在的，而是以"范式"的系统性与整体性状态存在的，这种状态可以更好地整合和优化各种有利条件和资源，从而以合力作用更好地实现思想政治教育的以文化人、以文育人目标。第三，思想政治教育文化范式的重要功能是实现文化发展。思想政治教育文化范式发挥以文化人、以文育人作用的一个关键与重要前提是要有正确的文化内容。正确的文化内容可以通过多种方式获取，但最主要的方式是思想政治教育文化范式自身对正确的文化内容的把关。这就意味着思想政治教育文化范式对特定历史时期的文化内容肩负着选择、加工、创造的功能，这一功能发挥的过程也就推动着特定时代的文化创新和发展。

第二节　思想政治教育文化范式的理论支撑

思想政治教育文化范式作为一种客观存在，并不是无源之水、无本之木，对其建构是需要相关理论作为支撑的。其中，经典马克思主义文化理论是思想政治教育文化范式的理论基础，中国传统文化相关思想与中国共产党领导人相关论述是思想政治教育文化范式的理论历史传承，西方相关文化理论是思想政治教育文化范式的理论借鉴。这些理论共同构成思想政治教育文化范式的理论支撑，从而保证其合理性与合法性。

一　理论基础：经典马克思主义文化理论

经典马克思主义文化理论主要指马克思、恩格斯和列宁的文化理论。经典马克思主义文化理论对文化问题的理解与论述，构成了思想政治教育文化范式的理论基础。具体而言，主要从以下两个方面进行论述。

（一）马克思和恩格斯的文化理论

马克思和恩格斯作为马克思主义的创始人，虽然对文化理论没有进行专门论述，但在其论著中蕴含着大量且丰富的文化理论与思想。并对这些文化理论与思想进行深入挖掘并将其应用到思想政治教育文化范式中，形成对思想政治教育文化范式的有力理论支撑。具体而言，马克思和恩格斯的文化理论主要可以概括为以下三个方面。

第一，马克思和恩格斯从文化实践观出发论述了文化的来源、创造与发展。马克思与恩格斯在文化理论方面的最大贡献之一是从实践的立场进行文化研究。马克思和恩格斯与以往的哲学家从抽象思维理解文化创造不同，他们认为文化是由劳动所创造的。劳动创造文化的过程起源于人类生存的需要。正如马克思和恩格斯指出："为了生活，首先就需要吃喝住穿以及其他一些东西。因此第一个历史活动就是生产满足这些需要的资料，即生产物质生活本身"[1]。而人类的生产物质生活来源于与自然的交换中。正如马克思指出："劳动首先是人和自然之间的过程，是人以自身的活动来中介、调整和控制人和自然之间的物质变换的过程"[2]。正是人类为了满足自己生产物质生活的需要在利用自然和改造自然的过程中，将自己的本质力量对象化到自然，实现了"自然的人化"和"人化的自然"，从而创造出了与"自然"不同的"文化"。同时，人类在进行生产物质生活实践的过程中，也形成了对真、善、美的认识。这些认识作为人文因素反过来会以对象化的方式指导人类的劳动实践，即将对真、善、美的认识凝聚到劳动产品中去从而将劳动产品变成文化产品和文化存在，实现更进一步的"人化"；另外人类也会将真、善、美的理解

---

[1]《马克思恩格斯选集》第1卷，人民出版社2012年版，第158页。
[2]《马克思恩格斯文集》第5卷，人民出版社2009年版，第207—208页。

通过教育等方式实现对人的社会化,从而发挥"化人"的功能。总之,正是在劳动实践过程中,在"人化"与"化人"辩证统一中,人类进行着文化的生成、发展与创造。还有一点需要说明的是,马克思和恩格斯认为,人类通过实践创造着文化,这里的"人类"不是单个的、个别的人,也不是像诸如统治阶级一样的某类人,而是指人民群众。这是因为人民群众是劳动的主体,因而自然也就是文化创造的主体,马克思与恩格斯的文化实践观对于从实践的立场理解思想政治教育文化范式的形成、发展以及思想政治教育文化范式如何在实践中发挥作用等方面具有重大的指导意义。

第二,马克思和恩格斯从社会存在与社会意识的辩证关系出发论述了文化的重要地位与作用。马克思和恩格斯认为,文化作为社会意识,是对社会存在的观念表达,是由社会存在所决定的。正如马克思、恩格斯指出:"人们的观念、观点和概念,一句话,人们的意识,随着人们的生活条件、人们的社会关系、人们的社会存在的改变而改变"①。同时,文化作为社会意识,并不是对社会存在的机械反映,而是对社会存在具有深层的反作用。这种反作用体现在两个方面。首先,文化作为社会意识一旦形成,就会渗透到社会生活的方方面面,对社会生活产生重大影响。正如学者陆扬指出:"文化框架本身亦是一种过程,它所促成的价值和目的,对于物质基础的生产来说,其重要性应当说无论如何强调也不为过"②。其次,文化具有相对独立性。这种独立性主要体现在文化生产的发展与物质生产的发展具有一定的不平衡关系。在马克思与恩格斯看来,文化生产与物质生产大体上是同步的,但也存在一定历史时期内文化生产高于物质生产的情况,这是需要引起我们注意的。正如马克思在对艺术这一文化形式的研究中指出:"在艺术本身的领域内,某些有重大意义的艺术形式只有在艺术发展的不发达阶段上才是可能的"③。正是文化的这种相对独立性,才能使得文化有一席之地发挥其重要功能

---

① 《马克思恩格斯选集》第 1 卷,人民出版社 2012 年版,第 419—420 页。
② 陆扬等:《马克思主义文化理论发展史》(上),百花洲文艺出版社 2018 年版,第 49 页。
③ 《马克思恩格斯选集》第 2 卷,人民出版社 2012 年版,第 710 页。

与作用。在一些重大历史关键时期，文化的相对独立性使得其能够发挥决定性的功能与作用。马克思与恩格斯关于文化的地位与作用的论述，不仅有力地支撑着思想政治教育文化范式的重要性，而且对思想政治教育文化范式如何在现实中发挥其功能与作用进行方法论意义上的指导。

第三，马克思和恩格斯的世界文化思想对文化的交流与借鉴问题作出解答。马克思和恩格斯在研究世界历史的时候折射出世界文化思想。在马克思和恩格斯看来，"物质的生产是如此，精神的生产也是如此。各民族的精神产品成了公共的财产。民族的片面性和局限性日益成为不可能，于是由许多种民族的和地方的文学形成了一种世界的文学"①。马克思和恩格斯的这段话，可以延伸出以下两点：首先，世界文化并不是一种独立形态的文化，也不是某一种文化形态独霸世界文化的状态，而是不同形态的文化进行平等交流与相互作用的一种文化格局；其次，世界文化的形成展现出了文化全球化的局势，民族文化不应该采取保守的态度，也不应该采取完全顺应的态度，只有在世界文化舞台上既保持自己的特色同时在与其他形态的文化进行交流与碰撞中进行有益借鉴，才能使自身不断发展。马克思和恩格斯的世界文化思想对思想政治教育文化范式之间的交流与借鉴提供诸多启发与指导。比如，我国当前思想政治教育文化范式应该以怎么样的姿态与不同时空的思想政治教育文化范式进行交流与借鉴？我国当前思想政治教育文化范式怎么样才能既保持自己的属性与特色，又能对其他思想政治教育文化范式的有益成分进行汲取？等等。这些问题是思想政治教育文化范式必须面对的问题，马克思和恩格斯的世界文化思想对这些问题的解答提供了坚定的思想指导。

（二）列宁的文化理论

列宁在继承与发扬马克思主义文化理论的基础上，结合俄国实际创造性地提出自己的文化理论，从而在理论与实践上进一步丰富了马克思主义文化理论。具体而言，列宁的文化理论主要体现在三个方面。第一，列宁高度重视文化建设的重要地位和重要作用。在列宁看来，社会主义

---

① 《马克思恩格斯选集》第1卷，人民出版社2012年版，第404页。

建设是由政治建设、经济建设和文化建设等构成的有机统一整体。没有文化建设，就不可能真正建成社会主义。文化建设对于当时的俄国而言，就在于扫除文盲，为社会主义建设输送文化素质的社会主义建设者。同时，列宁指出，社会主义文化建设要遵循文化建设的规律，社会主义文化建设是一项长期性和复杂性的工程，"在文化问题上，急躁冒进是最有害的"[①]。第二，列宁深刻论述了文化的民族性与阶级性。在列宁看来，每一种文化在民族意义上都是民族文化，每一种文化都有其深刻的民族印记和基因。更重要的是，列宁不仅认识到了文化的民族性，而且认识到了文化的阶级性。在列宁看来，每一个阶级的阶级利益、立场、情感和价值取向都必须反映到文化中去，使其文化成为特定阶级的文化。这也就意味着，没有一种文化是"不站到这个或那个阶级方面来"[②]。列宁在坚持文化的阶级性立场的基础上，有力地批判了资产阶级宣扬的文化"无阶级性"和"无党性"这一谎言，号召无产阶级政党要牢牢掌握和坚持其文化领导权。第三，列宁深刻分析了怎么样对待历史文化遗产这一问题。十月革命胜利以后，摆在俄国的一个很重要的问题就是如何对待以往的文化遗产。是应该全盘接受、彻底推翻还是合理扬弃，这直接关系到俄国社会主义国家文化的走向。列宁认为，社会主义要想得到真正的发展，在文化上就应该坚持继承与发展的态度。正如列宁指出："无产阶级文化应当是人类在资本主义社会、地主社会和官僚社会压迫下创造出来的全部知识合乎规律的发展"[③]。这也就意味着，社会主义文化在发展与建设的过程中，需要对人类文明发展进程的优秀文化进行有益借鉴，从而加强自身的发展。列宁的文化理论对于厘清思想政治教育文化范式的重要性、思想政治教育文化范式怎么样处理好形式的普遍性与内容的阶级性以及思想政治教育文化范式如何在继承中发展等问题有着深刻的指导意义。

[①] 《列宁选集》第 4 卷，人民出版社 2012 年版，第 784 页。
[②] 《列宁选集》第 1 卷，人民出版社 2012 年版，第 135 页。
[③] 《列宁选集》第 4 卷，人民出版社 2012 年版，第 285 页。

二 历史传承：中国传统文化相关思想与中国共产党领导人相关论述

中国传统文化中蕴含着深刻的文化思想尤其是以文化人、以文育人思想，为思想政治教育文化范式提供了源源不断的动力支持与资源借鉴。我党历届重要领导人作为中国共产党的代表，在坚持马克思主义指导下，在汲取中国传统文化中有益成分的基础上，结合中国的文化现状与实践需要，创造性提出、丰富和发展了中国特色社会主义文化理论。中国特色社会主义文化理论是思想政治教育文化范式的直接遵循。中国传统文化相关思想与中国共产党相关论述以历史传承的方式为思想政治教育文化范式提供着理论支撑。

（一）中国传统文化相关思想

中国传统文化经历数千年的发展和积淀，其博大精深不是三言两语可以道尽的。在此，根据研究需要，对与本研究相关的中国传统文化中相关思想进行勾勒。

第一，中国传统文化中蕴含着丰富的"和而不同"思想。中华民族的农耕文明是"和"思想产生的重要基础。在农耕文明状态，人必须与自然和谐相处，遵循自然规律进行劳作与生产，才能获得人的生存与发展所需要的生产生活资料。这种人与自然和谐相处的理念延伸到人与人的关系上，倡导人与人之间的和谐相处。因为农耕文明的延续主要依赖的是群体之间的合作耕种，所以人与人之间关系的和谐就十分重要。在这一重要需求的引导下，人与人之间和谐相处的道德准则逐渐形成并指导人们的行为实践。这个道德准则如果用一个词来概括，非"和而不同"莫属。中国传统文化中对"和而不同"处事原则的论述主要集中在《论语》中。《论语·子路》指出："君子和而不同，小人同而不和。""和"是建立在对真、善、美的道德准则的遵循的基础之上的；"同"是建立在对利益的追逐的基础上的。如果把"君子和而不同，小人同而不和"翻译成白话文，就是君子在处理具体事情的时候，会根据不同的情景有不同的处理方式，但都遵循着共同的、合理的道德准则，因为可以实现和谐相处；而小人在处理具体事情时，主要是遵循"追求利益"这一准则，这一点是相同的，但在"追求利益"的主导下，小人之间会出现矛盾，从而产生不和谐的状态。人不仅要处理与别人的关系，而且要处理与自己的关系。在中国传统文化中，实现自我的和谐是人处理与自己关系要达到的目标。注重自我道德修养的"内修于心"是中国传统文化中处理人与自己关系的重要准则。思想政治教育文化范式的重要功能之一就是要教育人如何处理好人与自然、人与人、人与自己的关系，中国传统文化中"和而不同"的思想为思想政治教育文化范式这一重要功能的发挥提供着思想借鉴。

第二，中国传统文化中蕴含着丰富的"形神兼具"思想。形神关系即具体形体与内在精神之间的关系，是文化关涉的重要关系。在先秦儒道文化中，文化的形神关系就得到重视并进行阐释。具体而言，先秦儒道思想家认为，人作为文化的创造者和承载者，人的肉体生命是有限的，人不可能以有限的肉体生命追求无限的存在，但人可以进行内在精神的无限超越。作为文化存在的人兼具生命有限与精神无限的特征，为文化的有限与无限奠定了最重要的本体基础。随后，《庄子》也论述了文化的形神关系，认为"精神为形骸主宰"。在此基础上，形成了西汉时期的"形神兼备论"、魏晋时期的"言不尽意论""传神论""气韵论"以及清代的"情景交融论"等思想。这些思想对思想政治教育文化范式具有重要的借鉴意义。首先，为思想政治教育文化范式的创造性发展提供了中国传统文化思想的借鉴指导。这主要体现在，人在追求内在精神超越的无限性上为思想政治教育文化范式的发展提供着内生动力。其次，为思想政治教育文化范式处理好内在本质与外在表现之间的关系提供了指导。思想政治教育文化范式的内在本质就在于其"神"，外在表现就在于其"形"，神决定形，形体现神，这是深刻理解思想政治教育文化范式的本质之所在。最后，为思想政治教育文化范式运行的具体方法提供指导。中国传统文化中的形神兼具思想传达的教育方式意蕴，与西方主智主义的认知教育不同，它更重视情感与情境的重要性，这是比较符合中国人的心性结构与接受方式，从而为思想政治教育文化范式的具体方式运用提供借鉴。

第三，中国传统文化中蕴含着丰富的"以文化人、以文育人"思想。从词源学分析，中国传统文化中"文"与"化"二字，就蕴含着极其丰富的育人思想。在《说文解字》中,对"文"的理解是:"文,错画也,象交文",即"文"是指交错的纹理;对"化"的理解是:"化,教行也",即"化"是指变易和生成。"文"与"化"连在一起使用,见于《易·贲》和《说苑·指武》中的记载。在《易·贲》中指出:"观乎天文以察时变,观乎人文以化成天下。"这里的"文"作为"化成天下"的方式和手段,已经具备了文明教化之义。在《说苑·指武》中记载:"凡武之兴,为不服也,文化不改,然后加诛。"在此,"文"与"化"成为一个词使用,"文化"成为与"武力"并驾齐驱的社会治理方式与手段。在从词源学角度进行分析之后,还需要重点提及的是中国传统文化中"文质彬彬"与"文以载道"中蕴含的以文化人、以文育人思想。在《论语·雍也》中指出:"质胜文则野,文胜质则史,文质彬彬,然后君子。"这里的"文质彬彬"思想告诉我们,真正的君子,不仅要有内在的道德修养,而且要将其表现在外在的行为上。在《通书·文辞》中指出:"文所以载道也。"在中国传统文化中,各大哲学派别对"道"的理解虽然不同,但都可以将"道"理解为一种准则与指引,可以将其引申为符合社会历史发展规律之道。"文以载道"思想,对"文"的功能作出了最有力的界定,即"文"就是用来承载和传播特定的"道"。中国传统文化中蕴含的以文化人、以文育人思想,不仅为思想政治教育文化范式的合理性与合法性提供了有力支撑,而且也对思想政治教育文化范式如何发挥作用具有启示意义。

(二) 中国共产党领导人相关论述

中国共产党领导人在马克思主义理论指导下,根据中国实际,创造性地生成和发展了中国特色社会主义文化理论。中国特色社会主义文化理论内涵丰富,内容多样,其中包含了大量的以文化人、以文育人思想。这为思想政治教育文化范式提供了最为直接和鲜明的指导。

第一,毛泽东的文化相关论述。首先,毛泽东根据当时的社会环境和革命需要,创造性地指出,在新民主主义革命时代,中国共产党的文化建设目标是建设无产阶级领导的、人民大众的、反帝反封建的文化,即"民族的科学的大众的文化"①。这为新民主主义革命时期的文化建设奠定了科学的理论基础。文化的民族性特征、科学性要求和大众性立场也成为中国共产党在革命时期、改革时期和建设时期文化领域的遵循。其次,毛泽东创造性地提出了用文化改造人的精神世界的思想。在毛泽东看来,封建社会经过了两千多年的发展,传统封建文化对中国人民的影响是根深蒂固的,导致传统封建思想成为制约大众自由全面发展的精神枷锁。面对这一现状,毛泽东指出要用新民主主义文化改造人的精神世界,从而为人的自由全面发展创造思想条件。在如何用文化改造人的精神世界方面,毛泽东提出了一系列具有见地的思想值得我们学习和借鉴。比如,毛泽东指出,用文化改造人的精神世界,首要的前提就是要了解人的思想现状并符合人的客观实际。正如毛泽东所言:"在教育工农兵的任务之前,就先有一个学习工农兵的任务"②。毛泽东认为,用文化改造人的精神世界,要坚持团结的原则,不能把群众改造成为我们的对立面。正如毛泽东指出:要让人民群众"同心同德,向前奋斗,去掉落后的东西,发扬革命的东西,而决不是相反"③。毛泽东还认为,用文化改造人的精神世界,要处理好文化改造人的政治性与艺术性之间的关系。政治性关涉文化改造人的精神世界的本质与方向,艺术性关涉文化改造人的精神世界的载体和形式,只有坚持政治性与艺术性的统一,才能真正发挥文化的改造作用。毛泽东的文化相关论述,对于思想政治教育文化范式的本质体现以及如何创造性地发挥其功能具有重大的指导价值。

第二,邓小平的文化相关论述。在党的十一届三中全会之后,邓小平提出要进行社会主义精神文明建设的思想。这是因为,改革开放以来,我国经济建设取得瞩目成就,但在思想层面却存在一系列问题。面对这一情况,邓小平指出:"过去很长一段时间,我们忽视了发展生产力,所以现在我们要特别注意建设物质文明。与此同时,还要建设社会主义的精神文明"④。邓小平的社会主义精神文明建设思想十分丰富,在此主要

---

① 《毛泽东选集》第2卷,人民出版社1991年版,第708页。
② 《毛泽东选集》第3卷,人民出版社1991年版,第859页。
③ 《毛泽东选集》第3卷,人民出版社1991年版,第849页。
④ 《邓小平文选》第3卷,人民出版社1993年版,第28页。

论述两点。首先,邓小平认为要抵制落后文化尤其是资本主义落后文化对人们的负面影响。伴随改革开放的深入发展,西方资本主义文化在我国市场进行传播,在很大程度上为我国思想文化界提供了思想资源与借鉴,但是资本主义文化的糟粕也给国家与人民带来诸多负面影响。尤其是青少年群体,由于他们思想活跃但缺乏分辨力,导致对西方资本主义文化的负面精神污染没有抵抗力。面对这一情况,邓小平指出,西方资产阶级没落文化腐蚀青年的状况,再也不能容忍了。[1] 其次,邓小平认为社会主义精神文明建设的任务是要培养"四有新人"。正如党的十二届六中全会中指出:"社会主义精神文明建设的根本任务,是适应社会主义现代化建设的需要,培育有理想、有道德、有文化、有纪律的社会主义公民,提高整个中华民族的思想道德素质和科学文化素质"[2]。这里的理想、道德、文化和纪律是以马克思主义为指导的、在中国共产党领导下的社会主义理想、道德、文化和纪律。在"四有新人"目标的指引下,社会主义精神文明建设的最终目标在于人的自由全面充分的发展。邓小平的社会主义精神文明建设思想为我国思想政治教育文化范式的性质、方向、目标和内容等方面提供了重要的思想指导。

第三,江泽民的文化相关论述。在党的十三届四中全会之后,江泽民围绕我国的文化建设进行了丰富的论述,其中下面两点对于本研究尤其重要。首先,江泽民更进一步指明了社会主义文化建设的方向和内容。在江泽民看来,我们进行文化建设,首要的任务就是要明确文化建设的方向。在他的"三个代表"思想中指出,中国共产党代表着中国先进文化的前进方向,在这一思想的引申下,我们要建设的文化在方向上是"先进文化"。先进文化在具体内容上表现为"面向现代化、面向世界、面向未来的,民族的科学的大众的社会主义文化"[3]。其次,江泽民对宣传思想工作提出的要求成为宣传思想工作的重要遵循。江泽民指出:"宣传思想战线要以科学的理论武装人,以正确的舆论引导人,以高尚的精

---

[1] 《邓小平文选》第3卷,人民出版社1993年版,第44页。
[2] 《十二大以来重要文献选编》(下),人民出版社1988年版,第1176页。
[3] 《江泽民文选》第3卷,人民出版社2006年版,第559页。

神塑造人,以优秀的作品鼓舞人。"① 在此,科学理论指的是马克思主义理论,正确舆论、高尚精神和优秀作品都是在科学理论即马克思主义理论指导下创造和生成的。虽然江泽民是在宣传思想工作会议中对宣传思想工作者提出的这四方面要求,但这四方面要求也是对任何文化工作者和文化工作的要求。江泽民的文化相关论述,对于我国思想政治教育文化范式如何坚持正确的方向以及如何发挥育人功能具有积极的指导意义。

第四,胡锦涛的文化相关论述。党的十六大以来,胡锦涛在科学发展观的指导下,对我国文化发展进行了诸多论述。首先,胡锦涛提出要全面发展中国特色社会主义文化发展道路。这里的"全面"体现在胡锦涛在指导思想、依托力量与发展路径等方面对中国特色社会主义文化发展道路进行论述,即中国特色社会主义发展道路必须坚持马克思主义的指导地位、必须发挥人民民众在文化建设与发展中的主体地位、必须继承与发扬中国优秀传统文化、必须兼顾公益性文化事业与文化产业协调发展。其次,胡锦涛特别重视高等教育的文化传承创新与以文化人、以文育人作用。胡锦涛指出:"全面提高高等教育质量,必须大力推进文化传承创新。高等教育是优秀文化传承的重要载体和思想文化创新的重要源泉。要积极发挥文化育人作用"②。胡锦涛认为,高等教育肩负着以文化人、以文育人的重要责任与使命。在此基础上,胡锦涛认为,高等教育文化以文化人、以文育人作用的发挥,一方面要对优秀传统文化进行继承与传播,让青年大学生成为优秀传统文化的继承者与发扬者;另一方面要对传统文化进行创新与发展,发挥青年大学生对优秀传统文化的创造作用,让青年大学生成为优秀传统文化的发展主体。胡锦涛的文化相关论述对进一步坚定我国思想政治教育文化范式的指导思想、充实我国思想政治教育文化范式的具体内容具有重要的指导意义。同时,胡锦涛对高等教育以文化人、以文育人的相关论述对思想政治教育文化范式在高校场域的应用提供了思想意义上的指导。

---

① 《江泽民文选》第 1 卷,人民出版社 2006 年版,第 497 页。
② 胡锦涛:《在庆祝清华大学建校 100 周年大会上的讲话》,《光明日报》2011 年 4 月 25 日第 2 版。

第五，习近平的文化相关论述。文化问题是习近平一直关心的重大理论与现实问题，并形成了诸多关于文化问题的相关论述。在此，根据研究需要就以下几方面进行论述。首先，习近平高度重视文化的地位与作用。在习近平看来，"文化是一个国家、一个民族的灵魂"[①]。中国特色社会主义文化对于维护民族、国家和社会的生存与发展发挥着重要的作用。同时，中国特色社会主义文化作为先进文化对于处理与化解人与自然、人与社会、人与人之间的矛盾发挥着"凝聚、润滑、整合作用"[②]。中国特色社会主义文化之所以能够发挥这些功能，是因为它本身就是中华民族在长期的历史发展过程中伴随着处理各种关系中不断生成与形成的，它代表着中华民族的生存智慧和中国人的生存方式，因此能够为中华民族的发展以及中国人的生产与生活提供智力支持。其次，习近平强调要高度重视文化自信。在习近平看来，文化自信是关乎国运的重大问题。习近平总书记在党的十九大报告中强调："文化自信是一个国家、一个民族发展中更基本、更深沉、更持久的力量"[③]。中国特色社会主义文化自信作为一种力量，以各种各样的方式渗透到中国特色社会主义道路、理论、制度中，并发挥着强大的文化功能。因此，只有坚定文化自信，才能真正实现道路、理论、制度这三个方面的自信。最后，习近平提出并深化了"以文化人、以文育人"思想。在习近平看来，要发挥文化的功能与作用，要实现文化自信，一个重要的方式与手段就是要"努力用中华民族创造的一切精神财富来以文化人、以文育人"[④]。习近平认为，以文化人与以文育人无处不在，但宣传思想工作与文艺工作要成为以文化人和以文育人的重要场域。在这其中，习近平尤其高度重视高校思想政治工作中的以文化人与以文育人。习近平还进一步对以文化人、以文育人的规律与手段进行了论述。在他看来，以文化人、以文育人要真正实现，很重要的一点是需要适应文化发展的客观实际和人们的思想实际；

---

① 《习近平谈治国理政》第 2 卷，外文出版社 2017 年版，第 349 页。
② 习近平：《之江新语》，浙江人民出版社 2007 年版，第 149 页。
③ 习近平：《决胜全面建成小康社会　夺取新时代中国特色社会主义伟大胜利——在中国共产党第十九次全国代表大会上的报告》，人民出版社 2017 年版，第 23 页。
④ 《习近平谈治国理政》，外文出版社 2014 年版，第 164 页。

要将以文化人与以文育人同人们的生活实际结合在一起；要积极利用新媒体和新技术来开展工作，从而增强以文化人和以文育人的吸引力与时代感。总之，习近平的相关文化论述是极其丰富的，这为新时代背景下我国思想政治教育文化范式的发展提供了最为直接和有力的理论支撑与指导。

三　理论借鉴：西方相关文化理论

西方文化理论经过长时间的发展，已经形成了一个较为丰富且庞大的体系。在马克思主义指导下，保持开放的学术态度，对西方相关文化理论的有益成果进行借鉴，对于思想政治教育文化范式具有积极的参考价值。根据研究需要，本书主要对文化结构功能理论、文化传播理论和文化心理理论的相关有益部分进行借鉴。

（一）文化结构功能理论

在西方文化理论的学术研究中，结构主义学派与功能学派是两个独立且又具有极大关联的学派，在此把它们放在一起称为文化结构功能理论。结构主义学派最为著名的代表人物之一是列维－斯特劳斯。在他看来，文化的结构"不是指现实和具体的社会共同体的整体结构，而是各部分的结构"[1]。同时，在列维－斯特劳斯看来，文化的结构体现在文化是由几个部分组成，每个部分的变化都会引起其他部分的变化，从而使得文化的结构体现出一种系统性。正是因为文化结构的这一系统性特征，进行文化诸部分之间关系的研究成为文化研究的重要方法之一。文化的结构与文化的功能是联系在一起的，不同的结构总是发挥着不同的功能。对文化功能进行研究的学派就是功能学派。功能学派的最主要代表人物之一是马林诺夫斯基。在他看来，每一个民族的文化都是作为一个整体而存在的，这个整体是由各个相互联系的组成部分构成的，"其中每个部分都起着自己的一定作用，完成自身的功能"[2]。在功能学派中，布朗的相关论述也十分重要。在布朗看来，不能将文化割裂开来对其中的某一

---

[1] 郭齐勇：《文化学概论》，武汉大学出版社2014年版，第60页。
[2] 王玉德：《文化学》，云南大学出版社2006年版，第52页。

个或某几个文化要素进行单独研究,而应该注重对文化各个要素组成的整体结构与功能进行研究。同时,在布朗看来,对文化结构与功能进行研究,必须重视对社会结构的研究,不研究社会结构,不可能对文化要素的功能做出恰当的研究。在功能学派中,普里查德的"意义论"也有十分重要的价值。在他看来,进行文化研究,不能仅站在研究者的立场和视角看待被研究者的世界,而应该看到被研究者作为特定文化的承载者和当事人是如何理解他们的文化世界与文化意义的。除去文化结构功能理论对具体文化形态的结构划分与具体功能的论述,文化结构功能理论对文化的结构与功能的重视,对于思想政治教育文化范式的结构与功能研究也具有启发与借鉴作用。

(二) 文化传播理论

这里的西方文化传播理论不是从现代意义上文化的具体传播方式上进行论述与考究,而主要集中在对西方文化传播学派的观点进行论述。西方文化传播学派是在反对文化进化论基础上产生的。在文化传播学派看来,大部分民族与部族的文化变化与发展,"是受外界影响和采借而来的"[①]。在文化传播学派中,有两个重要概念值得引起注意。一个概念是弗罗贝纽斯提出的"文化圈"概念。在他的研究中,他把具有共属关系的一群文化要素的组合看成一个"文化圈",在此基础上开展他的相关研究。另一个概念是格雷布内尔提出的"文化层"概念。他认为,一定数量的文化因素的组合构成"文化圈",一定数量的文化圈的组合构成"文化层",文化研究的重要任务之一就是要弄清文化层的层级与分布。文化传播学派的文化传播理论过于夸大文化发展的外在原因,但对于思想政治教育文化范式还是具有启发意义。这主要表现在,首先,对于研究古今中外思想政治教育文化范式具有借鉴意义。对古今中外的思想政治教育文化范式进行研究,不仅要对其进行单独与单个的论述,而且要看到古今中外不同的思想政治教育文化范式之间的相互作用与影响,这就涉及不同的思想政治教育文化范式之间的相互传播,而文化传播学派的相关论述具有一定启发作用。其次,文化传播学派的"文化圈"与"文

[①] 郭齐勇:《文化学概论》,武汉大学出版社2014年版,第34页。

层"概念，对于分析思想政治教育文化范式的具体传播方式与路径具有启发意义。

（三）文化心理理论

西方文化心理理论主要体现在文化心理学派的相关论述中。文化心理学派主要是从心理学视角分析文化现象。在此对弗洛伊德、荣格和本尼迪克特的观点进行勾勒。弗洛伊德作为西方精神分析的鼻祖，认为人类的心理结构是由意识、前意识和潜意识构成的。他十分重视潜意识在人类行为活动中的作用，认为人类行为基本上都是由潜意识支配的。由此类推，它认为人类作为文化的创造主体，文化创造在表面上是人在意识层面进行的，但实际上基本都是潜意识投射的结果。同时，弗洛伊德也看到社会文化对人的反作用。这种反作用主要表现在社会文化对人的本能的教化作用。荣格在心理学上的理论贡献之一是提出"集体无意识"这一概念。在荣格看来，集体无意识是比个人潜意识更为深刻的一个概念，它是人作为类存在的心理结构的组成部分，是人类心理结构中更为原始的结构部分。在荣格看来，在一定时间内不同时空中出现相同或类似的文化现象，就是人类集体无意识发挥作用的结果。本尼迪克特最为著名的研究是对民族文化心理结构的研究。在本尼迪克特看来，每一个民族文化的内在精神塑造着特定民族的生存方式与样态，形成了特定民族的文化模式，这种文化模式就是特定民族文化心理结构的表征。西方文化学派的文化心理理论在很大程度上带有唯心主义的色彩，但其关于文化与心理的相互关系的论述对于思想政治教育文化范式研究具有启发作用。这主要体现在对思想政治教育文化主体的文化精神结构、思想政治教育文化范式如何作用于人的心理世界等方面具有借鉴价值。

第三章

思想政治教育文化范式结构模型的学理构建

思想政治教育文化范式作为一种结构模型，需要在理论上对这一结构模型进行学理分析，在此基础上才能更好地指导思想政治教育文化范式实践。对思想政治教育文化范式结构模型的分析，一方面要对其构成要素进行深入分析，另一方面要对这一结构模型的运行过程进行深入分析。同时，思想政治教育文化范式结构模型跟其他范式一样，面临着两个重要问题需要解答，那就是"通约性"与"转换"问题。而对这两个问题的分析是建立在对思想政治教育文化范式结构模型构成要素分析的基础上的。基于这样的认识逻辑，本章对思想政治教育文化范式结构模型的学理研究主要从静态要素结构、动态运行过程及机理、通约性与转换问题三个方面进行深入研究。

第一节 思想政治教育文化范式的静态要素结构

思想政治教育文化范式的静态要素结构，按照各个不同要素的功能与地位不同，可以将其总结为由深层要素圈、核心要素圈、中介要素圈和外围要素圈组成的要素圈组合，这四大要素圈构成一个同心圆结构。同时，在各个要素圈中又有着不同的要素。下面，分别对这四个要素圈以及各个要素圈的各个要素分别进行论述。

一 思想政治教育文化范式的深层要素圈

所谓思想政治教育文化范式的深层要素圈，是指决定思想政治教育文化范式的性质与方向的要素圈。在思想政治教育文化范式的深层要素圈中包括指导思想与人性基础两个基本要素。

（一）指导思想

任何思想政治教育文化范式都是特定阶级或集团领导下的思想政治教育文化范式，必定以特定阶级或集团倡导的主导文化思想为指导，从而代表、反映、表达和维护特定阶级或集团的意志和利益。思想政治教育文化范式的这一特征，决定了指导思想成为思想政治教育文化范式深层结构中的一个重要组成部分。

1. 指导思想决定着思想政治教育文化范式的性质

所谓思想政治教育文化范式的性质，是指思想政治教育文化范式在本质上的内在规定性，是决定思想政治教育文化范式"是其所是"的根本属性。不论是什么类型的思想政治教育文化范式，意识形态性都是其最为核心的属性，是思想政治教育文化范式区别于其他事物的根本标志。思想政治教育文化范式的意识形态性有很多表征，其中最为重要的表征就是其秉承的指导思想。指导思想是特定阶级或集团特别是统治阶级思想的表达，而"统治阶级的思想在每一时代都是占统治地位的思想。这就是说，一个阶级是社会上占统治地位的物质力量，同时也是社会上占统治地位的精神力量"[①]。这就意味着，思想政治教育文化范式作为意识形态上层建筑的重要组成部分，通过其秉承的指导思想反映和表达特定阶级或集团特别是统治阶级的思想，从而维护其利益。通过指导思想反映意识形态性是所有思想政治教育文化范式的共有特征，这是从形式理论的视角对思想政治教育文化范式性质的一般规定。从实质理论的视角分析，在人类历史发展长河中，形成了具体的、不同类型的思想政治教育文化范式，它们之间首要的不同就在于其指导思想的不同上。从大的历史发展阶段来看，自有阶级以来，可以把思想政治教育文化范式划分

[①] 《马克思恩格斯选集》第 1 卷，人民出版社 2012 年版，第 178 页。

为奴隶社会的思想政治教育文化范式、封建社会的思想政治教育文化范式、资本主义社会的思想政治教育文化范式和社会主义社会的思想政治教育文化范式，这些不同的思想政治教育文化范式秉承着不同的指导思想，代表与表达着不同的阶级或集团特别是统治阶级的利益，从而表现出不同类型与形态的思想政治教育文化范式。即便是在社会发展的同一形态与阶段上，不同国家、阶级与社会的思想政治教育文化范式由于在具体指导思想上的不同而表现出不同的内容与特征。

2. 指导思想贯穿于思想政治教育文化范式的始终

思想政治教育文化范式所坚持和秉承的指导思想，不是口号式、宣传式的招牌，而是扎根于思想政治教育文化范式的方方面面，贯彻在思想政治教育文化范式的始终。从大的方向而言，主要体现在以下三个方面。首先，指导思想昭示着思想政治教育文化范式"为谁化人"这一根本问题。"为谁化人"是思想政治教育文化范式的服务方向问题，如果服务方向出现错误，其他方面都会跟着出现错误。思想政治教育文化范式总是为特定阶级或集团服务的，它的服务方向应该体现特定阶级或集团的意志。为了保证思想政治教育文化范式坚持正确的"为谁化人"方向，特定阶级或集团特别是统治阶级会以各种方式将其主导思想变成指导思想以明确思想政治教育文化范式"为谁化人"这一根本问题。其次，指导思想彰显着思想政治教育文化范式"化成什么样的人"这一核心问题。思想政治教育文化范式进行化人是有目标指向的，这个目标指向最主要体现在对"化成什么样的人"的规定中。"化成什么样的人"不是随便规定的，而是特定阶级或集团根据自己在特定发展阶段中的目的与需要，将其反映在特定指导思想中，特定指导思想对思想政治教育文化范式"化成什么样的人"作出纲领性规定。再次，指导思想规定着思想政治教育文化范式"怎么化人"这一重要问题。"怎么化人"涉及思想政治教育文化范式用什么样的文化内容、文化方式、文化手段开展化人工作，它关系到思想政治教育文化范式的落地与操作问题。思想政治教育文化范式"怎么化人"不是胡乱开展和进行的，它有着诸多的遵循，在诸多的遵循当中，特定阶级或集团的指导思想是其最重要和最直接的遵循。这是因为，特定阶级或集团的指导思想会最为准确和直接地对思想政治教育文化范式"怎么化人"进行规范与表达，从而让思想政治教育文化范式体现特定阶级或集团的意志。总而言之，指导思想不是空洞的形式，它作为思想政治教育文化范式的深层要素之一，对思想政治教育文化范式的其他方面作出最为根本的规定，从而保证思想政治教育文化范式能够正常开展与运行。

3. 新时代中国思想政治教育文化范式的指导思想

马克思主义是中国特色社会主义意识形态的旗帜与灵魂，是中国共产党立党立国的根本指导思想，自然也是新时代我国思想政治教育文化范式的指导思想。马克思主义作为新时代思想政治教育文化范式的指导思想，在内容上主要体现在马克思列宁主义、毛泽东思想、邓小平理论、"三个代表"重要思想、科学发展观以及习近平新时代中国特色社会主义思想。新时代中国思想政治教育文化范式坚持马克思主义的指导地位，关系到思想政治教育文化范式在对大众进行文化建构的过程中举什么旗、跟谁走以及走什么路这一关键问题，必须立场坚定、毫不含糊。具体而言，新时代中国思想政治教育文化范式坚持马克思主义指导地位，主要体现在以下几个方面。首先，马克思主义指导地位决定了新时代我国思想政治教育文化范式的性质与方向。马克思主义是中国特色社会主义保证社会主义方向的重要保障，也是中国共产党保证无产阶级性质的重要保障。新时代中国思想政治教育文化范式以马克思主义为指导，在根本上决定了中国思想政治教育文化范式的中国特色社会主义性质，决定了中国思想政治教育文化范式是在中国共产党领导下的为人民大众谋幸福的思想政治教育文化范式。这是中国思想政治教育文化范式价值性的重要体现。其次，马克思主义指导地位决定了新时代中国思想政治教育文化范式的科学性。马克思主义不仅是政治上的一面旗帜，而且具有科学性的学术品格。马克思主义的科学性体现在它对自然界、人类社会以及人类思维发展规律的深刻揭示，"在人类思想史上，就科学性、真理性、影响力、传播面而言，没有一种思想理论能达到马克思主义的高度，也没有一种学说能像马克思主义那样对世界产生了如此巨大的影响"[1]。坚

---

[1] 《习近平谈治国理政》第 2 卷，外文出版社 2017 年版，第 65 页。

持马克思主义科学性的指导,必然决定了新时代我国思想政治教育文化范式的科学性。新时代中国思想政治教育文化范式坚持马克思主义科学性的指导,一方面体现在要用马克思主义的基本立场、基本观点和基本方法对思想政治教育文化范式进行研究;另一方面体现在要用马克思主义关于思想政治教育规律、文化发展规律等指导思想政治教育文化范式的运行和发展。

(二) 人性基础

1. 人性问题是思想政治教育文化范式的深层问题

思想政治教育文化范式称为范式的首要前提是要遵循范式的基本规定。在范式的基本规定中,尤其重要的是科学共同体所达成一致并遵循的基本信念。基本信念的重要性一方面在于它是范式结构中的前提基础,对范式结构的其他组成部分发挥着重要的影响,甚至可以说是发挥着决定作用;另一方面就在于基本信念属于范式结构的"硬核"部分,对其确立之后,在范式的变化发展过程中,这一部分比较难发生改变。思想政治教育文化范式的基本前提和基本信念就是对人性的看法。所谓人性,"是指受人的生物组织制约、与生俱来的、人本身不可或缺的规定性,是自然地制约人的行为的原初类特性……是人共有的、区别于动物的一般属性"[①]。在人性中,处于核心地位的是人的本质,因为人的本质是人作为人区别于其他动物的根本特性。之所以把人性作为思想政治教育文化范式的基本前提和基本信念,主要基于以下三个方面的原因。首先,人性问题是思想政治教育文化范式存在的依据。这是因为思想政治教育文化范式的作用对象是"人",甚至可以说,思想政治教育文化范式就是作用于人性、为改变人性而存在的。作用于一个对象,首要的前提就是要认识这一对象,这就决定了在思想政治教育文化范式结构中需要对人性有一个全面且深刻的认识和理解。其次,人性问题决定着思想政治教育文化范式的具体开展。在思想政治教育文化范式具体运行的过程中,由于对其作用对象即人的认识与理解不同,就决定了思想政治教育文化范式在具体目标、内容与手段等方面会存在不同,从而使得思想政治教育

---

① 雷骥:《现代思想政治教育的人性基础研究》,人民出版社2008年版,第42页。

文化范式的具体开展呈现出不同的状态与特征。最后，人性问题决定着思想政治教育文化范式的改革与发展。对思想政治教育文化范式进行改革与发展，可以从很多层面与角度进行，在这之中，很深刻的一个层面就是对人性的看法。反过来说，如果思想政治教育文化范式的改革与发展对人性问题没有深入涉及，就很难达到思想政治教育文化范式的深刻改革与发展。总之，人性问题在思想政治教育文化范式结构中处于基本前提的地位，是需要高度重视和深刻认识的一个问题。

2. 思想政治教育文化范式中人性问题的三个层面

不论是什么学科与研究，只要涉及人就难免会谈到人性，就会对人性涉及的层面作出特定学科与研究的规定。思想政治教育文化范式属于思想政治教育研究领域，思想政治教育研究有其遵循的人性层面基础与人性层面规定。思想政治教育文化范式涉及的人性问题应该以思想政治教育领域对人性的层面规定为基础，但思想政治教育文化范式基于人的文化存在对人性的层面规定又有着自己的视角。基于此，本研究采用综合的视角，认为思想政治教育文化范式中的人性问题在"人是文化存在"这一基本命题下应该包括以下三个层面的问题。首先，人性的文化未然性、文化实然性与文化应然性。这点关系到思想政治教育文化范式对人进行文化建构是否可能以及文化建构的方向。具体来讲，所谓人性的文化未然性，是指人性的文化未完成性与文化未确定性。只有人性具有文化的未完成性与未确定性，才有可能对其进行后天的文化建构。人性的文化实然性是指人之为人在文化基因上的固有特性。不同的理论家对人性的文化实然性有不同的看法，典型的说法有人性理性说、人性非理性说、人性自私说以及人性善恶说等。人性的文化应然性是指人之为人应该具备或达到的文化品性，它表现出人性的价值性的一面。人性的文化实然性是思想政治教育文化范式面对的人性起点，人性的文化应然性是思想政治教育文化范式所要达到的目标。正是人性的文化实然性与文化应然性之间的"鸿沟"，为思想政治教育文化范式提供了作用空间。其次，人性的文化关系性。人作为文化存在物，总是处于一定的文化关系中。人性也总是在一定的文化关系中生成与发展。未成熟的人性总是借助特定的文化关系进行人性的发展，这些文化关系以不同的方式作用于人性，对人性发生着重要的影响。但是人性的文化关系性的复杂程度不同。随着人类生产力与生产关系的不断发展，人类文化关系的多重性、互动性与复杂性表现得越来越强，文化关系对人性的作用也表现得越来越复杂。如何合理运用人性的文化关系性从而更好地作用于人性，是思想政治教育文化范式运行时必须考虑的一个重点。最后，人性的文化转换性。人性的文化转换最关键的一个问题就是人性与文化如何互动从而实现人性的转换。对这一关键问题持有什么样的看法，在很大程度上决定着思想政治教育文化范式采用什么样的方式实现人性的文化转换。总之，在此就思想政治教育文化范式中人性问题涉及的三个主要层面进行较为抽象的论述，在这一抽象论述框架下，不同的思想政治教育文化范式就这三个层面的问题有不同的观点与看法，使得思想政治教育文化范式呈现出不同的特点和形态。

3. 新时代中国思想政治教育文化范式坚持的人性看法

新时代中国思想政治教育文化范式在马克思主义的指导下，对人性的三个层面的看法可以作如下总结。首先，在人性的文化未然性上，表现为人性的文化固有性与文化发展性之间的张力。虽然人性是人作为人生而固有的本性，但并不意味着人性是一成不变的。人性是由质与量组成的统一体，"从质上看，亦即从质的有无来说，人性确实完全是生而固有、一成不变的，是普遍的、必然的、不能自由选择的。但是，从量上看，亦即从量的多少来说，在一定限度内，人性确是后天习得的，是不断变化的，是特殊的、偶然的、可以自由选择的"[①]。人性的"质"，表现为人性在文化上的先天固有性。人性的"量"，表现为人性在文化上的后天养成性。正是人性"质"与"量"的统一，造就了人性的文化固有性与文化发展性之间的张力。人性的文化固有性就表现在人性的文化实然性。在马克思主义看来，人性的文化实然性表现为人性的自然属性、社会属性和精神属性三个方面都渗透着文化的影响并表征着特定的文化。对人的文化实然性的这三个方面的分析不能仅仅停留在抽象的层面，而是要结合实际情况，具体问题具体分析。人性文化发展性是有目标的，

[①] 王海明：《新伦理学原理》，商务印书馆2017年版，第214页。

这一目标在理论上是由人性的文化应然性决定的。在马克思主义的指导下，人性的文化应然性体现为人对真、善、美的追求，体现为人的自由、全面、充分的发展。这是人性的文化应然性的终极目标。这一终极目标的实现是需要分阶段分步骤去实现的，而具体阶段与步骤要根据具体情况进行具体分析。其次，在人性的文化关系性层面，要在总体上坚持"社会关系的总和"这一马克思主义对人的本质的基本判断，分析社会关系的总和在文化上的表现（在此称为文化关系的总和）以及对人性的影响。在分析人性的文化关系的总和时，在宏观上要结合新时代中国特色社会主义实际进行，在中观上要结合社会发展实际进行，在微观上要结合特定群体与个体生活世界的具体环境进行，从而对人性的文化关系性进行全面、客观与细致的理解。最后，在人性的文化转换性上，坚持人民群众是文化的创造者与发展者即人民群众是文化的主体这一马克思主义基本立场与观点，认为人与文化是相互生成与相互建构的，人与文化之间是双向互动的关系。上述三个层面的具体论述，是新时代中国思想政治教育文化范式对人性持有的基本看法，它们构成新时代中国思想政治教育文化范式的深层信念。

二　思想政治教育文化范式的核心要素圈

所谓思想政治教育文化范式的核心要素圈，是指在思想政治教育文化范式中处于中心地位的要素圈，它在深层要素圈的指导下对思想政治教育文化范式作出最为重要的规定。在思想政治教育文化范式的核心要素圈中包括思想政治教育文化目标、思想政治教育文化内容和思想政治教育文化主体三个主要要素。

（一）思想政治教育文化目标

任何活动要想取得成效，都需要有目标作为指引。思想政治教育文化范式要想对大众的文化建构取得成效，也应该以特定的思想政治教育文化目标为指引，从而保证思想政治教育文化范式的顺利运行。同时，思想政治教育文化目标不是随便确定的，它是以最为直接的方式与样态呈现和表达出特定阶级或集团的意志与利益，因此它在思想政治教育文化范式中处于核心要素地位。

1. 思想政治教育文化目标的两个基本规定

思想政治教育文化范式在对人进行文化建构时基本都以两个目标为基本规定，那就是规范性目标与优化性目标。所谓规范性目标，是指让受教育者文化主体对特定阶级或集团的主导文化形成认同，以主导文化的价值与意义来指导与规范受教育者的思想与行为。思想政治教育文化范式的规范性目标是文化的肯定性特征的体现。规范性目标是任何思想政治教育文化范式都必须有的目标，也是任何思想政治教育文化范式都要首先达到的目标，这是思想政治教育文化范式在目标上的共性体现。但古今中外的思想政治教育文化范式，在规范性目标的具体内容与性质上是存在很大差异的。尤其是在规范性目标的性质上，有的思想政治教育文化范式对人进行的是一种积极的、正向的、有利于受教育者发展的文化规范，而有的思想政治教育文化范式对人进行的是一种消极的、负向的、不利于受教育者发展的文化规范。当然，这也是用今天的眼光与视角作出的一种价值判断。所谓优化性目标，指特定阶级或集团对人进行文化建构的过程是提升人的生命存在的过程，是促进人"更是人"的过程。当然，特定时代的特定阶级或集团对"人"的标准有不同的看法，因此在优化性目标的内容上也彰显出阶级性、时代性等特征。思想政治教育文化范式的优化性目标是文化的超越性特征的体现。随着时代的进步与发展，优化性目标越来越成为思想政治教育文化范式的重要目标。需要说明的是，不同的时代、不同民族与国家，其思想政治教育文化范式的规范性目标与优化性目标不仅在侧重性上有所不同，而且两者在内容性质上可能是相互促进的，也可能是相互矛盾与抵制的。

2. 思想政治教育文化目标的两个向度

任何思想政治教育文化范式的目标都是要对人进行文化建构，从而使人"向文而化"。"向文而化"这一目标主要有两个向度构成。第一个向度是"向内完善"，即按照特定阶级或集团对"人"的理想设定，通过思想政治教育文化范式的运行，把人提升到更高的"人"的水平与层次，从而达到人性的完善。第二个向度是"向外发展"，即按照特定阶级或集团的需要进行人的文化力量的外化，最主要的表现就是投身于特定实践从而在认识世界中改造世界。这是在形式上对思想政治教育文化目标的两个向度进行分析，在具体内容上，古今中外的思想政治教育文化目标在这两个方面呈现出不同的内容，同时对这两个向度的侧重点上也存在不同。比如，我国古代思想政治教育文化范式更强调"向内完善"这一向度，如何养成圣人人格是我国古代思想政治教育文化范式的主要目标。在"向外发展"这一向度上，我国古代思想政治教育主张人与自然、人与社会、人与人之间的和谐相处。西方资本主义国家思想政治教育文化范式在目标上更强调"向外发展"。在这一目标向度的指导下，人们在处理人与自然、人与社会以及人与人的关系上更强调控制。在此，我们应该辩证看待思想政治教育文化目标的两个向度。如果一味地追求"向内完善"而忽视"向外发展"，容易使人陷入"形而上学"的存在而失去人之为人的实践本质。况且人不通过实践，不进行"向外发展"，也不可能真正实现"向内完善"。反之，如果一味地追求"向外发展"而忽视"向内完善"，容易陷入功利主义的泥潭，人的工具价值的过度发展必定使人与世界走向异化。这也就意味着，如何平衡好思想政治教育文化目标的"两个向度"是思想政治教育文化范式运行过程中很重要的一个任务。当然，这样的分析是理论上的一种状态，不代表不同形态的思想政治教育文化范式在目标上的实然情况，但却可以为新时代中国思想政治教育文化范式的目标确定提供理论指引。

3. 新时代中国思想政治教育文化目标的厘清

新时代中国思想政治教育文化范式在马克思主义的指导下、在中国共产党的领导下，以为人民谋幸福为首要宗旨。在这一首要宗旨下，新时代中国思想政治教育文化目标主要体现在以下几个方面。首先，在规范性目标与优化性目标上不仅都有相关的规定，而且两个目标相互促进。具体而言，在规范性目标上体现为如大众对新时代中国共产党倡导的主导文化的认同与践行。具体而言就是大众对中国共产党倡导的主导文化形成真实的文化需要、理性的文化认知、正向的文化情感、坚强的文化意志以及积极的文化行为。在优化性目标上体现为为人们的自由、全面、充分的发展提供思想政治素养层面的支持。新时代中国思想政治教育范式的规范性目标与优化性目标是相辅相成的。中国共产党是为人民谋幸福的政党，中国共产党倡导的主导文化代表的是人民的心声与利益，对中国共产党倡导的主导文化的认同就是对人民群众自己的诉求与利益的认同。这也就意味着思想政治教育文化范式在实现大众对中国共产党倡导的主导文化的认同的同时，也是在为人民大众的发展提供所需的素养支持。其次，在思想政治教育文化目标的两个向度上也是相互促进的。在"向内完善"这一目标向度，体现为人民大众思想道德文化素养的提升，体现为人民大众对真、善、美的追求。在"向外发展"这一目标向度，体现为人民大众能够积极投身于中国特色社会主义的伟大实践中去，能够为中华民族的伟大复兴贡献自己的力量。新时代中国思想政治教育文化范式的两个目标向度都占据着十分重要的地位，不存在一个目标向度比另一个目标向度更重要的情况。这两个目标向度之间是相互促进的关系。正所谓实践是文化的起源与发展动力，人民大众只有投身于中国特色社会主义伟大实践中去，才能真正提升自己的思想道德文化素养。人民大众思想文化素养的提升与发展，一方面是出于"人之为人""人成为更好的人"的价值标准的驱使，另一方面是中国特色社会主义发展对人民大众提出的素养要求，是工具理性与价值理性的统一。

（二）思想政治教育文化内容

在思想政治教育文化范式结构模型中，思想政治教育文化内容是其核心的要素，因为它是特定阶级或集团的意志与利益最为显在的表达。同时，如果没有思想政治教育文化内容，思想政治教育文化范式就无法运行，思想政治教育文化目标也就无法达成。因此，思想政治教育文化内容也就自然处于思想政治教育文化范式的核心要素圈。

1. 思想政治教育文化内容的层次

思想政治教育文化内容按照内容形态可以划分为思想文化、政治文化、道德文化和法治文化[①]。思想政治教育文化内容中的思想文化是指特定阶级或集团倡导的以世界观、人生观和价值观为重要内容的文化形态。思想文化是思想政治教育文化内容的基础，因为它涉及的内容是在世界观、人生观和价值观这些层面作出规定，而这些层面的内容都是具有根

---

① 法治文化是一个现代用语，在古代更多体现为法律文化，但为了统一用词，在此就用法治文化进行概括。

基性特征的内容。思想政治教育文化内容中的政治文化是指特定阶级或集团倡导的以政治关系、政治意识形态、政治秩序、政治行为等为重要内容的文化形态。因为政治性是思想政治教育文化范式的核心属性，思想政治教育文化范式作为思想政治教育的一种重要工作方式首先要解决的是人们在政治上的思想问题，因此政治文化自然就在思想政治教育文化内容中处于核心地位。思想政治教育文化内容中的道德文化是指特定阶级或集团倡导的以调节人与自然、人与社会以及人与自身之间关系为重要内容的文化形态。道德文化作为一种"软"调节手段，对于维护特定民族、国家与社会的稳定与发展发挥着重要的作用，因此它是思想政治教育文化内容中的重点内容。思想政治教育文化内容中的法治文化是指特定阶级或集团倡导的以法律、法规、法治为重要内容的文化形态。法治文化在国家与社会的管理与治理中发挥着重要的作用，是国家与社会有序发展的重要保障，因此在思想政治教育文化内容中处于保障性地位。上述论述的思想政治教育文化内容的四个形态，其侧重点虽然不同，但它们彼此之间是相互包含、相互联系和相互作用的。思想政治教育文化内容在形式上可以划分为物质文化形态、观念文化形态、制度文化形态和行为文化形态四个方面。思想政治教育文化内容的物质文化形态体现在以图像、文本、纪念馆等方式呈现思想政治教育文化内容。思想政治教育文化内容的观念文化形态体现在以观点、思想、理论等方式呈现思想政治教育文化内容。思想政治教育制度文化形态体现在以各种规定与规范来呈现思想政治教育文化内容。思想政治教育行为文化形态体现在以各种实践与活动呈现思想政治教育文化内容。在这之中，观念文化形态的文化内容最能体现出思想政治教育文化内容所要传递的价值与意义，它也决定着思想政治教育文化内容其他形式的文化形态的性质，因此它是思想政治教育文化内容的核心。观念文化形态的思想政治教育文化内容又可以划分为理论性的观念文化与非理论性的观念文化。理论性的观念文化是经过严格论证与推理的观念文化形态，其自觉性更强。非理论性的观念文化是没有经过严格论证与推理的观念文化形态，其自觉性弱一些。随着时代的不断发展，尤其是进入现代社会，理论性的观念文化越来越成为观念文化形态的思想政治教育文化内容的主要表现方式。

同时，非理论性的观念文化受理论性的观念文化的指引也呈现出越来越自觉的趋势。思想政治教育文化内容在形式上的四种形态不是彼此分离和独立的关系，而是相辅相成的关系，它们之间的相互依存与相互作用构成了一幅生动的思想政治教育文化内容图景。

2. 新时代中国思想政治教育文化内容的表征

新时代中国思想政治教育文化内容包括中国特色社会主义思想文化、中国特色社会主义政治文化、中国特色社会主义道德文化和中国特色社会主义法治文化四个部分。中国特色社会主义思想文化的核心是马克思主义世界观、人生观与价值观。坚持马克思主义世界观就是要坚持辩证唯物主义和历史唯物主义。坚持马克思主义人生观就是要坚持马克思主义关于人的本质、人生理想、人生目的等方面的基本立场与基本观点。坚持马克思主义价值观就是要坚持马克思主义关于价值内涵、价值目标、价值理想等方面的基本立场与基本观点。马克思主义世界观、人生观和价值观是统一的，有什么样的世界观，就有什么样的人生观和价值观。中国特色社会主义政治文化的核心是中国特色社会主义政治意识形态。中国特色社会主义政治意识形态的价值基础是马克思主义、价值立场是以人民为中心、价值目标是人的解放与发展。中国特色社会主义道德文化的核心是中国特色社会主义道德价值观。在中国特色社会主义道德价值观中，全心全意为人民服务是核心，集体主义是道德原则。中国特色社会主义法治文化的核心是中国特色社会主义法治精神与法治价值。中国特色社会主义法治精神与法治价值主要表现在坚持中国特色社会主义的民主、自由、平等、公正等方面。新时代思想政治教育文化内容的四个方面集中体现在社会主义核心价值观之中。这是因为社会主义核心价值观以马克思主义为指导，从三个层面分别回答了"建设什么样的国家、建设什么样的社会、培育什么样的公民的重大问题"[1]，这三个层面全面且精准地表达了新时代思想政治教育文化内容的核心要义。不论是新时代思想政治教育文化内容的四个方面还是新时代思想政治教育文化内容的集中表达即社会主义核心价值观，都深深扎根在以中华优秀传统文化、

---

[1] 《习近平谈治国理政》，外文出版社2014年版，第169页。

革命文化和社会主义先进文化为内容的中国特色社会主义文化体系之中。正如习近平总书记指出："在5000多年文明发展中孕育的中华优秀传统文化,在党和人民伟大斗争中孕育的革命文化和社会主义先进文化,积淀着中华民族最深层的精神追求,代表着中华民族独特的精神标识"[①]。这也就意味着,我们要从中国特色社会主义文化体系的三个重要组成部分中深刻挖掘新时代思想政治教育的文化内容,从而使得思想政治教育文化内容更加丰富与深刻。

(三)思想政治教育文化主体

思想政治教育文化主体包括教育者文化主体与受教育者文化主体。思想政治教育文化主体总是生活在一定的文化环境中与特定的文化进行着相互建构与生成,从而形成具有特定文化特色的思想政治教育文化主体。没有思想政治教育文化主体,思想政治教育文化范式就不可能发生,也不可能发挥作用。所以思想政治教育文化主体在思想政治教育文化范式中的重要地位不言而喻,进而处于核心要素圈的位置。在此,从以下三个方面对思想政治教育文化主体进行论述。

1. 思想政治教育文化主体有着特定的文化精神结构

思想政治教育文化主体在文化生成与建构的过程中,会形成特定的文化精神结构,这一结构主要是由文化需求、文化认知、文化情感、文化意志及其文化行为所构成。所谓文化需求是指思想政治教育文化主体对文化意义与价值的欲求。文化需求是文化精神结构的基石,一方面是因为没有文化欲求就不能称为真正意义上的人;另一方面是因为文化精神结构的其他方面都是建立在文化需求基础上的,没有文化需求,文化精神结构的其他方面就不可能产生与发展。满足逻辑是文化需求的基本逻辑。文化需求的不断产生与满足,是思想政治教育文化主体作为文化存在体进行文化生存与发展的反映。所谓文化认知是指思想政治教育文化主体对文化意义与价值的理性认识与判断。思想政治教育文化主体的文化认知包括掌握文化概念与进行文化判断这两个主要部分。文化概念

---

① 习近平:《在庆祝中国共产党成立95周年大会上的讲话》,《人民日报》2016年7月2日第2版。

是对文化现象本质特征的概括反映,它是思想政治教育文化主体在特定的文化情境和文化环境中,通过相关的学习过程而形成的。思想政治教育主体对文化概念的学习需要经历一个逐步发展的过程,这个过程呈现出由简到繁的不断深化的特征,最终形成思想政治教育主体的文化观念体系。文化判断是指思想政治教育主体对文化的价值与意义作出是非善恶的判断,它是思想政治教育文化主体运用文化概念进行文化推理,从而进行文化判断的思维过程。科学逻辑是文化认知的基本逻辑。科学逻辑体现在思想政治教育文化主体以科学方法与科学思维为指导,对文化的价值与意义进行真理性判断。文化认知在文化精神结构中处于核心地位,对文化需要、文化情感、文化意志与文化行为发挥着指导、控制与调节的作用。所谓文化情感是指思想政治教育文化主体对文化价值与意义的内心感受。这种内心感受可以是愉悦的、积极的,也可以是不愉悦的、消极的。思想政治教育文化主体的文化情感,一方面来源于与特定文化的互动过程中产生的对特定文化的情感;另一方面来源与对前者的内化,从而产生脱离特定外在文化的体验性、回忆性、想象性的文化情感。愉悦逻辑是文化情感的基本逻辑。这体现在文化需要得到满足之后思想政治教育主体会产生愉悦的心理感受,否则就会产生不愉快的感受。文化情感伴随着思想政治教育文化主体的文化需要而产生,随着文化认知的深化而加强,它为思想政治教育文化主体的文化意志与文化行为提供着极为重要的情感动力支持系统。所谓文化意志体现为思想政治教育文化主体对文化的价值与意义深信不疑,愿意克服任何困难实现文化价值与意义对自己的指导。信仰逻辑是文化意志的基本逻辑。信仰逻辑体现出思想政治教育文化主体对文化价值与意义的坚信与笃定。文化意志是文化精神结构的重要组成部分,是思想政治教育文化主体的文化需求、文化认知与文化情感向文化行为转换过程中的重要桥梁。所谓文化行为是指思想政治教育文化主体对文化的价值与意义进行内化的基础上外化为行为的表现。规范逻辑是文化行为的基本逻辑。规范逻辑体现为文化的价值与意义"外化为现实的规范体系"[1],从而使得思想政治教育文化

---

[1] 王海滨:《人的精神结构及其现代批判》,新华出版社2015年版,第50页。

主体在特定文化规范下产生特定文化行为。文化行为是文化精神结构的外显部分，也是很重要的组成部分，它是文化精神结构其他几个部分的最终表现，同时对文化精神结构的其他几个部分发挥着巩固与深化的作用。在此，有两点需要特别说明。第一点是，前面对思想政治教育文化主体的文化精神结构的分析是一种形式性分析，具体内容要根据具体情况做具体分析。第二点是，思想政治教育文化主体的文化精神结构是一个十分复杂的构成，它的五个组成部分之间不是机械的线性递推与发展的关系，而是具体的复杂的相互影响的关系，需要具体情况具体分析。同时，在理想的状态下，文化精神结构的五个组成部分之间应该是均衡发展的，但在事实上这五个组成部分也存在发展的不均衡状态，这也是需要在此厘清的。

2. 思想政治教育文化主体对主导文化有着自己的"前理解"

前面对思想政治教育文化主体的文化精神结构进行了论述，在这一文化精神结构中，有一点很重要，那就是思想政治教育文化主体对特定阶级或集团所倡导的主导文化都有着自己的"前理解"。"前理解"是指"理解主体的存在状态，是相对于主体某一理解行为前的作为主体存在状态的理解"[1]。思想政治教育文化主体对主导文化的前理解是对主导文化的文化需求、文化认知、文化情感、文化意志和文化行为的集合。这一"前理解"是思想政治教育文化主体在特定的文化情境与文化环境中生成的，是思想政治教育文化主体无法否定与拒绝的一部分。思想政治教育文化主体对主导文化的"前理解"可以划分为积极的"前理解"和消极的"前理解"。积极的"前理解"是有助于思想政治教育文化范式运行的"前理解"，消极的"前理解"是阻碍思想政治教育文化范式运行的"前理解"。思想政治教育文化主体对主导文化的"前理解"还可以划分为教育者文化主体的"前理解"与受教育者文化主体的"前理解"。一般而言，教育者文化主体的"前理解"比受教育者文化主体的"前理解"更积极，也更接近主导文化所传递的价值意蕴。思想政治教育文化范式作为用特定阶级或集团的主导文化对人们进行文化建构的结构模型，发挥

---

[1] 洪波：《思想政治教育话语范式转换研究》，浙江大学出版社2012年版，第92页。

作用的前提之一就是教育者文化主体对主导文化的"前理解"要正确，同时需要以受教育者文化主体的"前理解"为起点。基于这样的认识，正确分析、把握和运用思想政治教育文化主体对主导文化的"前理解"对于思想政治教育文化范式的运行就至关重要。

3. 新时代中国思想政治教育文化主体分析

新时代中国思想政治教育文化主体包括领导者文化主体、教育者文化主体和受教育者文化主体。中国共产党是新时代中国思想政治教育领导者文化主体，也是思想政治教育文化范式的领导者。教育者文化主体由新时代中国思想政治教育文化范式运行过程中的组织者和实施者等构成。受教育者文化主体就是人民大众。新时代中国思想政治教育文化主体的文化精神结构是在与前现代文化、现代文化与后现代文化的互动中生成与发展的。尤其是作为前现代文化代表的中国传统文化，对思想政治教育文化主体的文化精神结构发挥着重要的影响。同时，新时代我国思想政治教育文化主体由于其受教育水平、所处地域、年龄分布等存在差异，导致其文化精神结构也呈现出不同的特点。一般而言，受教育水平较低、所处地域比较偏僻、年龄较大者，其文化精神结构受传统文化的影响较为深刻，保守性特点更为明显，反之亦然。新时代中国思想政治教育文化范式的运行过程是用中国共产党倡导的主导文化对人民大众进行文化建构的过程。思想政治教育文化主体对中国共产党倡导的主导文化都有着自己的"前理解"。领导者文化主体和教育者文化主体对主导文化"前理解"的正确性是新时代中国思想政治教育文化范式有效运行的重要保证。这就要求领导者文化主体和教育者文化主体首先要受教育，要在不断的学习与实践中加强与深化对中国共产党倡导的主导文化的学习与领悟。受教育者文化主体对主导文化"前理解"的具体状态是我国思想政治教育文化范式有效运行首先要考虑与面对的现实。这就要求思想政治教育文化范式在对受教育文化主体开展教育之前，要准确掌握受教育"前理解"的具体情况。

三 思想政治教育文化范式的中介要素圈

所谓思想政治教育文化范式的中介要素圈，是指在思想政治教育文化范式结构模型中处于中介地位并发挥中介作用的要素圈。思想政治教育文化范式的中介要素圈包括思想政治教育文化资源、思想政治教育文化载体和思想政治教育文化方法三个主要要素。思想政治教育文化资源之所以处于思想政治教育文化范式的中介要素圈，是因为思想政治教育文化资源是有待开发和利用的，它只有经过开发与利用才能成为思想政治教育文化内容。因此，它属于思想政治教育文化范式中介要素圈。思想政治教育文化载体与文化方法的中介地位不言而喻，它们承载着特定阶级或集团主导文化的价值与意义，并在教育者文化主体和受教育者文化主体之间发挥着连接与纽带作用。下面，分别对这三个中介要素进行论述。

（一）思想政治教育文化资源

1. 思想政治教育文化资源的基本规定

所谓思想政治教育文化资源，是指具有或体现特定阶级或集团所倡导的主导文化的价值与意义的各种要素的总和，这些要素能够被特定阶级或集团纳入思想政治教育文化范式中进行开发、利用与管理，从而有利于实现思想政治教育文化目的。在对思想政治教育文化资源的界定中，需要与下文即将论述的思想政治教育文化载体区分开来。目前学界把思想政治教育载体归类为思想政治教育资源的一种，按此逻辑，思想政治教育文化载体自然也就是思想政治教育文化资源的一种。但本书并不持此种看法。本书认为，思想政治教育文化资源更侧重于在内容上对其进行界定，即判断一种要素或资源是否是思想政治教育资源，主要看其是否具有或体现特定阶级或集团所倡导的主导文化的价值与意义。而思想政治教育文化载体更侧重于在形式上的表现与中介作用的发挥。比如，以革命纪念馆为例。参观革命纪念馆是一种重要的思想政治教育文化活动，革命纪念馆是思想政治教育文化活动的一种形式与中介，从这个意义上讲，革命纪念馆是思想政治教育文化载体。但从内容上来讲，革命纪念馆承载着特定的价值与意义，对这些价值与意义的开发尤其重要，这时候革命纪念馆就是思想政治教育文化资源。之所以把思想政治教育文化资源放在思想政治教育文化范式的中介要素圈，是因为思想政治教育文化资源只有被开发与利用之后才能成为思想政治教育的文化内容，而不是对其直接拿来就用的。思想政治教育文化资源除了具有资源的一般特征即有用性、有限性、层次性、可被开发性、可被利用性之外，还具有如下特征。首先，阶级性。思想政治教育文化资源是为特定阶级或集团的利益服务的，它需要具有或体现特定阶级或集团所倡导的主导文化的价值与意义，这是思想政治教育文化资源的最本质的特征。其次，时代性。任何思想政治教育文化资源都是在特定时空中产生与发展的，其内容、结构、价值、功能等都与时代的发展紧密相连。最后，实践性。思想政治教育文化资源只有真正应用到思想政治教育文化实践中才能称为真实的思想政治教育文化资源，不然只是理论上或潜在的思想政治教育文化资源。而且，也只有思想政治教育文化实践才是检验思想政治教育文化资源是否有效的最高标准。思想政治教育文化资源种类繁多，在此在一般意义上对其种类和形态进行归纳与总结。第一，思想政治教育组织型文化资源。思想政治教育组织型文化资源是指服务于思想政治教育文化实践的各种组织所形成的文化。各阶级或集团中的政党组织文化是思想政治教育组织型文化资源最集中的代表，它最能反映特定阶级或集团常倡导的主导文化的价值与意义。第二，思想政治教育人才型文化资源。所谓思想政治教育人才型文化资源，是指对特定阶级或集团所倡导的主导文化有着高度的认同，能够在思想政治教育文化实践中起到积极影响作用的人。思想政治教育者文化主体以及各种楷模是思想政治教育人才型文化资源的集中代表。第三，思想政治教育理论型文化资源。所谓思想政治教育理论型文化资源，是指能够在思想政治教育文化实践活动中被开发与利用的各种理论化、系统化的知识体系的综合。思想政治教育理论型文化资源是思想政治教育文化内容最直接与最重要的来源。特定阶级或集团的各种纲领性文件是思想政治教育理论性文化资源的集中代表。第四，思想政治教育情感型文化资源。所谓思想政治教育情感型文化资源，是指在思想政治教育文化实践中能够激发情感和振奋人心的要素的总和。思想政治教育情感型文化资源可以通过各种形式表现出来，民族精神与时代精神是其集中表现。上述对思想政治教育文化资源作了一个大体的分类，这几个类别之间并不是严格区分的，他们之间是互相渗透的。比如，马克思主义理论是一种思想政治教育理论型文化资源，同时它是需要特定政党、特定人群承载的，它的产生与发展凝聚着诸多精神力量，对其理解与诠释也是需要情感的，这就决定了马克思主义理论作为理论型文化资源与其他类型的思想政治教育文化资源具有相互渗透性。

2. 新时代中国思想政治教育文化资源的表征

新时代中国思想政治教育文化资源是指具有或体现在新时代背景下中国共产党倡导的主导文化的价值与意义的各种要素的总和，在这之中，最为核心的要素是具有或体现我国社会主义核心价值观的价值与意义的各种要素。新时代中国思想政治教育文化资源最显著的特征是，它是新时代中国共产党意志与利益的体现，中国共产党为人民服务的性质决定了新时代思想政治教育文化资源也是为人民服务的。新时代我国思想政治教育文化资源是十分丰富的，依据上文对思想政治教育文化资源的分类，在此对新时代我国思想政治教育文化资源的类型进行论述。首先，新时代我国思想政治教育组织型文化资源。这主要体现在新时代背景下以中国共产党为代表的党组织文化资源以及在中国共产党领导下的群团组织文化资源。在这之中最为核心的是新时代中国共产党的政党文化资源。新时代中国共产党的政党文化体现为中国共产党的核心政治诉求、党的组织纪律以及党性党风等方面。其次，新时代中国思想政治教育人才型文化资源。这主要体现为中国特色社会主义伟大实践作出巨大贡献从而发挥表率作用的政工干部、道德楷模、劳动楷模等。在中华民族伟大复兴的征程中，在中国特色社会主义伟大实践中，涌现出了一批又一批先进党员干部与各种楷模，他们身上所展现出的精神与意志，足以成为重要的思想政治教育文化资源。再次，新时代中国思想政治教育理论型文化资源。新时代中国思想政治教育理论型文化资源集中体现为马克思主义及其中国化理论成果。在这之中最为核心的是习近平新时代中国特色社会主义思想这一理论成果。最后，新时代中国思想政治教育情感型文化资源。新时代中国思想政治教育情感型文化资源的本质在于它彰显着以爱国主义为核心的民族精神和以改革创新为核心的时代精神，它能够激发大众的爱国情感与奋斗热情。新时代中国思想政治教育情感型文化资源也是十分丰富的，全国各地各种自然风景、各种类型的爱国主义教育基地、中国共产党人凝练出的各种各样的精神形成的精神谱系等，都可以成为新时代中国思想政治教育情感型文化资源。在此需要说明的是，新时代中国思想政治教育文化资源主要是在内容上对其进行界定与论述，但是与新时代中国思想政治教育文化内容也是有区别的，只有对我国思想政治教育文化资源进行有选择的开发与利用，才有可能成为新时代中国思想政治教育文化内容，同时新时代中国思想政治教育文化内容是比较抽象的，它需要通过各种思想政治教育文化资源进行呈现。

（二）思想政治教育文化载体

1. 思想政治教育文化载体的基本规定

所谓思想政治教育文化载体是指在思想政治教育文化范式实践中能够在思想政治教育文化主体之间承载和传递特定阶级或集团所倡导的主导文化的价值和意义，且能实现思想政治教育文化主体之间互动的各种物质存在方式和表现形态。在对思想政治教育文化载体的界定中，需要与下文即将论述的思想政治教育文化方法区分开来。思想政治教育文化载体与文化方法都属于方法论范畴，都是思想政治教育文化主体之间产生互动和连接的重要桥梁。但二者也存在区别。思想政治教育文化方法更多地体现为对思想政治教育文化载体的操作与应用。这也就意味着思想政治教育文化方法的应用与实现需要依托特定的思想政治教育文化载体，而且也会在很大程度上制约思想政治教育文化载体的应用。比如，教育者文化主体要应用文化实践体验法这一方法开展思想政治教育，在很大程度上就决定了要应用各种活动文化载体。思想政治教育文化载体具有以下特征。第一是客观性。思想政治教育文化载体的客观性体现在它是一种现实的物质存在形态，是可以用五感感知到的存在状态与形式。在互联网高速发展的今天，虚拟生活成为人们的一种存在状态，各种虚拟媒介成为重要的思想政治教育文化载体，这些虚拟媒介诸如微信、微博等都必须以手机、电脑等为物质基础。正是因为思想政治教育文化载体的客观性才能保证在思想政治教育文化范式实践过程中被有效掌握和应用。第二是承载性。思想政治教育文化载体的承载性是思想政治教育文化载体的固有属性之一。不是任何物质形式都可以称为思想政治教育文化载体，特定载体只有承载了特定阶级或集团所倡导的主导文化的价值与意义，才可能成为特定阶级或集团的思想政治教育文化载体。第三是可掌握性。思想政治教育文化载体只有具备可掌握性，才能够在思想政治教育文化范式实践过程中被教育者文化主体有效应用，从而有效地向受教育者文化主体传递主导文化的价值与意义并被受教育者接受。这也就意味着思想政治教育文化载体的可掌握性是其发挥作用的重要保障。思想政治教育文化载体的呈现方式多种多样，按照不同的划分标准可以分为不同类型，在此依据被普遍接受的文化类型划分标准，把思想政治教育文化载体划分为以下四种。第一种是物质型思想政治教育文化载体。这类载体以书籍、宣传栏、建筑、网络等有形物质状态承载和传递特定阶级或集团所倡导的主导文化的价值和意义。第二种是精神型思想政治教育文化载体。这类载体以口号、标语、故事等形式承载和传递特定阶级或集团所倡导的文化价值和意义。第三种是制度型思想政治教育文化载体。这类载体以规章制度、行为准则和工作守则等形式承载和传递特定阶级或集团所倡导的文化价值和意义。第四种是活动型思想政治教育文化载体。这类载体以各种仪式活动、志愿者服务活动等形式承载和传递特定阶级或集团所倡导的文化价值和意义。需要说明的是，这四种思想政治教育文化载体之间的划分不是绝对的，彼此之间存在重叠和交叉的情况，比如思想政治教育精神文化载体在大多数情况下是依赖其他三种载体而存在的，在此是出于研究需要从而对此进行划分。

2. 新时代中国思想政治教育文化载体的表征

新时代中国思想政治教育文化载体是指能够承载和传递新时代背景下中国共产党倡导的主导文化的价值与意义的各种物质形式的总和。中国特色社会主义进入新时代，伴随着生产力和生产关系的巨大发展，思想政治教育文化载体也有了巨大的发展。在物质型思想政治教育文化载体层面，各种思想政治教育类普及书籍尤其是宣传新时代的各种书籍、各种爱国主义教育基地、各种博物馆和图书馆等公共服务设施以及其他各种大众传媒（电视、报纸、广播、网络）等都是很好的思想政治教育文化载体。尤其是随着互联网5G时代的到来，快手、抖音、微博、微信等各种手机网络软件都可以成为思想政治教育文化载体。在精神文化载体方面，各种创新性的标语和口号都可以成为思想政治教育文化载体。

同时，随着大众接受思想政治教育的思维方式从灌输说教式到叙事启发式的转变，"讲故事"成为重要的思想政治教育文化载体。诸如《习近平的七年知青岁月》《习近平讲故事》之类的通俗教育读本就是应用"讲故事"这一思想政治教育文化载体的典型代表。在制度型思想政治教育文化载体层面，中国特色社会主义制度是最高效的思想政治教育文化载体，因为它是以制度形式对新时代中国共产党倡导的主导文化的价值和意义的最集中和最有力的表达。尤其是在一些重大的事件面前，中国特色社会主义制度优势被国人和世界认可，它作为思想政治教育文化载体承载着的新时代中国共产党人的责任、担当、使命和价值观也就很高效地传递给国人与世界。同时，伴随着国家治理体系现代化和治理能力现代化的不断推进，从中央到地方，依法依规办事成为国家和社会各个层面运行的重要遵循。在这样的背景下，政府、学校、企业、社区、家庭以及其他一些正规组织制定的规章制度、准则守则就成为好的思想政治教育文化载体。在活动型思想政治教育文化载体层面，各种常规的精神文明创建活动，各种常规节日诸如春节、端午节、五四青年节、劳动节、建党节、国庆节等节日举办的仪式活动，日常举办的各种思想政治教育活动等都是重要的思想政治教育文化载体。除了这些常规活动和仪式之外，在一些重大的历史时刻，比如中华人民共和国成立70周年、中国共产党成立100周年、中国共产主义青年团成立100周年、马克思诞辰200周年。举办的重大纪念活动也是十分重要的思想政治教育文化载体。新时代中国思想政治教育文化载体十分丰富，前面的论述只是就一些重要的思想政治教育文化载体进行较为笼统的梳理。在不同场域的思想政治教育文化范式实践过程中，要根据具体需要和具体情况对思想政治教育文化载体进行系统梳理和应用。

（三）思想政治教育文化方法

1. 思想政治教育文化方法的基本规定

所谓思想政治教育文化方法，是思想政治教育文化范式实践过程中，为实现思想政治教育文化目的、传递思想政治教育文化内容所采用的各种方式、运用的各种手段和程序的总和。思想政治教育文化方法种类繁多，在某种意义上说能为传递思想政治教育文化内容、实现思想政治教育文化目的服务的思想政治教育方法都可以称为思想政治教育文化方法。在此，为了实现高度总结，从哲学方法论视角对三种主要的思想政治教育文化方法进行论述。第一种是解释法。所谓解释法，是指在思想政治教育文化范式实践过程中，教育者文化主体对思想政治教育文化内容进行立场鲜明、观点正确的讲解和说明，从而为受教育者文化主体提供主导文化蕴含的价值和意义。解释法更多地体现在对主导文化的价值与意义进行合理的、符合逻辑的论证与辩护，解决的是主导文化的价值与意义"是什么""为什么"和"怎么样"的问题。解释法的优势在于可以旗帜鲜明地阐明主导文化的价值与意义并将其传递给受教育者文化主体，因此它在思想政治教育文化方法中是比较常用的方法。当然，解释法是哲学意义上的一种思想政治教育文化方法，在思想政治教育文化范式实践过程中，根据解释的方式与手段不同，也可以分为不同的解释类型，比如道理解释法、情理解释法、事理解释法等。第二种是理解法。所谓理解法，是指在思想政治教育文化范式实践过程中，教育者文化主体与受教育者文化主体针对思想政治教育文化内容进行视域融合，从而实现对主导文化的价值与意义的内化、外化、生成甚至创造。理解法的核心在于视域融合。要想理解视域融合，首先得理解视域。所谓视域，是指从思想政治教育文化主体（包括教育者文化主体和受教育者文化主体）已有背景出发开展思想政治教育的一个视界，这个视界从文化的角度来看体现为一种固有的文化价值观，具体而言表现为固有的文化思维、文化情感、文化行为等方面。正如前文在论述思想政治教育文化主体时所指出的，不论是教育者文化主体还是受教育者文化主体，都有着自己的"前理解"即视域。所谓视域融合，是指思想政治教育文化范式实践过程中，思想政治教育文化主体进行视域交流，在交流中不断生成、扩大和丰富彼此的视域，最终达到不同的视域融合。教育者主体与受教育者主体针对文化内容的视域融合过程，是主体之间走进、感受、体验彼此的文化价值观的过程，在彼此理解与共情的基础上，教育者文化主体用主导文化的价值与意义对受教育者文化主体进行引导，从而达到思想政治教育文化目标。理解法的优势在于思想政治教育文化主体之间是彼此尊重、合作的关系，因此能够很好地达到教育效果。第三种是实践法。所谓实践法，是指在思想政治教育文化范式实践过程中，让受教育者文化主体通过参加各种形态的实践去领悟、理解和践行主导文化的价值与意义。马克思主义告诉我们，实践是真理的来源，也是检验真理的唯一标准。主导文化的价值与意义是否真的"正确"和"有用"，只有在实践中才能真正被理解和检验。实践法的形式和种类是多种多样的，可以根据主客观条件进行选择和应用。在众多的实践法中，生活是最好也是最大的实践法。在生活中，人们体会与生成着做人的价值与意义，主导文化的价值与意义是否有利于受教育者文化主体美好生活的发展，也就成为衡量主导文化真理性的重要标准。实践法的优势在于教育过程的参与性与教育结果的深刻性都很强，因此也是十分重要的思想政治教育文化方法。

2. 新时代中国思想政治教育文化方法的具体表现

新时代中国思想政治教育文化方法是指能够实现新时代思想政治教育文化目的、传递新时代思想政治教育文化内容所采用的各种方式、运用的各种手段和程序的总和。从这一定义中可以分析出，新时代中国思想政治教育文化方法的要义就是一定要为新时代思想政治教育文化目标与内容服务。在遵循这一核心要点的前提下，新时代中国思想政治教育文化方法在解释法、理解法和实践法等哲学方法论指导下，可以发展出诸多思想政治教育文化方法。比如在解释法层面，可以发展出理论分层讲授法。所谓理论分层讲授法是指从受教育者文化主体的知识基础、学习能力、学习条件和兴趣偏好的实际出发，将新时代思想政治教育文化内容转化为受教育者文化主体能够有效接受的不同层次的理论（比如可以划分为宏观理论、中观理论和微观理论），并根据不同层次理论制定相应的教育目标、采取恰当的教育手段来开展思想政治教育。在理解法层面，可以发展出文化叙事传播法。所谓文化叙事传播法就是将具体的中国特色社会主义实践、发展、改革中的事件置于历史文化脉络、情景中讲授，同时将具体的理论与事件所传递的价值与意义和个人发展进行深度关联，从而加深受教育者文化主体的理解宽度和深度的方法。在实践法层面可以发展出多维情境体验法。所谓多维情景体验法，是指在教育过程中运用不同的方式手段，通过设置不同的场景，让受教育者文化主体进行认知、情感、意志、行为各个方面的体验，从而对新时代思想政治教育文化内容产生深刻的理解与体悟。当然，上面的论述是以举例的方式对新时代思想政治教育文化方法进行阐释。在具体实践层面，其实有很多有效的思想政治教育文化方法需要我们去总结、尝试和发展。

四　思想政治教育文化范式的外围要素圈

所谓思想政治教育文化范式的外围要素圈，是指在思想政治教育文化范式中处于外围地位的要素圈。思想政治教育文化范式的外围要素圈包括思想政治教育文化情境与思想政治教育文化环境两个主要要素。思想政治教育文化环境相比思想政治教育文化情境，处于思想政治教育文化范式的最外围。这里需要说明的是，外围要素圈处于外围地位，但并不意味着外围要素圈不重要。思想政治文化范式的外围要素圈更多的是以一种"氛围""气场""综合感觉"的方式发挥着对人们的文化建构作用。

（一）思想政治教育文化情境

1. 思想政治教育文化情境的一般规定

所谓思想政治教育文化情境，是指在思想政治教育文化范式实践中，教育者文化主体和受教育者文化主体都可以把握的且能够优化双方文化精神结构的、有利于思想政治教育文化目标实现的相对微观的自觉文化环境。思想政治教育文化情境在很大程度是各种思想政治教育文化要素综合性结果的一种体现，它表现为一种综合性的氛围与"气场"。思想政治教育文化情境与下文将要论述的思想政治教育文化环境在宽泛意义上讲都属于"环境"范畴，但思想政治教育文化情境与思想政治教育文化环境存在很大不同，具体而言，主要表现在思想政治教育文化情境具有以下特点。第一是自觉创设性。思想政治教育文化情境不是自发的，而是经过教育者文化主体和受教育者文化主体有计划、有步骤地加工、改造、优化、创设之后形成的。因此它是一种自觉的文化环境。第二是典型承载性。思想政治教育文化情境在创设的过程中，会选择最具典型代表的、能够高度承载主导文化价值和意义的文化要素进行文化情境的创设，从而最大化地与所要传递的思想政治教育文化内容和所要达到的思想政治教育文化目的相契合。第三是可控结构性。思想政治教育文化情境作为一种自觉的文化环境，是思想政治教育文化主体主动创设的，因此它是在思想政治教育文化主体可控范围内的，因为它的可控性使其呈现出强结构性和强稳定性的特点。第四是主体情感性。思想政治教育文化情境创设的过程是思想政治教育文化主体情感灌注的过程。尤其是对于教育者文化主体而言，思想政治教育文化情境蕴含着教育者文化主体的教育理念、教育态度、教育反思在里面。同时，思想政治教育文化情境的创设也是为了在特定文化情境中，给予教育者文化主体和受教育者文化主体很好的情感体验。种种原因使得思想政治教育文化情境呈现出主体情感性的特点。第五是个性多样性。思想政治教育文化情境不是千篇一律的，而是根据具体的客观条件和主观条件的统一进行最优选择与设计的，从而使得思想政治教育文化情境具有个性多样性特点。比如对艺术学专业的大学生进行思想政治教育，就可以创设跟艺术相关的思想政治教育文化情境。而对农学专业的大学生进行思想政治教育，可以创设"田间地头"的思想政治教育文化情境。思想政治教育文化情境虽然在结构上处于思想政治教育文化范式的外围要素圈，但良好的思想政治教育文化情境的创新对思想政治教育文化目标的达成发挥着十分重要的作用。这一方面体现为良好的思想政治教育文化情境可以给予受教育者文化主体在认知与情感等方面的绝佳体验，从而有利于受教育者文化主体将这些正向的体验向实践迁移；另一方面体现为受教育者文化主体在主动参与和建构良好的思想政治教育文化情境过程中体会思想政治教育文化要素所表达的意义，在体会与思考中生成与发现新的文化意义。

2. 新时代中国思想政治教育文化情境的表征

新时代中国思想政治教育文化情境在内涵和特征上遵循思想政治教育文化情境的一般规定，同时也必须遵循新时代中国思想政治教育文化情境的本质规定，那就是它一定要反映新时代思想政治教育文化内容、为新时代思想政治教育文化目的服务。新时代中国思想政治教育文化情境的发展呈现出以下特征和趋势。第一，合作式、对话式思想政治教育文化情境备受青睐。随着大众思想道德文化素养的不断提升以及理性精神的不断发展，体现教育者文化主体和受教育者文化主体平等地位的合作式、对话式思想政治教育文化情境越来越受人们欢迎。尤其是在高校，"00后"大学生已经成为新时代高校大学生的生力军，"00后"大学的成长环境、思维特征和行为方式与"80后"和"90后"大学生相比，发生了很大的变化，他们的平等、尊重、自由、包容等意识更强，因此对合作对话式的思想政治教育文化情境的需求也更为突出和明显。第二，伴随着高科技网络技术的快速发展，高科技在思想政治教育文化情境创设中的深度应用也逐渐开始兴起。所谓深度应用，是指高科技在思想政治教育文化情境中不仅仅是一种呈现思想政治教育文化内容或进行教育管理的手段，而是在很大程度上与其他思想政治教育文化要素进行深度融合，与思想政治教育文化主体实现认知与情感上的互动，增强了思想政治教育文化情境的吸引力和感染力。比如中南大学应用高科技建成并启动社会主义核心价值观教育"友善"体验课堂，构建了数字化、可视化和交互性的创新性思想政治教育文化情境，使学生们在这一文化情境中，通过小程序打卡、AR互动合影、实时弹幕分享、剧情情景演绎、互动游戏等环节，获得全新教育体验，获得了学生的满意和认同。第三，复合型思想政治教育文化情境成为新时代思想政治教育文化情境发展的重要趋势。思想政治教育文化情境是受主客观条件限制的。在新时代背景下，我国思想政治教育文化情境面临的主客观条件都十分有利于思想政治教育文化情境的发展。在主观条件方面，国家高度重视思想政治教育工作，教育者文化主体和受教育者文化主体的素质也极大提升，这同时对思想政治教育文化情境发展提出了更高要求。在客观条件方面，各种各样的思想政治教育文化情境已经有了一定积累，比如思想政治教育自然文化情境、社会文化情境、物质文化情境、精神文化情境、网络文化情境等都有了很大程度的发展。在这样有利的主客观条件下，思想政治教育文化情境要想发挥最大的育人效果，需要由比较单一型的思想政治教育文化情境向复合型的思想政治教育文化情境发展，从而发挥各种思想政治教育文化情境的优势合力作用。

(二) 思想政治教育文化环境

1. 思想政治教育文化环境的基本规定

所谓思想政治教育文化环境是指在思想政治教育文化范式实践中，

对思想政治教育文化范式其他要素产生影响的各种外在文化因素的综合。思想政治教育文化环境按照不同的划分标准可以划分为不同的类型。按照文化形态划分，思想政治教育文化环境可以划分为思想政治教育物质文化环境、精神文化环境、制度文化环境、行为文化环境等。这方面的划分学界研究较为普遍且研究成果较多，易于理解和接受，在此不作过多论述。按照呈现状态划分，思想政治教育文化环境可以划分为自觉的思想政治教育文化环境和自发的思想政治教育文化环境。自觉的思想政治教育文化环境表现为被思想政治教育者主体意识到的、被合理利用的各种外在文化因素的总和。自发的思想政治教育文化环境表现为没有被思想政治教育者主体意识到的或者即便意识到但不能够掌控和合理利用的各种外在文化因素的总和。按照发挥的作用分析，可以把思想政治教育文化环境划分为发挥积极作用的思想政治教育文化环境和发挥消极作用的思想政治教育文化环境等。按照思想政治教育文化环境的范围，可以划分为宏观思想政治教育文化环境、中观思想政治教育文化环境、微观思想政治教育文化环境等方面。当然，按照不同的划分标准，还可以将思想政治教育文化环境进行继续划分。不论对思想政治教育文化形态进行何种划分，也不论何种形态的思想政治教育文化环境，其结构都是由要素、关系和整体三部分所构成。这三部分的关系是，思想政治教育文化环境的不同要素彼此之间发生关系，关系合力作为一个整体作用于思想政治教育文化范式的其他组成部分。思想政治教育文化环境具有以下特征。第一，弱结构性。虽然思想政治教育文化环境也有其结构，但这个结构是弱结构意义上的结构。思想政治教育文化环境的弱结构性源于思想政治教育文化环境的开放性。尤其是随着生产力和生产关系的不断发展，思想政治教育文化环境的各个要素之间在不同的时空状态下会形成不同的组合，而且这种组合又会随着时空的变化而发生变化，这就使得思想政治教育文化环境在其结构上呈现出弱结构的特征。第二，弱控制性。思想政治教育文化环境不是由思想政治教育文化主体主动创设的，也不是依靠思想政治教育文化主体的力量能完全改变的，它是多方要素合力作用之后形成的一种综合表现，因而对于思想政治教育文化主体而言具有弱控制性。第三，复杂性。思想政治教育文化环境的复杂性首先表现为内容的复杂性。思想政治教育文化环境的内容是十分庞杂的，不同时空条件下的政治、经济、文化、社会和生态各个方面的不同组合形成了内容不同的思想政治教育文化环境。思想政治教育文化环境的复杂性还表现为发挥作用的复杂性。思想政治教育文化环境发挥作用的过程是多种因素合力作用的过程，在这一过程中存在诸多的复杂矛盾运动，从而导致思想政治教育文化环境的作用方式与作用效果的复杂性。

2. 新时代中国思想政治教育文化环境的具体表现

习近平总书记指出："当前，国内外形势正在发生深刻复杂变化，中国发展仍处于重要战略机遇期，前景十分光明，挑战也十分严峻"[①]。这是对新时代中国发展形势作出的正确判断，也是新时代中国思想政治教育文化环境的现实境况。新时代中国思想政治教育文化环境积极的方面体现为，第一，国家发展大环境营造了一个良好的思想政治教育文化环境。新时代的"三个意味"和"五个是"告诉我们：在国内，中国特色社会主义政治、经济、文化、社会和生态等方面都取得了前所未有的瞩目成绩，中国式现代化道路作为一条新型的道路是适合中国的、成功的道路；在国际上，今天的中国在国际舞台上的各个方面都发挥着越来越重要的作用，为整个人类世界作出越来越大的贡献。国家发展的这些大好形势本身就营造了一种绝佳的思想政治教育文化环境。第二，新时代中国思想政治教育文化环境建设得到高度重视。在新时代背景下，以习近平同志为核心的党中央高度重视各个层面的思想政治教育。习近平总书记多次召开思想政治教育工作会议进行深入指导和部署。尤其是对于学校思想政治教育工作，习近平总书记高度重视。习近平总书记特别重视"大思政"建设，指出要让学生在社会大课堂中接受思想政治教育。这也就意味着，需要对社会大课堂的文化环境进行优化，才能为学生在社会大课堂的学习和锻炼提供良好的文化环境。在习近平总书记相关重要论述的指导下，国家和地方各部门都高度重视并积极开展思想政治教育工作，尤其在思想政治教育文化环境优化方面给予了政策、人

---

① 习近平：《决胜全面建成小康社会 夺取新时代中国特色社会主义伟大胜利——在中国共产党第十九次全国代表大会上的报告》，人民出版社2017年版，第2页。

力、物力等方面的大力支持。这些都十分有利于新时代思想政治教育文化环境的发展。同时也需要指出，新时代中国思想政治教育文化环境也面临诸多挑战。第一，复杂多样的国内外形势为新时代思想政治教育文化环境带来挑战。在国内，我们面临的一个最大的现实就是，我们国家仍处于并将长期处于社会主义初级阶段。这一最大的现实也是新时代中国思想政治教育文化环境面对的现实。社会主义初级阶段的各种矛盾与现状势必会给我国思想政治教育文化环境带来诸多挑战。在国际上，世界百年未有之大变局是对目前国际形势的最正确总结。在世界百年未有之大变局下，一些敌对势力为了阻碍中华民族的伟大复兴，利用各种手段和方式传播诋毁中国的错误观点，各种错误思潮在不同程度上影响着人们的思想观念。这些也成为新时代中国思想政治教育文化环境的重大挑战。第二，新时代思想政治教育文化环境不平衡不充分的发展是其自身需要尽快解决的一个问题。这表现为不同地域、不同区域、不同部门等在思想政治教育文化环境建设的支持力度与效果上存在不同。以高校为例，"双一流"建设高校与非"双一流"建设高校相比，思想政治教育文化环境建设成效一般情况下是前者优于后者，这种差异背后的一个重要原因就是在重视程度，在资金、人力和物力等的支持上存在着差异。

通过前文研究，对思想政治教育文化范式四个要素圈以及各个要素圈的各个要素进行了深入论述。四个要素圈以及四个要素圈的各个要素共同组合在一起构成思想政治教育文化范式。这四个要素圈是相互联系和相互作用的。在这之中有一个基本关系需要厘清。这就是在这四个要素圈中，深层要素圈决定核心要素圈、中介要素圈和外围要素圈；深层要素圈和核心要素圈作为思想政治教育文化范式最为重要的两个要素圈，又共同决定着中介要素圈和外围要素圈。中介要素圈和外围要素圈又反作用于深层要素圈和核心要素圈。四个要素圈的相互作用构成了思想政治教育文化范式的动态运行。在下一节将对思想政治教育文化范式动态运行过程及机理进行研究。

第二节　思想政治教育文化范式的动态运行过程及机理

思想政治教育文化范式只有在动态运行中，才能对人们发挥文化建构的功能与作用。所以，特别需要对思想政治教育文化范式的动态运行进行研究。在此首先对思想政治教育文化范式动态运行过程进行分析，之后对其运行过程蕴含的机理进行探索，从而更好地指导思想政治教育文化范式的动态运行实践。

一　思想政治教育文化范式的动态运行过程

思想政治教育文化范式的动态运行过程，既包括思想政治教育文化范式与社会大系统的动态互动过程，又包括思想政治教育文化范式作为独立系统的动态运行过程。因此，分别从这两方面对思想政治教育文化范式的动态运行过程进行论述。

（一）思想政治教育文化范式与社会大系统的动态互动过程

思想政治教育文化范式与社会大系统的关系是子系统与总系统的关系。思想政治教育文化范式的实践运行离不开社会大系统的支持，同时思想政治教育文化范式实践过程与结果又会反作用于社会大系统。这种"作用"与"反作用"的关系构成了思想政治教育文化范式与社会大系统的动态互动过程。思想政治教育文化范式在社会大系统的作用下实现自身发展，社会大系统也在思想政治教育文化范式的反作用下进行调整和发展。

1. 社会大系统作用于思想政治教育文化范式过程

思想政治教育文化范式作为社会大系统的一个子结构，一定是要受到社会大系统制约的。社会大系统是由各种各样的结构构成的，这些结构可以划分为社会经济结构、社会政治结构、社会文化结构、社会生态结构、社会关系结构等。社会大系统作用于思想政治教育文化范式的过程，是社会大系统各个结构组成部分对思想政治教育各个要素圈的作用过程。社会大系统不同组成部分分别对思想政治教育文化范式发挥着不同的作用，最终以合力结果作用于思想政治教育文化范式。在社会大系统中，社会经济结构、社会政治结构和社会文化结构与思想政治教育文化范式的关系最为密切。因此，下面主要从社会大系统的这三个方面对思想政治教育文化范式的作用进行论述。

第一，社会经济结构决定着思想政治教育文化范式的性质、发展水平和运行方式。所谓社会经济结构一般就是指经济基础结构，是一定社会发展阶段占统治地位的生产关系结构的总和。这里的生产关系结构包括所有制关系结构、交换关系结构和分配关系结构等。在这之中，所有制关系结构是其核心。思想政治教育文化范式是上层建筑的重要组成部分，而经济基础决定着上层建筑，所以反映社会经济基础的社会经济结构尤其是所有制结构决定着思想政治教育文化范式的性质。新时代背景下，我国的经济结构是以社会主义公有制为主体，而社会主义公有制是保障全体人民利益的。这种经济结构就决定了新时代中国思想政治教育文化范式是社会主义性质的、是为满足人民群众的美好生活需要服务的。同时，在一般情况下，社会经济结构越优化，越有利于思想政治教育文化范式各要素圈的发展，思想政治教育文化范式运行方式也会呈现出与社会经济结构相适应的特征，所以社会经济结构决定着思想政治教育文化范式的发展水平和运行方式。在新时代背景下，我国经济结构不断优化，尤其是数字经济的蓬勃发展，为思想政治教育文化范式各要素圈的优化提供了很多新的机遇和可能，也为思想政治教育文化范式运行的科学化提供了诸多支持。

第二，社会政治结构规定着思想政治教育文化范式的本质属性、目标和内容等。所谓社会政治结构是建立在经济结构之上的政治法律设施、制度及其相互关联的方式。在这之中，国家政权处在核心地位。不论何种形态的思想政治教育文化范式，都是为特定阶级或集团服务的。对于统治阶级而言，是为了维护统治阶级的政权服务的。这就决定了政治性是思想政治教育文化范式的本质属性。新时代背景下，我国的国家政权要牢牢掌握在中国共产党手中，才能保障我国各项事业稳定发展。中国共产党的领导是中国特色社会主义的最大本质，也是开展一切工作的最大前提和根本保障。这就决定了新时代中国思想政治教育文化范式，一定是中国共产党领导下的思想政治教育文化范式。同时，思想政治教育文化范式实践过程，是以特定阶级或集团尤其是统治阶级的主导文化为内容、对受教育者文化主体进行施教的过程。要把人化成什么样的人（目标）、用什么内容来化人（内容）等都是由特定阶级或集团尤其是统治阶级的意志和利益决定的。新时代中国共产党的意志与人民的意志是统一的，中国共产党的利益与人民的利益是一致的。这就决定了我国思想政治教育文化范式中的文化目标和文化内容都是为了人民，为人民服务的。

第三，社会文化结构对思想政治教育文化范式的价值导向、内容结构和运行效果发挥着重要影响。所谓社会文化结构是指各种观念体系构成的总和。在这其中社会主流意识形态是其核心。思想政治教育文化范式就是以特定阶级或集团倡导的主导文化对人们进行文化建构，这个主导文化的内涵、价值和意义等在一般情况下都是由社会主流意识形态规定的。新时代中国社会文化结构的核心是社会主义核心价值观，它对新时代思想政治教育文化范式中的主导文化在内涵、价值和意义等方面都进行着规约。同时，社会文化结构对思想政治教育文化范式的内容结构产生重要影响。社会文化结构的不同组成部分影响着思想政治教育文化范式的内容——哪些是要坚持的、哪些是要借鉴的、哪些是要坚决反对的。新时代中国社会呈现出"一主多元"的文化格局。"一主"即中国共产党主流意识形态，是思想政治教育文化范式必须坚持的。对于"多元"，就需要我们辩证分析，根据中国共产党主流意识形态建设的需要以及人民大众健康成长的需要，对于其合理部分要积极借鉴，对于其不合理甚至有害部分一定要坚决反对。社会文化结构还会呈现出一种文化环境和文化氛围，从而对思想政治教育文化范式的运行效果产生积极或消极影响。在新时代背景下，我国社会文化结构呈现出的文化环境和氛围总体上是积极向上的，对思想政治教育文化范式的运行效果发挥着积极影响。但也存在一些低俗的文化现象，从而对思想政治教育文化范式的运行效果产生消极影响。

2. 思想政治教育文化范式反作用于社会大系统过程

思想政治教育文化范式反作用于社会大系统是通过思想政治教育文

化范式作用于"人",然后"人"作用于社会大系统而实现的。思想政治教育文化范式的实践过程是作用于人的文化精神结构的过程。当人们接受了思想政治教育文化范式所传递的主导文化的价值与意义,并将其外化到特定行为中去时,特定行为就会与社会大系统发生相互作用,从而实现思想政治教育文化范式对社会大系统的反作用。思想政治教育文化范式对社会大系统的反作用体现在三个方面。第一个方面是维护作用。通过思想政治教育文化范式实践,大众在思想层面接受主导文化的价值与意义,并在行为层面按照主导文化要求的文化规范行事,从而成为主导文化所倡导的"那种人"。不论是主导文化的价值与意义,还是主导文化倡导人们成为某种人,都是从主导文化所代表的特定阶级或集团尤其是统治阶级的意志和利益出发进行界定和阐释的。而统治阶级会把自己的利益与意志和社会的利益与意志统一起来,在此基础上进行社会大系统的设计与安排。这也就意味着,社会大系统在很大程度上是维护统治阶级的利益与意志的。在思想政治教育文化范式运行过程中,人们对主导文化的价值与意义进行思想内化与行为外化,从而发挥社会秩序维护和社会凝聚的功能,最终实现对统治阶级意志和利益的维护。第二个方面是变革作用。这个变革又可以分为建设性变革和否定性变革。如果统治阶级是先进阶级的代表,能够代表和引领社会发展趋势,统治阶级能够根据社会发展趋势进行社会大系统设计,那么统治阶级倡导的主导文化的价值与意义,在一般情况下也就与社会发展潮流和趋势相一致。在思想政治教育文化范式运行过程中,大众接受主导文化的价值与意义,就是在接受最先进的思想和理论。当大众用代表社会前进方向的思想和理论武装自己后,在主客观条件具备的情况下,就会投身于社会实践中积极发挥建设性作用。这也就发挥了思想政治教育文化范式对社会大系统的建设性变革作用。如果统治阶级不能代表社会发展潮流和趋势,统治阶级对社会大系统的设计势必不符合社会大系统发展规律,社会大系统会出现种种弊端和问题。这时候往往有代表社会发展趋势的新的阶级或集团出现,这些新的阶级或集团会发展出与社会发展趋势相适应的新思想、新理论与新学说,并应用所属阶级或集团的思想政治教育文化范式对这些新思想、新理论和新学说进行传播,从而武装大众,在主客观条件具备的情况下，大众会投身于对现行社会进行重建的实践中去。这也就发挥了思想政治教育文化范式对社会大系统的否定性变革作用。第三个方面是阻碍作用。正如前面第二个方面提到的，如果统治阶级不能代表社会发展潮流与趋势，那么统治阶级的思想政治教育文化范式所传递的主导文化的价值与意义在一般情况下就是落后的，从而使得思想政治教育文化范式对社会大系统发挥着阻碍作用。

在新时代背景下，以习近平同志为核心的党中央强调"为人民谋幸福"是党的初心和使命，同时，对共产党执政规律、社会主义建设规律和人类社会发展规律的认识越来越清晰，对这些规律的实践越来越精准。这也就意味着，中国共产党是与人民在一起的，同时也是能够深刻把握时代发展脉搏、引领社会发展趋势的。在这样的大前提下，新时代中国思想政治教育文化范式对社会大系统的维护本质上是对人民利益的维护。大众在接受中国特色社会主义思想文化、政治文化、道德文化和法治文化之后，积极投身于中国特色社会主义伟大实践中去，从而体现出新时代中国思想政治教育文化范式对社会大系统发挥着积极的、建设性变革作用。

（二）思想政治教育文化范式作为独立系统的动态运行过程

思想政治教育文化范式作为独立系统的动态运行过程，是思想政治教育文化范式的各要素圈相互联系和相互作用的过程。这一过程，对于教育者文化主体而言，是思想政治教育文化范式实践的组织和实施过程；对于受教育者文化主体而言，是思想政治教育文化范式实践作用于受教育者文化主体的过程，是"接受施教、认知行为发生转化的受教过程"[1]。思想政治教育文化范式的施教运行过程和受教运行过程是思想政治教育文化范式运行过程的一体两面，两者相互依存、彼此联系，共同构成思想政治教育文化范式作为独立系统的动态运行过程。

1. 思想政治教育文化范式的施教运行过程

思想政治教育文化范式的施教运行过程是教育者文化主体主导的思想政治教育文化范式实践运行过程。这一过程主要由以下四个阶段构成。

---

[1] 沈壮海：《新编思想政治教育学原理》，中国人民大学出版社2022年版，第155页。

第一，思想政治教育文化范式的施教前准备阶段。这一阶段包括搜集信息阶段和分析信息阶段。搜集和分析信息是思想政治教育文化范式施教运行的前提。只有掌握了充足的信息，教育者文化主体才有可能根据具体条件和具体情况制定出切实可行的思想政治教育文化范式施教方案。在搜集信息阶段有两个方面需要注意。一是在搜集内容上要做到对思想政治教育文化范式各个要素圈内容的搜集。以往提到搜集信息时，往往更注重对受教育者文化主体的思想道德文化素养信息的搜集，这方面的信息当然是很重要的。因为受教育者文化主体作为受教对象，只有了解了他们的思想道德文化素养现状、特征和趋势，才有可能制定出合适的思想政治教育文化范式施教方案。但是思想政治教育文化范式的运行是各个要素圈之间以及各个要素之间相互作用的过程。所以，在搜集信息时，一定要对思想政治教育文化范式的各个要素的信息以及要素圈之间互动的信息进行搜集。从而充分掌握思想政治教育文化范式施教方案制定的相关信息，为科学制定施教方案奠定坚实基础。二是要做到搜集信息的准确性和及时性，从而为思想政治教育文化范式施教方案制定提供可靠且有效的信息支撑。这就要求教育者文化主体通过多种途径、采用多种方式对信息进行高效搜集。在系统搜集各种信息之后，教育者文化主体要对搜集的信息进行加工、整理和分析。这是"将丰富的感觉材料加以去粗取精、去伪存真、由此及彼、由表及里的改造"[①]的过程。在这一过程中教育者文化主体要对思想政治教育文化范式涉及的主要矛盾、矛盾的主要方面、矛盾的运动等进行正确判断，从而明确思想政治教育文化范式施教方案的制定方向。

第二，思想政治教育文化范式的施教方案制定阶段。这一阶段是教育者文化主体制定思想政治教育文化范式的实践计划阶段。在这一阶段，教育者文化主体首先要审视和反思自己在制定方案时是否时刻坚持所属阶级或集团所秉持的指导思想以及指导思想所坚持的人性观。这是保证思想政治教育文化范式施教方案政治方向正确性和内容科学性的首要前提条件。接着，教育者文化主体要明确思想政治教育文化目标。确立思

---

① 《毛泽东选集》第1卷，人民出版社1991年版，第291页。

想政治教育文化目标，是思想政治教育文化范式施教方案制定的关键环节。因为只有确定了正确的思想政治教育文化目标，才能对思想政治教育文化内容、文化资源、文化载体和文化方法等进行设定与搭配。在进行思想政治教育文化目标确立时，要结合国家社会发展的需要以及受教育者文化主体的文化需要和思想道德文化素养现状，对思想政治教育文化目标进行有针对性和可行性的设定。在思想政治教育文化目标指导下，进入思想政治教育文化范式施教方案的全面系统建设环节。这一环节主要是对思想政治教育文化范式各个要素圈的各个要素进行厘定，并对各个要素圈以及各个要素之间的衔接互动进行设计。具体而言，一方面包括要确定思想政治教育文化内容、选择思想政治教育文化载体和方法、设置思想政治教育文化情境等。另一方面要对思想政治教育文化范式各个要素之间怎么相互搭配和互动进行设计。思想政治教育文化范式施教方案全面系统建设环节一定要做到"切实可行"和"细节到位"。只有这样才可能保证思想政治教育文化范式施教方案的顺利实施。

　　第三，思想政治教育文化范式的施教方案实施阶段。思想政治教育文化范式施教方案实施阶段，也就是把前面制定的方案付诸实践的阶段。这一阶段是思想政治教育文化范式施教过程的中心环节。因为这一阶段是直接作用于受教育文化主体的阶段，它直接决定着思想政治教育文化范式的施教成效。这一阶段体现为教育者文化主体在创设的思想政治教育文化情境中，应用合适的思想政治教育文化方法，通过合适的思想政治教育文化载体，把思想政治教育文化内容传递给受教育者文化主体的过程。在传递的过程中，一方面教育者文化主体要作用于受教育者文化主体的文化认知结构，从而让受教育者文化主体理解所传递的思想政治教育文化内容的正确性；另一方面教育者文化主体要作用于受教育者文化主体的文化情感结构、文化意志结构和文化行为结构，让受教育者文化主体对传递的思想政治教育文化内容产生正向的情感甚至上升到信仰并在实践中去应用。在此需要特别说明的是，在思想政治教育文化范式的施教方案实施阶段一定要处理好方案的预设与生成之间的关系。在一般情况下，思想政治教育文化范式施教方案是根据现实条件提前精心设计的，在方案实施过程中，教育者文化主体要按照思想政治教育文化范式施教方案开展相关活动，从而保证思想政治教育文化范式顺利运行。但在具体施教过程中，在思想政治教育文化范式各个要素的合力作用下，受教育者文化主体可能在当下会有一些情绪或情感的反映，思想政治教育文化范式的各个要素在这一过程中也可能发生一些变化，这就需要教育者文化主体能够对发生的情况进行及时、准确的调整。

第四，思想政治教育文化范式的施教评估阶段。思想政治教育文化范式施教方案实施之后，还应该对思想政治教育文化范式的施教效果和施教情况进行有效评估，在检验思想政治教育文化范式施教效果的同时，为下一步思想政治教育文化范式的施教运行提供准备和基础。思想政治教育文化范式施教评估主要包括效果评估、要素评估和过程评估等方面。效果评估主要是看思想政治教育文化范式的施教运行的结果是否达到预期，是否实现了思想政治教育文化目标。效果评估是思想政治教育文化范式施教评估的关键环节，因为它最直接地反映了思想政治教育文化范式的运行结果。要素评估主要是看思想政治教育文化范式的各个要素是否在思想政治教育文化范式施教运行过程中发挥了应有的作用。过程评估主要是看思想政治教育文化范式施教运行过程中各个要素圈之间、各个要素之间、各个环节和阶段之间是否进行了有效衔接以及是否形成教育合力等。在对思想政治教育文化范式进行施教评估时，要形成较为完整的评估体系，从而保证评估的全面性、客观性和准确性。具体而言，可以将定量评估与定性评估相结合、阶段性评估与总结性评估相结合、专家评估与大众评估相结合、教育者文化主体自我评估和他者评估相结合。随着现代技术的不断发展，要善用现代科学技术如大数据对思想政治教育文化范式进行施教评估，从而提升评估效率。

2. 思想政治教育文化范式的受教运行过程

思想政治教育文化范式的受教运行过程是受教育者文化主体对教育者文化主体所传授的文化内容进行内化与外化的过程，是受教育者文化主体的思想道德文化素养不断与国家社会对受教育者文化主体的要求相符合的过程。内化过程和外化过程是思想政治教育文化范式受教运行过程非常重要的两个方面。因此，下面分别对这两个方面进行论述。

第一，受教育者文化主体的内化过程。所谓内化过程，是指在思想政治教育文化范式运行过程中，思想政治教育文化内容作用于受教育者文化主体的文化精神结构，受教育者文化主体对教育者文化主体所传递的教育文化内容进行加工，从而转变为自己的文化认知、文化情感和文化意志的过程。受教育者文化主体的内化过程包括以下三个步骤。第一个步骤是接收来自教育者文化主体所传递的文化内容。这是受教育者文化主体内化过程的前提。因为只有接收到思想政治教育文化内容，才有可能实现对其内化。第二个步骤是受教育者文化主体经过文化认知矛盾运动之后形成正确的文化认知的过程。受教育者文化主体接收到思想政治教育文化内容后，这些内容会作用于受教育者文化主体的文化认知，从而形成受教育者文化主体的文化认知矛盾运动。受教育者文化主体的文化认知矛盾状况会有三种情况。第一种情况是当教育者文化主体所传递的文化内容与受教育者文化主体的文化认知相契合时，受教育者文化主体会将思想政治教育文化内容吸收整合到自己的文化认知中去，从而使原有的文化认知得以不断丰富和提升，乃至实现质的飞跃。第二种情况是当教育者文化主体所传递的文化内容与受教育者文化主体的文化认知存在差异时，教育者文化主体根据实际情况对自身的文化认知进行调整。这种调整可能完全顺应教育者文化主体传递的文化内容，也可能部分顺应教育者文化主体传递的文化内容。第三种情况是当教育者文化主体所传递的文化内容与受教者文化主体的文化认知存在碰撞时，受教育者文化主体可能完全或部分接受教育内容，从而对自己的文化认知进行调整，也有可能完全抗拒思想政治教育文化内容。如果受教育者文化主体完全抗拒思想政治教育文化内容，就需要教育者文化主体进行反思与总结，在思想政治教育文化内容、文化方法与文化载体等方面作必要的调整，选择机会继续作用于受教育者文化主体，从而让受教育者文化主体在文化认知上接受教育内容。第三个步骤是受教育者积极的文化情感和坚定的文化意志的形成。当受教育者文化主体在文化认知上真正接受了思想政治教育文化内容后，思想政治教育文化内容的价值与意义会给受教育者文化主体带来一种愉悦的体验，从而让受教育者文化主体产生积极的文化情感体验。在经过正确的文化认知与积极的文化情感的反复强化下，思想政治教育文化内容会作为受教育者文化主体的坚定文化意志而稳定下来。以上受教育者文化主体的内化过程，是受教育者文化主体形成正确的文化认知、积极的文化情感和坚定的文化意志的过程。这一过程的完成程度直接决定着受教育者文化主体的外化过程与外化程度。

受教育者文化主体的内化过程的完成是需要各种条件作为支撑的。对这些条件进行厘清和说明，有助于在思想政治教育文化范式运行过程中合理调整、应用这些条件，从而更好地实现受教育者文化主体的内化过程。这些条件可以划分为主观条件和客观条件。所谓主观条件也就是"人"的条件，主要是指教育者文化主体和受教育者文化主体的各种素质和能力以及教育者文化主体和受教育者文化主体之间的关系等。具体而言，从教育者文化主体角度而言，教育者文化主体是否真正意识到思想政治教育文化范式对国家、社会以及受教育者文化主体的发展具有的重大意义，是否能够在思想政治教育文化范式运行过程中发挥主导作用，是否对思想政治教育文化范式发挥作用的规律有清楚的理解和把握，是否具备教育者文化主体所应该具备的各种知识技能，等等，这些都直接关系到教育者文化主体所传递的思想政治教育文化内容是否能够被受教育者文化主体所内化。从受教育者文化主体角度而言，受教育者文化主体是否具备受教育的意愿，对肩负的责任和使命是否具有清醒的认识，已经具备的思想道德文化素养状况是否有利于新的思想政治教育文化内容的接受，这些都直接决定了受教育者主体是否能够内化思想政治教育文化内容。从教育者文化主体和受教育者文化主体角度而言，这两类文化主体的关系是否和谐融洽也关系着受教育者文化主体对教育内容是否可以内化以及内化的程度。所谓客观条件就是除了"人"的条件以外的其他一切条件的总和，主要包括思想政治教育文化范式运行需要的各种设备设施、政策条件、社会舆论以及社会风气等。这些客观条件以不同的方式影响着受教育者文化主体对思想政治教育文化内容的内化。

第二，受教育者文化主体的外化过程。所谓外化过程，是指在思想政治教育文化范式运行过程中，受教育者文化主体将已经形成的文化认知、文化情感和文化意志转化为外在行为的过程。受教育者文化主体外化过程包括以下四个步骤。第一个步骤是理解文化情境。① 任何文化行为都是在特定文化情境中产生的。当受教育者文化主体面对特定文化情境时，首先就要对文化情境进行理解。既要理解特定文化情境中发生了什么，又要理解怎么发生的。只有对文化情境形成正确的理解，才有可能做出恰当的文化行为。第二个步骤是作出文化行为判断。当受教育者文化主体对特定文化情境进行理解之后，就会根据自己已经形成的文化认知、文化情感和文化意志进行文化行为判断，判断的内容是在这样的文化情境中自己应该做出怎样的文化行为。第三个步骤是进行文化行为决策。当受教育者文化主体作出文化行为判断后，就会制定相应的文化行为计划。这个计划包括文化行为的方式、手段、程序和步骤等方面。第四个步骤是文化行为实施。当受教育者文化主体完成文化行为决策，在主客观条件满足的情况下，就会实施文化行为决策，产生特定文化行为。需要说明的是，前面的论述是在逻辑上对受教育者文化主体的外化过程进行阐释。在现实情况中，这一过程可能是受教育者文化主体很快完成的，也可能是需要受教育者文化主体经过一段时间后才能完成的。同时，这一过程的四个步骤也不是线性演进的，很有可能跳过其中一个步骤或几个步骤而直接进行下一个步骤。

受教育者文化主体将内化了的文化认知、文化情感和文化行为进行外化，是需要一定的条件作为支撑的。对这些条件进行厘清和说明，有助于在思想政治教育文化范式运行过程中创造和优化这些条件，从而更好地实现受教育者文化主体的外化过程。这些条件既包括主观条件又包括客观条件。这些主客观条件与内化过程需要的主客观条件具有很高的一致性。除了需要具备内化过程中的主客观条件之外，还需要具备其他的一些主客观条件。具体而言，在主观条件方面，从教育者文化主体角度而言，主要体现在教育者文化主体是否知行合一，是否激发受教育者文化主体践行正确文化行为的需要的动机，是否帮助和引导受教育者文化主体进行文化行为判断和选择等方面。从受教育者文化主体角度而言，

---

① 这里的文化情境是指文化行为所要面对的特定情境，而不是指前面思想政治教育外围要素圈中的思想政治教育文化情境。

主要体现在受教育者文化主体是否具有产生正确文化行为的动机与需要，是否能够发挥产生正确文化行为的主观能动性等。在客观条件方面，主要体现在国家、社会是否为受教育者文化主体的文化行为外化提供良好的环境和氛围等。

新时代中国思想政治教育文化范式作为独立系统的运行过程遵循着前面论述的逻辑，既包括施教过程的四个阶段和受教过程的两个方面。只是在各个不同要素方面有着符合新时代的要求与规定。这些要求与规定在前面的章节已作了相应论述，在此不再赘述。

二 思想政治教育文化范式运行过程的机理

思想政治教育文化范式运行过程的机理是指思想政治教育文化范式与社会大系统之间、思想政治教育文化范式各个要素之间相互作用的过程与方式。对于思想政治教育文化范式运行过程机理的正确理解和把握，可以更透彻地理解思想政治教育文化范式运行的过程以及发挥作用的方式，从而能够更好地指导思想政治教育文化范式运行过程与实践。

（一）思想政治教育文化范式在社会大系统中的运行机理

思想政治教育文化范式在社会大系统中的运行机理，体现为思想政治教育文化范式与社会大系统相互作用的过程与方式。总结起来，主要有以下四个方面的机理。

1. 文化代码机理

所谓文化代码机理，是指思想政治教育文化范式在社会大系统中作为社会主导文化的"代言人"而履行自己的职责与使命。特定阶级或集团尤其是统治阶级将自己的意志与利益以社会主导文化的形式进行呈现，思想政治教育文化范式作为社会主导文化的"文化代码"，必须对主导文化进行传递和维护，从而让主导文化成为被大众接受的主流文化，在其本质上最终实现对特定阶级或集团尤其是统治阶级意志和利益的服从、认同与维护。思想政治教育文化范式在社会大系统中的文化代码机理是通过"分类"与"架构"两种方式实现的。所谓"分类"是指特定阶级或集团尤其是统治阶级根据自身需要，对不同性质、不同内容的文化进行区别和划分，在区别和划分之后指定出思想政治教育文化范式所要传递的文化内容。具体而言,"分类"可以划分为两个方面。第一个方面是对思想政治教育文化范式所需传递的文化内容与社会大系统其他文化内容之间进行分类,从而为思想政治教育文化范式负责传递的文化内容厘清疆域。第二个方面在思想政治教育文化范式传递的文化内容疆域内部继续进行分类,从而使文化内容更加结构化、条理化和层次化。"分类"越明显与细致,特定阶级或集团尤其是统治阶级对自己的意志和利益诉求表达越清晰,越有利于思想政治教育文化范式明晰地发挥社会主导文化的"文化代码"功能与作用。所谓"架构"是指特定阶级或集团特别是统治阶级运用各种手段和方式对分类的文化内容之间的界限进行维护,尤其是对思想政治教育文化范式所需传递的文化内容与社会大系统其他文化内容之间的界限进行维护。架构越强,意味着思想政治教育文化范式的不可替代性越强,越有利于思想政治教育文化范式高效地实现社会主导文化的"文化代码"功能与作用。新时代中国思想政治教育文化范式是为中国共产党服务的。传递、认同和维护中国共产党所倡导的主导文化是新时代思想政治教育文化范式在社会大系统中的文化代码机理的主要体现。新时代党和国家对思想政治教育文化范式所要传递的文化内容有层次清晰的分类和规定,而且在体制设计、政策支持等方面对思想政治教育文化范式给予高度架构。

2. 文化资本机理

所谓文化资本机理,是指思想政治教育文化范式在社会大系统中被赋予一种具有实利性、象征性的价值存在而表现为一种文化资本,从而发挥调控人们的文化精神结构的作用。具体而言,特定阶级或集团特别是统治阶级,为了让思想政治教育文化范式更好地发挥传递和维护主导文化的功能,会通过相关制度、体制和政策等的设定,将大众的前途、命运、个人成功、社会地位等与是否接受思想政治教育文化范式对大众的文化建构结合起来。也就是说,谁更多地接受思想政治教育文化范式对自己的建构,谁就拥有更多的"文化资本",从而得到更多的奖励性回报,即社会化程度越来越高、赢得社会更多的认可、赢得更高的社会地位与实际利益。反过来,如果谁不接受思想政治教育文化范式对自己的建构,谁就不会拥有"文化资本",从而得到社会化程度不高、不被社会认可等惩罚性回报。思想政治教育文化范式作为一种文化资本遵循两个重要原则。第一个原则是符应原则。所谓符应原则，是指思想政治教育文化范式不仅要顺应和符合所服务的社会、阶级等的发展需要，而且还要再生产或强化所属社会、阶级等的社会关系、阶级关系和其他关系。只有这样，才能保证思想政治教育文化范式作为一种"文化资本"是为特定阶级或集团特别是统治阶级所服务的。第二个原则是转换原则。所谓转换原则，是指社会大系统会将思想政治教育文化范式这一"文化资本"转换成"经济资本""政治资本"等，从而激励大众去接受思想政治教育文化范式对自己的文化建构。在此需要说明的是，思想政治教育文化范式作为"文化资本"，这里的"文化资本"是一种中性的概念，它的性质如何，主要是由其服务的阶级或集团的性质决定的。新时代中国思想政治教育文化范式是为中国共产党服务的，中国共产党是全心全意为人民服务的。这就决定了新时代中国思想政治教育文化范式作为一种文化资本是属于人民、为了人民的。

3. 文化领导权机理

所谓文化领导权机理，是指思想政治教育文化范式在社会大系统中作为主导文化的象征而存在，并被赋予一种文化领导的合法性与权威性权力，在文化领导的合法性与权威性权力作用下发挥着对主导文化的传递与维护作用。具体而言，特定阶级或集团尤其是统治阶级是要实现对大众的文化领导的。这种文化领导就是通过各种方式让大众对主导文化的价值与意义进行认同和践行。思想政治教育文化范式就是其中的一种方式。但思想政治教育文化范式要想实现对大众的文化领导，就必须被赋予文化领导的权力。这时特定阶级或集团尤其是统治阶级就会把为自己服务的思想政治教育文化范式合法化与权威化。所谓合法化，是指特定阶级或集团特别是统治阶级要将思想政治教育文化范式纳入制度和体制设计中，在政治与法律层面给予思想政治教育文化范式以正当性规定，要让大众知道思想政治教育文化范式的正当性存在。所谓权威化，是指特定阶级或集团特别是统治阶级要在政治与法律层面对思想政治教育文化范式的重要地位进行规定。思想政治教育文化范式合法化与权威化之后，思想政治教育文化范式作为主导文化的"代言人"，就会对主导文化进行精心设计、安排、阐释和落实，从而为特定阶级或集团特别是统治阶级发挥对大众的文化领导的作用。中国共产党高度重视思想政治教育。思想政治教育作为党和国家一切工作的"生命线"，在新时代被赋予治国理政重要方式的合法性与权威性。在这之中尤其重视思想政治教育的以文化人、以文育人作用的发挥。在这样的大背景下，思想政治教育文化范式的文化领导权得到有力保障，从而有利于新时代中国思想政治教育文化范式更好地实现其功能与作用。

4. 文化创造机理

所谓文化创造机理，是指思想政治教育文化范式在社会大系统中被赋予文化创新的职责与功能，从而实现对主导文化的创造与发展。这体现在以下两方面。第一，特定阶级或集团特别是统治阶级赋予教育者文化主体对主导文化进行新理解、新阐释、新发展的职责与功能。在一般情况下，思想政治教育文化范式并不是对特定阶级或集团特别是统治阶级所倡导的主导文化进行"拿来主义"的教育，而是需要根据主客观条件对主导文化进行符合规律的新理解和新阐释，之后再传递给受教育者文化主体。而教育者文化主体对主导文化进行新理解和新阐释的职能与功能不是生来就有的，而是需要被赋予的。同时，特定阶级或集团特别是统治阶级所倡导的主导文化不是一成不变的，而是随着时代的发展不断发展创新的。这个发展创新是依靠特定主体进行推动的，教育者文化主体就是很重要的主体之一。因为在一般情况下，教育者文化主体的受教育程度、思想道德文化素养水平、开拓创新精神等都是高于一般大众的。而教育者文化主体对主导文化进行创新性发展的职能与功能也不是生来就有的，而是需要被赋予的。第二，特定阶级或集团特别是统治阶级赋予受教育者文化主体进行文化创新与发展的权利。不论是出于调和阶级或阶层矛盾的考虑，还是真正为实现主导文化的创新发展，特定阶级或集团特别是统治阶级都会在一定程度上赋予受教育者文化主体进行文化创新与发展的权利。受教育者文化主体进行文化创造与发展的过程和结果会与社会大系统形成互动，从而反作用于社会大系统。需要说明的是，在不同时代、不同国家、不同阶级，教育者文化主体被赋予的文化理解、阐释与创新的职责和功能以及受教育者文化主体被赋予的文化创新与发展的权利，在具体性质、内容和范围上都有属于特定时代、国家和阶级的规定。新时代中国思想政治教育文化范式被赋予了重要的文化创新发展的职责与使命。这一方面体现在教育者文化主体肩负着对中国共产党倡导的主导文化进行新阐释和新发展的重大责任；另一方面体现在受教育者文化主体肩负着投身于中国特色社会主义伟大实践开创文化价值和意义的重大使命。

（二）思想政治教育文化范式作为独立系统的运行机理

思想政治教育文化范式作为独立系统的运行机理，体现为思想政治教育文化范式各个要素圈以及各个要素之间相互作用的过程与方式。总结起来，主要有以下四个方面的机理。

1. 文化引导—认同机理

所谓文化引导—认同机理，是指思想政治教育文化范式在运行过程中，各个要素圈以及各个要素都要积极发挥文化引导功能，引导受教育者文化主体达到对主导文化的文化认同。具体而言，有以下几个方面需要特别注意。第一，思想政治教育文化范式的各个要素圈以及各个要素都要充分发挥文化引导功能。也就是说，思想政治教育文化范式进行的文化引导，不是思想政治教育文化范式的个别要素在发挥作用，而是各个要素圈以及各个要素在自己的功能定位上都充分发挥文化引导，最终以文化合力的作用进行文化引导。当然，这里面的一个重要前提是一定要对各个要素圈以及各个要素的文化功能实行精准定位，在此基础上发挥合力作用。比如，思想政治教育文化范式的深层要素圈直接决定着文化引领的方向。如果深层要素圈的指导思想与人性基础出现错误，那么思想政治教育文化范式在根本上就出现错误，就别提文化引领的效果了。第二，思想政治教育文化范式的文化引导过程是全方位、全过程的引导。这一方面体现在思想政治教育文化范式要作用于受教育者文化主体的文化需求、文化认知、文化情感、文化意识和文化行为，而不是只作用于受教育者文化主体的文化精神结构的一部分。另一方面体现在思想政治教育文化范式不论是在施教过程的各个环节还是在受教过程的各个环节，都要充分发挥文化引导的功能。第三，思想政治教育文化范式所要达到的文化认同是深层文化认同。从认同程度可以把文化认同划分为表层文化认同和深层文化认同。表层文化认同是一种直观的、表面的、文化精神结构各个部分存在矛盾的文化认同。深层文化认同是一种深刻的、文化精神结构各个部分协调统一的文化认同。思想政治教育文化范式让受教育者文化主体形成的是深层文化认同，这是需要特别强调的。新时代中国思想政治教育文化范式也遵循着文化引导—认同机理的一般规定，但在文化引导—认同的具体表征上有新时代的特别规定。这些在论述新时代思想政治教育文化要素时都有论述，在此不作过多论述。

2. 文化选择—加工机理

所谓文化选择—加工机理，是指思想政治教育文化范式在运行过程中，对各个要素圈以及各个要素进行选择与加工，从而保证思想政治教育文化范式精准完成主要目标。具体而言，第一是对思想政治教育文化目标与文化内容的选择。思想政治教育文化范式在运行的过程中受时间、地点、人力、物力、任务紧急情况等多方面因素的影响，不可能对特定阶级或集团特别是统治阶级所倡导的主导文化的所有方面进行传递。这时教育者文化主体往往会根据特定阶级或集团特别是统治阶级最迫切的需要进行思想政治教育文化目标的设定，之后对特定阶级或集团特别是统治阶级最需要传递的文化内容进行分析和选择，最后要根据主客观条件对选择的文化内容进行深入和精细的加工，从而使其便于传递并被受教育者文化主体接受。第二是对思想政治教育文化载体、文化方法、文化情境等的选择与加工。教育者文化主体在思想政治教育文化目标设定和文化内容选择加工之后，就要根据当时的主客观条件，选择最适合的思想政治教育文化载体、文化方法和文化情境等，并对其进行进一步加工，从而有利于思想政治教育文化内容的传递和思想政治教育文化目标的达成。需要说明的是，思想政治教育文化范式运行过程中的文化选择—加工机理，遵循两大基本原则。第一大原则是主次原则。也就是说要分清首先选择什么、加工什么，之后再选择什么、加工什么。一般而言，正如前面所论述的，对思想政治教育文化目标和文化内容的选择加工是最主要的，然后再对思想政治教育文化范式的其他要素和方面进行选择和加工。第二大原则是整体最优原则。所谓整体最优原则是指要从系统观和整体观判断如何对思想政治教育文化范式的各个要素圈以及各个要素进行选择与加工，而不是只看个别要素圈或个别要素是否得到最优的选择与加工。新时代中国思想政治教育文化范式运行过程需要遵循文化选择—加工机理的一般规定，在具体运行过程中需要根据主客观条件对各个要素圈以及各个要素的选择与加工进行具体分析、判断和实施。

3. 文化适应—匹配机理

所谓文化适应—匹配机理，是指思想政治教育文化范式在运行过程中，各个要素圈以及各个要素之间需要相互适应与匹配，才能保证思想政治教育文化范式发挥最优功能与作用。具体而言，第一，思想政治教育文化范式的各个要素圈之间要相互适应与匹配。一般而言，思想政治教育文化范式各个要素圈之间的适应与匹配原则是外面一层的要素圈要适应与匹配里面一层的要素圈。也就是核心要素圈要适应和匹配深层要素圈，中介要素圈要适应和匹配深层要素圈和核心要素圈，外围要素圈要适应和匹配深层要素圈、核心要素圈和中介要素圈。这样的适应和匹配有利于思想政治教育范式各个要素圈之间保持高度的一致性，从而发挥出同频共振的育人功效。第二，思想政治教育文化范式的各个要素之间要相互适应和匹配。思想政治教育文化范式各个要素之间是相互作用的，所有要素之间实现相互适应与匹配对于思想政治教育文化范式的整体运行十分重要。在这之中有几个要素之间的相互适应与匹配特别关键。首先是思想政治教育范式的所有要素都要适应和匹配"指导思想"这一要素，因为"指导思想"决定着思想政治教育文化范式的性质，是思想政治教育文化范式中最根本的要素。其次是一定要注意各个要素与受教育者文化主体这一要素之间的适应与匹配。因为思想政治教育文化范式是作用于受教育者文化主体的文化精神结构的，如果思想政治教育文化范式的各个要素与受教育者文化主体不适应和不匹配，受教育者文化主体就很难真正接受思想政治教育文化范式所传递的文化内容，就不可能真正完成思想政治教育的文化目标。新时代中国思想政治教育文化范式要遵循文化适应—匹配机理的一般规定。新时代我国思想政治教育文化范式以马克思主义为指导思想，以习近平新时代中国特色社会主义思想为根本遵循，这就意味着新时代思想政治教育文化范式的各个要素都要与这一指导思想和根本遵循适应与匹配，在此基础上实现新时代中国思想政治教育文化范式的要素圈之间以及各个要素之间的适应与匹配。

4. 文化生成—超越机理

所谓文化生成—超越机理，是指思想政治教育文化范式在运行过程中，通过各个要素圈以及各个要素之间相互作用，使得教育者文化主体和受教育者文化主体生成新的文化精神结构，实现对以往的文化精神结构的超越，在此基础上对主导文化进行新的发展。具体而言主要包括三个方面。第一，教育者文化主体生成新的文化精神结构，超越以往的文化精神结构。虽然教育者文化主体在思想政治教育文化范式运行过程中处于主导地位，但教育者文化主体在施教过程中与思想政治教育文化范式的各个要素圈以及各个要素发挥着相互作用，尤其是与受教育者文化主体进行着视域融合的相互作用。在相互作用的过程中，教育者文化主体会对来自各方面的信息进行不断的思考与反思，从而作用于自己的文化精神结构，在不同程度上生成新的文化精神结构。第二，受教育者文化主体生成新的文化精神结构，超越以往的文化精神结构。受教育者文化主体在受教育过程中与思想政治教育文化范式各要素圈以及各个要素进行着相互作用。在相互作用过程中，各个要素圈以及各个要素作用于受教育者文化主体文化的精神结构。当受教育者文化主体认同思想政治教育文化范式所传递的文化内容时，受教育者文化主体的文化精神结构就会发生相应改变，从而在不同程度上生成新的文化精神结构。第三，教育者文化主体与受教育者文化主体对主导文化进行生成与发展。教育者文化主体与受教育者文化主体的新的文化精神结构生成的过程，也是对主导文化进行理解、反思、践行的过程。在这一过程中会对主导文化形成新理解、新解释、新发展。尤其重要的是，教育者文化主体和受教育者文化主体都是实践中的主体，在实践中教育者文化主体和受教育者文化主体体会和感悟着主导文化的价值与意义，并在实践中与主导文化进行着互动，在不同程度上生成与发展着主导文化。当然，需要说明的是，在不同时代、不同国家、不同阶级，教育者文化主体与受教育者文化主体被赋予的对主导文化生成与发展的权限是不同的。新时代中国思想政治教育文化范式运行过程遵循文化生成—超越机理的一般规定。不论是教育者文化主体还是受教育者文化主体，其文化精神结构都按照新时代的要求进行着新的生成。同时，在新时代背景下，不论是教育者文化主体还是受教育者文化主体都需投身于中国特色社会主义伟大实践中，在实践中对中国共产党所倡导的主导文化进行体悟、生成与发展。

第三节 思想政治教育文化范式结构模型的通约性与转换问题思考

范式通约性问题和范式转换问题是任何范式都要面临的两个重大问题，而且这两个问题之间有着紧密的联系。所谓通约性，通俗讲就是范式之间是否具有一致性与相容性。按照库恩的理解，范式之间具有不可通约性，因为不同范式的科学共同体持有的共同信念是不一样的，分析问题和处理问题的思路也是不一样的。正因为范式之间具有不可通约性，所以范式革命体现为新的范式取代旧的范式，从而实现范式的转换。具体到思想政治教育文化范式而言，思想政治教育文化范式的通约性问题是指不同思想政治教育文化范式之间是否具有一致性与相容性。通约性问题关系到不同思想政治教育文化范式之间如何"相处"的问题。思想政治教育文化范式的转换问题是指新的思想政治教育文化范式取代旧的思想政治教育文化范式，这关系到思想政治教育文化范式的发展问题。不能笼统地说思想政治教育文化范式是否具有可通约性和是否需要转换，而是需要具体情况具体分析。

一 思想政治教育文化范式结构模型的通约性问题

（一）思想政治教育文化范式具有形式上的可通约性

不论是哪种思想政治教育文化范式，都具备思想政治教育文化范式的深层要素圈、核心要素圈、中介要素圈、外围要素圈四个方面的内容。正是由于不同的思想政治教育范式在结构形式上是大体一致的，才能为思想政治教育文化范式之间的对话和交流提供一个基本的框架，不至于出现自说自话的情况。也正是因为思想政治教育文化范式在结构形式上的这种相对一致性和可通约性，才能够在"具体情况具体分析"时有章可循。

（二）不同时代、不同国家、不同阶级的思想政治教育文化范式整体上具有不可通约性，但各个要素圈之间的不可通约性程度不同

首先，不同时代、不同国家和不同阶级思想政治教育文化范式的深层要素圈具有不可通约性。思想政治教育文化范式的深层要素圈是由指导思想和人性基础决定的。而在这之中，指导思想又决定了人性基础。指导思想作为深层要素圈的最核心组成部分，也是思想政治教育文化范式的最核心组成部分，它决定着思想政治教育文化范式的性质。不同时代、不同国家、不同阶级所坚持的指导思想在立场与性质上是存在根本差异的，这就决定了思想政治教育文化范式的深层要素圈具有不可通约性。而由于深层要素圈对其他要素圈又有决定作用，这就意味着思想政治教育文化范式深层要素圈的不可通约性很大程度上决定了思想政治教育文化范式具有不可通约性。

其次，不同时代、不同国家和不同阶级思想政治教育文化范式的核心要素圈具有不可通约性。就思想政治教育文化目标和文化内容而言，不同时代、不同国家和不同阶级对思想政治教育文化目标的设定和文化内容的规定都是为了维护特定阶级或集团特别是统治阶级的意志和利益的。因其背后代表的意志与利益具有根本的不同，这就导致了思想政治教育文化目标和文化内容具有不可通约性。比如西方资本主义思想政治教育文化目标和文化内容都是为资产阶级服务的，而新时代中国思想政治教育文化目标和文化内容是为人民服务的。阶级立场、性质的完全不同，决定了西方资本主义思想政治教育的文化目标、文化内容与新时代中国思想政治教育的文化目标、文化内容具有不可通约性。就教育者文化主体而言，不同时代、不同国家和不同阶级的教育者文化主体所秉持的价值信仰、阶级立场是不同的，决定了不同时代、不同国家和不同阶级的教育者文化主体具有不可通约性。比如，新时代中国思想政治教育文化范式中的教育者文化主体，在指导思想上坚持马克思主义，在阶级立场上代表着最广大人民群众的根本利益，是为人民谋幸福、为人类谋解放而进行思想政治教育文化范式实践的。而西方资本主义思想政治教育文化范式的教育者文化主体是站在资产阶级立场、秉持着资本主义信仰、为资产阶级谋取利益而进行思想政治教育文化范式实践的。这就决

定了新时代中国教育者文化主体与西方资产阶级教育者文化主体具有不可通约性。就受教育者文化主体而言，不同时代、不同国家和不同阶级的受教育者文化主体在文化精神结构的具体表征上存在不同，更重要的是他们是被不同的主导文化所武装的，因此也具有不可通约性。

再次，不同时代、不同国家和不同阶级思想政治教育文化范式的中介要素圈和外围要素圈具有一定可通约性。就思想政治教育文化资源而言，不同时代、不同国家和不同阶级的思想政治教育文化范式都可以成为彼此的资源可以互相借鉴。同时，不同时代、不同国家和不同阶级进行思想政治教育文化资源开发与利用的方式和手段之间具有一定通约性。就思想政治教育文化载体和文化方法而言，不同时代、不同国家和不同阶级在这两方面具有比较强的通约性。比如"书本"作为思想政治教育文化载体，不同时代、不同国家和不同阶级都在使用这一载体。比如"文化理论灌输法"，不同时代、不同国家和不同阶级都在使用这一方法。就思想政治教育文化情境和文化环境而言，不同时代的思想政治教育文化情境与文化环境差异较大，不可通约性较强。但随着全球化趋势的不断发展，不同国家和不同阶级思想政治教育文化情境与文化环境中拥有越来越多的共同因素，这就导致其通约性比较强。

最后，总体上看，不同时代、不同国家和不同阶级的思想政治教育在整体上具有不可通约性。但不可通约性并不意味着不可交流和对话。对于当前新时代中国思想政治教育文化范式而言，古今中外不同的思想政治教育文化范式都有可供参考的有益成分，在持有坚定的立场、怀着审慎的态度的基础上，进行实事求是的分析比较和反思借鉴，是处理当前我国思想政治教育文化范式与其他时代、国家和阶级思想政治教育文化范式关系应有的姿态。

（三）新时代中国思想政治教育文化范式具有可通约性

新时代中国思想政治教育文化范式内部存在不同类型的范式，比如按照场域可以划分为党政机关思想政治教育文化范式、学校思想政治教育文化范式、农村思想政治教育文化范式、城市社区思想政治教育文化范式、企业思想政治教育文化范式等。这些不同类型的思想政治教育文化范式都是在中国共产党的领导下，在马克思主义理论的指导下，在长期实践的基础上形成与发展的。这些不同类型的范式都具有同源、同根性，即都在以不同的方式"分有"新时代中国思想政治教育文化范式的基本规定，这种基本规定不仅仅是形式上对思想政治教育文化范式结构的遵循，更主要的是在内容规范上受其约束。同时这些不同类型的思想政治教育文化范式也在以不同的方式为新时代中国思想政治教育文化范式的纵深发展作出理论与实践贡献。我们不能因为场域不同以及理论观点、理论偏好、研究路径、实践取向等方面有所不同，就认为新时代中国这些思想政治教育范式之间具有不可通约性。

二 思想政治教育文化范式结构模型的转换问题

库恩在研究科技发展史时发现，自然科学的发展并不是一幅线性的、连续的演进图景，而是表现为新范式对旧范式的取代，库恩将之称为"范式革命"。我国哲学社会科学界对库恩"范式革命"观点的应用比较中庸，认为哲学社会科学界的范式革命主要表现为多个范式之间的相互协作和补充。思政界秉承哲学社会科学界的观点，认为在思想政治教育范式中不存在一种范式取代或打倒另一种范式的现象，"而只是否定或抛弃旧范式中已为现实证明不合理的部分，其中合理的部分则将理所当然地包容在新范式中"[①]，而且将这种范式的运动称为范式转换。在"范式转换"观念引导下，思政界出现各种层面的思想政治教育文化范式"转换"的研究与实践。对这种有"跟风"嫌疑的现象需要进行认真反思和有效回应。在此认为，应该慎用思想政治教育文化范式"转换"这一说法，提倡对思想政治教育文化范式进行"优化"。

（一）思想政治教育文化范式的转换有其标准，新时代中国思想政治教育范式不存在转换的需要与可能，而是应该对其进行优化

思想政治教育文化范式是否需要或存在转换，应该是有相应根据和标准的，而不能随意用"转换"这个词。从其功能而言，思想政治教育文化范式转换是因为现有的思想政治教育文化范式已经不能解决相关

[①] 吴琼：《论思想政治教育范式的转换》，《学校党建与思想教育》2010年第23期。

实践问题。从其结构而言，思想政治教育文化范式转换意味着结构的整体转换。尤其是思想政治教育深层结构与核心结构发生性质上的根本转换。从这两个方面来看，新时代中国思想政治教育文化范式与古代思想政治教育范式、西方资本主义思想政治教育范式等相比，确实已经发生了革命意义上的转换，这一点是毋庸置疑的。但新时代中国思想政治教育文化范式不需要也不存在"范式转换"。具体而言，在其功能上，新时代中国思想政治教育文化范式可以较好地实现思想政治教育四个方面的文化目标，尤其是能充分引领大众投身于中国特色社会主义伟大实践中去。从新时代中国思想政治教育文化范式的结构现状分析，新时代我国思想政治教育文化范式的四个要素圈，无论是在静态要素上还是在动态运行上，都根据新时代的要求与特征进行相关设定与运转。没有哪一方面正在发生或已经发生重大改变。综上所述，新时代中国思想政治教育文化范式不存在转换这一说法。一些理论工作者和实践工作者基于理论研究上的不断提升、出新以及实践过程的不断改革，就大谈特谈思想政治教育文化范式"转换"，这种态度不仅是不负责任的，而且对于思想政治教育文化范式的发展是极其危险的，需引起高度重视。新时代中国思想政治教育文化范式不存在革命意义上的转换，但并不意味着新时代中国思想政治教育文化范式已经没有完善的空间了，我们需要随着理论认识的提升和实践过程的发展对其进行不断优化。

（二）新时代中国思想政治教育文化范式的优化，需处理好思想政治教育文化范式发展不平衡不充分的矛盾

新时代中国思想政治教育文化范式在整体上已经形成并有效运行，但存在着思想政治教育文化范式发展不平衡不充分的矛盾。具体而言，第一，就新时代中国思想政治教育文化范式整体结构来看，存在着以下发展不平衡不充分的矛盾。首先是新时代中国思想政治教育文化范式静态要素与动态运行之间发展不平衡不充分的矛盾。相对而言，新时代中国思想政治教育文化范式的各个要素都进行了比较好的发展，但各个要素在运行过程中相互联系和相互作用的有效性需要加强。其次是新时代中国思想政治教育文化范式静态要素方面发展不平衡不充分的矛盾。相

对而言，新时代中国思想政治教育中介要素圈发展得较为充分，其他要素圈的其他要素在不同程度上存在发展不平衡不充分的现象。最后是新时代中国思想政治教育文化范式运行过程中发展不平衡不充分的矛盾。相对而言，新时代中国思想政治教育文化范式施教运行过程发展得较好，而受教运行过程有待提升。第二，在实践场域中，不同场域的思想政治教育文化范式之间存在发展不平衡不充分的矛盾。总体而言，学校思想政治教育文化范式比农村思想政治教育文化范式和城市社区思想政治教育文化范式发展得好。就学校思想政治教育文化范式而言，高校思想政治教育文化范式比中小学思想政治教育文化范式发展得好。就高校思想政治教育文化范式而言，不同高校思想政治教育文化范式发展的情况又存在不同。新时代中国思想政治教育文化范式发展不平衡不充分的矛盾的种种情况会形成一种合力，为其发展提供丰富而复杂的动力。新时代中国思想政治教育文化范式面对这些复杂情况应该如何有序发展？一个可行的思路就是以思想政治教育文化范式整体发展为龙头，统领与兼容思想政治教育文化范式多场域发展。所谓新时代中国思想政治教育文化范式整体发展，就是要在战略上高度重视思想政治教育文化范式，在给予充分的政策、资金、人力和物力等的支持下，对新时代中国思想政治教育文化范式进行宏观上的整体研究与实践。所谓多场域发展，就是要使新时代中国思想政治教育文化范式真正落地，遵循新时代中国思想政治教育文化范式基本规定，根据不同场域的不同情况，完善和发展具有场域特色的新时代思想政治教育文化范式。

第四章

新时代思想政治教育文化范式的实践状况审视

——以高校为场域

正如上章所言，新时代思想政治教育文化范式发展的途径之一即是实现思想政治教育文化范式的多场域发展。其中，高校是思想政治教育文化范式发展的重要场域。因此，本部分以高校为场域，从实证角度考察新时代高校思想政治教育文化范式的实践状况。具体思路为，通过对高校思想政治教育文化范式实践状况进行问卷调查和深度访谈，结合学界已有的相关研究成果，深度剖析新时代高校思想政治教育文化范式取得的成效、存在的问题，并理性反思问题产生的原因，从而为新时代高校思想政治教育文化范式的实践优化路径奠定研究基础。

需要说明的是，之所以以高校为场域研究新时代高校思想政治教育文化范式的实践状况，主要是出于以下两个方面的考量。一是新时代高校思想政治教育具备的重要战略地位。习近平总书记指出："高校思想政治工作关系高校培养什么样的人、如何培养人以及为谁培养人这个根本问题。"[1] 这一重要论述进一步凸显了高校思想政治教育的战略地位，"高校思想政治教育是党的教育事业的保证，是人才培养的保障和社会和谐稳定的基石"[2]。高校思想政治教育文化范式昭示、彰显和规定着"为谁

---

[1] 《习近平谈治国理政》第 2 卷，外文出版社 2017 年版，第 376 页。
[2] 冯刚、彭庆红等：《新时代高校思想政治教育学原理》，人民出版社 2021 年版，第 2 页。

化人""化成什么样的人"以及"怎样化人"的问题，研究新时代高校思想政治教育文化范式实践，可为新时代高校推进思想政治工作提供理论指导和实践遵循。二是新时代高校思想政治教育以文化人、以文育人的现状亟须研究高校思想政治教育文化范式。高校思想政治教育文化范式实践效果直接决定着高校思想政治教育以文化人、以文育人效果，进而决定着对作为社会主义事业建设者和接班人的青年大学生的文化价值引领成效。习近平总书记在党十九大报告中指出："青年兴则国家兴。青年强则国家强"，"青年一代有理想、有本领、有担当，国家就有前途，民族就有希望"。[①] 大学生作为青年中具有较高知识素养的群体，其思想道德文化素养状况事关"两个一百年"奋斗目标的实现和中华民族伟大复兴事业全局，对中国特色社会主义事业的兴旺发达具有重要影响。高校作为大学生成长成才的重要场所，高校思想政治教育文化范式对大学生发挥着文化价值引领和精神家园构建的作用，继而引导其成长成才。而调研分析发现，当前以"00后"为主体的新时代青年大学生，其文化精神结构虽然在整体上表现出与中国特色社会主义主流文化倡导的意义与价值一致的趋势，但在文化精神结构的各个维度却不同程度地存在着一些问题，如在文化需求上将中国特色社会主义所承载的意义与价值与自我发展需要紧密关联的较少，在文化认知上对中国特色社会主义的认识不够深刻，在文化情感上对中国特色社会主义的信心有待增强，在文化意志上对中国特色社会主义支持与拥护的坚定程度有待加强，在文化行为上在投身中国特色社会主义建设事业的过程中表现出一些行为偏差。大学生当前的文化精神结构状况不能完全满足国家社会发展的需要以及大学生自身健康成长的需要，亟须提升高校思想政治教育以文化人、以文育人有效性，也就意味着需要加强对新时代高校思想政治教育文化范式的研究。而对高校思想政治教育文化范式实践现状的研究是进行高校思想政治教育文化范式研究的前提。

---

① 习近平：《决胜全面建成小康社会　夺取新时代中国特色社会主义伟大胜利——在中国共产党第十九次全国代表大会上的报告》，人民出版社2017年版，第70页。

第一节　研究设计与研究过程

　　科学分析当前新时代高校思想政治教育文化范式的实践现状可为新时代思想政治教育文化范式的实践优化提供直接参考。为了解和掌握新时代高校思想政治教育文化范式的实践状况，客观分析新时代高校思想政治教育文化范式的实践成效、存在问题及成因，主要采用深度访谈与问卷调查的方式获取研究所需资料。其中，深度访谈主要以思政界专家学者和高校领导、教师、不同部门的工作人员以及部分参与问卷调查的大学生为对象，访谈内容主要针对问卷调查中某些难以量化和具体化的问题进行构建，问题设计主要考虑以下方面：对新时代高校思想政治教育文化范式的认识，对高校思想政治教育文化范式实践状况的看法，对今后高校思想政治教育文化范式优化的建议和意见等。具体内容详见附件2、附件3、附件4。深度访谈工作的开展伴随本书研究的始终，主要依据访谈提纲，通过电话访谈和会面交流两种方式进行。问卷调查主要采用自编的《新时代高校思想政治教育文化范式的实践状况调查问卷》作为测评工具，调查内容包括高校思想政治教育文化范式静态层面的诸要素具体状况以及动态层面的运行状况，具体内容详见附件1。问卷调查通过现场填答方式进行，并辅之以学术界当前针对高校思想政治教育文化范式实践状况的相关研究数据。整体的研究方案包括调查问卷的设计、调查问卷的发放和分析等。

一　调查问卷的设计

　　进行科学合理的调查问卷设计，是保障调研数据高质量和分析结论精准化的前提基础。本书调查问卷的设计包括问卷初步编制、问卷预试以及最终问卷形成三个阶段。

　　在问卷初步编制阶段，问卷题项设置的主要依据是前文理论探索、对高校师生和思政界专家学者的深度访谈结果以及前人研究中已有文献的分析结果。具体而言，一方面，前文对思想政治教育文化范式的静态要素结构和动态运行过程的深入解析，为问卷题项的编制提供了直接的理论支撑。这体现在将高校思想政治教育文化范式分为静态要素结构和动态运行过程,其中,静态要素结构由深层要素圈的马克思主义指导思想和马克思主义人性观,核心要素圈的高校思想政治教育文化目标、文化内容和文化主体,中介要素圈的高校思想政治教育文化资源、文化载体和文化方法,以及外围要素圈的高校思想政治教育文化情境和文化环境所构成。动态运行过程表现为高校思想政治教育文化范式与社会大系统的动态互动过程、高校思想政治教育文化范式的施教运行过程和受教运行过程。另一方面,对高校师生和思政界专家学者的深度访谈以及前人研究中已有文献的分析所得资料为问卷题项的编制提供了重要的理论支持。通过对100余位包括高校领导、高校教师和高校不同部门的工作人员等教育者文化主体进行深度访谈,对200余位不同年级、不同专业的大学生文化主体的深度访谈,以及对10名思政界专家学者的深度访谈,了解其对高校思想政治教育文化范式诸要素的知行状况,对高校思想政治教育文化范式运行过程的真实看法与感受,搜集较为系统且真实的资料信息,以此作为编制问卷题项的依据之一;此外,通过对已有关于高校思想政治教育文化范式实践状况相关文献资料的深入挖掘,主要结合杨晓慧①对大学生价值观教育的调查、曾兰②对大学生精神生活状况的研究、沈壮海等③对大学生思想政治教育状况调查结论的丰富、对问卷题项编制的完善。最后,综合拟定出《新时代高校思想政治教育文化范式的实践状况调查问卷》的初始稿。在问卷预试阶段,主要通过对100名大学生文化主体和20名教育者文化主体小范围内发放初始问卷的形式进行,共计发放问卷120份,收回120份,其中有效问卷101份,有效回收率84.2%(无效问卷主要包括填答不全、规律填答或有明显前后矛盾等问

---

① 杨晓慧:《中外大学生价值观教育调查与比较》,《教育研究》2022年第3期。
② 曾兰:《当代大学生精神生活现状及其优化研究》,人民出版社2021年版。
③ 沈壮海、王迎迎:《2016年度大学生思想政治教育状况调查分析——基于全国35所高校的调查》,《中国高等教育》2017年第11期。

题的废卷），调查问卷的回收率符合社会科学领域调查问卷回收的要求。①将回收的预试调查问卷用 Excel 进行数据录入，用 SPSS22.0 统计学软件进行信效度分析，删除不具鉴别力以及没有代表性的题项。之后，结合专家建议与意见对预试题项进行优化。② 在此基础上，最终形成《新时代高校思想政治教育文化范式的实践状况调查问卷》终稿（见附件1）。该问卷主要包括两部分内容，共 90 个题项：第一部分为调查对象的背景信息（5 项），包括学校、性别、年级、专业、政治面貌；第二部分为主体问卷（85 项），包括 68 个反映高校思想政治教育文化范式诸要素圈具体状况以及 17 个体现高校思想政治教育文化范式运行状况的题项。

二 调查问卷的发放与分析

在 2021 年 10—12 月采取整群抽样的方式开展调查研究，以西安交通大学、西北工业大学、西北农林科技大学、陕西师范大学、西北大学、陕西科技大学、西北政法大学、西安航空学院、西安医学院、西安思源学院十所高校的在校本科生为调查样本。之所以以陕西高校为调研对象，是因为陕西是全国教育大省，高校数量较多，所获得的样本在全国具有一定代表性。同时，具体选取的这十所高校，其类型涵盖综合类、理工类、农林类、师范类、文史类、政法类、医学类，其层次规模涵盖985院校、211 院校、一般普通院校和民办院校，覆盖范围广，也具有代表性。本次调研共计发放调查问卷 3000 份，回收 2972 份，删除其中填写不完整、按规律填写等无效问卷，有效问卷共计 2705 份，有效问卷率达90.2%，调查问卷的回收率符合社会科学领域调查问卷回收的要求。调查对象分布在各类高校，涉及不同性别、年级、专业和政治面貌。其中

---

① 美国社会学者巴比提出过一个简单的等级规则："要进行分析和报告撰写，问卷回收率至少要有50%才是足够的，要至少达到60%的回收率才算是好的；而达到70%就非常好。"参见［美］艾尔·巴比《社会研究方法》，邱泽奇译，华夏出版社2000年版，第331页。

② 问卷题项优化工作主要体现在三个方面：一是美化部分题项的语言，力求简短、明确、通俗、易懂；二是调整部分题项的数量与顺序，将前后相关的问题精简集中；三是矫正部分题项的精准度，主要是对概念抽象、问题含糊、问题带有倾向性、问题提法不妥、问题有多重含义等情况进行纠正。

男生1453人（占比53.7%），女生1252人（占比46.3%）；大一学生709人（占比26.2%），大二学生733人（占比27.1%），大三学生711人（占比26.3%），大四学生552人（占比20.4%）；在专业类型变量中，文史类学生955人（占比35.3%），理工类学生1277人（占比47.2%），农林类、师范类、政法类、医学类以及其他类学生人数较少，分别为104人、123人、116人、114人、16人，占比分别为3.8%、4.5%、4.3%、4.2%、0.59%；在政治面貌变量中，中共党员（含预备党员）311人（占比11.5%），入党积极分子1315人（占比48.6%），共青团员982人（占比36.3%），其他97人（占比3.6%）。由此可见，所选样本较为全面，调查结果具有较好的代表性。《新时代高校思想政治教育文化范式的实践状况调查问卷》回收后，运用Excel进行数据录入，运用SPSS22.0统计学软件进行数据分析。同时，结合访谈记录所得调查资料和学界当前对新时代高校思想政治教育文化范式实践状况的相关研究成果，对新时代高校思想政治教育文化范式的实践状况作具体分析。

第二节 新时代高校思想政治教育文化范式的实践现状剖析

高校思想政治教育文化范式是由静态要素结构与动态运行过程组成的复杂系统。要深刻地把握新时代高校思想政治教育文化范式现状，就需要对高校思想政治教育文化范式的静态要素状况和动态运行状况进行客观且全面的分析。本书主要综合问卷调查和访谈结果，对高校思想政治教育文化范式的静态要素状况和动态运行状况作出如下分析。

一 高校思想政治教育文化范式静态要素的基本状况

高校思想政治教育文化范式作为一种结构模型，在静态要素层面，是由深层要素圈、核心要素圈、中介要素圈和外围要素圈四个方面由内到外构成的同心圆结构。这四个要素圈的现实状况即是高校思想政治教育文化范式实践状况在静态层面的具体呈现，本书依据问卷调查和访谈结果对高校思想政治教育文化范式静态要素的基本状况进行分析。

（一）高校思想政治教育文化范式深层要素圈的实践现状

深层要素圈直接决定高校思想政治教育文化范式的性质和理念。高校思想政治教育文化范式的深层要素圈主要包括马克思主义指导思想以及马克思主义人性观两个方面。因此，从这两个方面对高校思想政治教育文化范式深层要素圈的具体状况进行分析。

1. 高校思想政治教育文化范式整体上坚持马克思主义指导思想，但在对马克思主义指导思想的理解以及对马克思主义与非马克思主义的辨别方面有待提升

调查结果显示，教育者文化主体[①]和大学生文化主体[②]普遍认为高校思想政治教育文化范式在整体上坚持了马克思主义指导思想。这主要体现在，通过调查发现，91.0%的高校教师在访谈中表示自己将马克思主义指导思想贯彻于教育教学过程中。如在受访教师中，不论是专业课教师还是公共课教师，抑或是管理岗教师，均表示在日常教育教学过程中，能够将习近平新时代中国特色社会主义思想融入教育教学；[③] 85.8%的大学生表示在校园场域中确实接受到了马克思主义理论教育。如大学生普遍认为：在校园日常学习生活中，接受过不同形式和程度的马克思主义基本立场、基本观点、基本方法的教育，以及社会主义核心价值观教育等。[④] 由此可推论，当前高校思想政治教育文化范式确实秉持贯彻了马克思主义指导思想。

但与此同时，教育者文化主体和大学生文化主体在对马克思主义指导思想的理解以及对马克思主义与非马克思主义的辨别方面有待提升。这主要体现在，一方面，教育者文化主体和大学生文化主体两个群体内部对马克思主义指导思想的理解程度存在明显差异。部分教育者文化主

[①] 教育者文化主体主要包括教师主体和管理者主体两类，其中教师主体分为思政课教师主体、专业课教师主体和其他公共课教师主体，管理者主体分为行政人员主体和辅导员主体。

[②] 大学生文化主体即受教育者文化主体，在本书中特指在校本科生。

[③] 资料来源于附录3《新时代高校思想政治教育文化范式实践状况的访谈提纲（B）》第2题的统计。

[④] 资料来源于附录1《新时代高校思想政治教育文化范式实践状况的调查问卷》第6题的统计。

体和大学生文化主体对马克思主义指导思想理解不深甚至理解不清。如有 28.0% 的受访教师只将马克思主义作为一种理论资源，与其他教育教学资源等同，并没有在性质和内容上切实理解马克思主义在高校思想政治教育文化范式实践中的地位、功能和作用。① 这种地位、功能和作用集中体现为马克思主义作为新时代高校思想政治教育文化范式的指导思想，只有坚持马克思主义指导，才能确保新时代高校思想政治教育文化范式的性质与方向。在问及大学生对"我知道马克思主义立场观点方法是什么"的同意程度时，选择"非常同意"的大学生仅有 34.7%，分别有 40.3%、18.1%、4.2%、2.7% 的大学生表示"基本同意""不知道""基本不同意"和"非常不同意"。② 由此可见，高达 65.3% 的大学生对马克思主义存在模糊认知，深刻理解更是难以达到。另一方面，教育者文化主体在对马克思主义与非马克思主义的辨别方面也存在诸多不足。③ 对于教育者文化主体而言，具体表现为：一是部分教育者文化主体在对大学生文化主体进行文化建构时，夹杂着非马克思主义理论或观点的教育，不经批判和反思地对非马克思主义理论或观点进行传播。这一现象在非思政课专职教师（专业课教师和其他公共课教师）、辅导员与行政教师当中都有体现，在专业课教师中较为突出。如受访的教育者中，分别有 40.0%、33.3%、30.0%、20.0% 的专业课教师、其他公共课教师、辅导员、行政教师表示："在对大学生文化主体进行文化建构时，不经意间、不自觉地会将没有经过思考的非马克思主义理论或观点传递给学

---

① 资料来源于附录 3《新时代高校思想政治教育文化范式实践状况的访谈提纲（B）》第 2 题的统计。

② 资料来源于附录 1《新时代高校思想政治教育文化范式实践状况的调查问卷》第 7 题的统计。

③ 在此需要说明的是，高校思想政治教育文化范式实践是教育者文化主体与大学生文化主体双向互动的过程。教育者文化主体作为高校思想政治教育文化范式实践的组织者和实施者，其是否坚持马克思主义指导思想直接决定了高校思想政治教育文化范式是否坚持马克思主义指导思想。而大学生文化主体作为受教育者，高校思想政治教育文化范式的实践运行就是要引导其坚持马克思主义指导思想。因此，在此部分重点分析了教育者文化主体对马克思主义与非马克思主义的辨别状况，而不涉及大学生文化主体。

生"。① 有28.5%的受访大学生表示："有些教师的课堂中充斥着与马克思主义核心要义关系不大的一些内容，甚至还有一些非马克思主义的观点"。② 教育教学过程中的此类行为虽是不经意发生的，但从高校思想政治教育文化范式整体实践运行过程来看，在一定程度上会造成高校思想政治教育文化范式"性质不清、方向不明"，从而影响其以文育人、以文化人效果。二是部分教育者文化主体一味推崇马克思主义，完全抵制非马克思主义。这一现象在部分思政课教师中有所表现。如调研发现，40.0%的高校思政课教师在教育教学过程中只讲授马克思主义，对其他人类文明成果鲜少涉及。③ 这部分教师可能将其他高校思想政治教育文化范式的有益资源也"拒之门外"，从而制约高校思想政治教育文化范式的健康深入发展。造成教育者文化主体一定程度的机械化对待马克思主义与非马克思主义的原因是多方面的，客观上可能受学校考核评价政策规定的影响，部分教师，尤其是思政课教师对非马克思主义理论或思想缄口不言；主观上可能受学科背景或认知能力的制约，部分教师的知识结构相对单一贫瘠，对其他非马克思主义理论或思想的认知能力不足，难以支持教育教学。鉴于以上调研情况，可以得出以下结论：对新时代高校思想政治教育文化范式进行优化，需要加强教育者文化主体和大学生文化主体对马克思主义指导思想的正确理解。尤其是对教育者文化主体而言，在教育教学过程中要处理好马克思主义与非马克思主义的关系。具体而言，在正确理解并始终坚持马克思主义指导思想的基础之上，对其他人类思想资源当中的有益成果进行吸收借鉴。

2. 教育者文化主体与大学生文化主体在人性问题的知行方面存在着较大的差异

人性基础作为高校思想政治教育文化范式深层要素圈的重要因素，

---

① 资料来源于附录3《新时代高校思想政治教育文化范式实践状况的访谈提纲（B）》第2题的统计。
② 资料来源于附录4《新时代高校思想政治教育文化范式实践状况的访谈提纲（C）》第6题的统计。
③ 资料来源于附录3《新时代高校思想政治教育文化范式实践状况的访谈提纲（B）》第2题的统计。

直接决定着高校思想政治教育文化范式的具体开展。在高校思想政治教育文化范式实践运行中，教育者文化主体秉持的人性观决定着高校思想政治教育文化范式的教育理念和教育方式，大学生文化主体秉持的人性观直接影响其接受高校思想政治教育文化范式的主动性和积极性。新时代高校思想政治教育文化范式在马克思主义的指导下，坚持的正确人性观主要包括三方面内容：一是人的自然属性、社会属性和精神属性中的文化固有性与人追求自由、全面、充分发展的文化发展性之间存在张力，正是因为这种张力的存在导致人性具有文化未然性，即文化未完成性与文化未确定性；二是人性总是在一定的文化关系中生成与发展的，具有文化关系性；三是人性与文化是相互生成、相互建构的双向互动关系，具有文化转换性。

调查结果显示，在高校思想政治教育文化范式实践运行中，教育者文化主体与大学生文化主体在人性问题的知行方面存在着较大的差异，具体表现为性质正误差异和水平高低差异两个方面。

一方面，教育者文化主体与大学生文化主体秉持的人性观存在性质正误差异。具体而言，就教育者文化主体来看，其秉持的人性观是高校思想政治教育文化范式能否发挥作用的决定因素。在高校思想政治教育文化范式实践中，教育者文化主体秉持正确的人性观，才能在其指导下形成正确的教育理念，进而选择适宜的教育方式方法手段，实现高校思想政治教育以文化人、以文育人的目标。反之，秉持错误的人性观会直接阻碍高校思想政治教育文化范式实践，影响立德树人效果。调查数据表明，对教育者文化主体而言，多达84.0%的高校教师秉持着正确的人性观。如有教师表示：大学生是处于成长期、有待塑造的文化主体，教师应该坚定合作的理念，坚守育人初心，坚持教书育人。但也有少数教育者文化主体秉持着错误的人性观，如有6.0%的受访教师坚持抽象的人性观，8.0%的受访教师认为人性是恶的。这部分教师或者表现出明显的职业倦怠，或者提倡用惩罚的措施实施教育。进一步分析发现，不同类型的教育者文化主体对人性观的正误认知也表现出明显差异。具体表现为：一是教师主体和管理者主体间有差异，教师主体对人性观的认知正确率整体高于管理者主体；二是不同年龄群体的教师有差异，老年教师对人性观的认知正确率整体高于中青年教师；三是不同学科背景的教师有差异，思政课教师对人性观的认知正确率整体高于其他教师。① 这一调查结果的启示是要对高校思想政治教育文化范式进行优化，要注重对管理者主体人性观的引导教育以避免在实践中可能出现的领导缺位现象；同时，还要注重传帮带以加强中青年教师队伍建设，注重课程思政建设以形成思政课教师与高校其他教师协同育人的合力。在大学生文化主体群体内部，有超过90%的大学生文化主体秉持着正确的人性观。如在问及大学生对"我需要发展自己，使自己逐步成为自由、全面、充分发展的人"这一反映"人性具有文化未然性"题项的同意程度时，持高肯定态度（选择"非常同意"和"基本同意"）的大学生共计占比93.2%。② 在问及大学生对"社会主义核心价值观是全体社会成员要积极弘扬和践行的文化价值和文化规范"这一反映"人性具有文化关系性"题项的同意程度时，持高肯定态度的大学生共计占比95.3%。③ 在问及大学生对"我接受的思想政治教育所倡导的中国特色社会主义主流文化可以促进人的自由、全面、充分发展，同时，人的自由、全面、充分发展也可以促进中国特色社会主义主流文化的发展"这一反映"人性具有文化转换性"题项的同意程度时，持高肯定态度的大学生共计占比94.6%。④ 但仍有部分大学生文化主体秉持着错误的人性观，如有12.5%的受访大学生表示人是非理性的，人的欲望支配着人的思想行为。这部分学生表现出明显的排斥教育甚至抵触教育内容的倾向，对自我改变、自我建构持消极态度，影响高校思想政治教育文化范式实践效果。进一步分析发现，不同类型的大学生文化主体对人性观的正误认知也表现出明显差异。具体表现为：一是专业类型差异，文史类学生对人性观的认知正确率最高；二

---

① 资料来源于附录3《新时代高校思想政治教育文化范式实践状况的访谈提纲（B）》第3题的统计。
② 资料来源于附录1《新时代高校思想政治教育文化范式实践状况的调查问卷》第12题的统计。
③ 资料来源于附录1《新时代高校思想政治教育文化范式实践状况的调查问卷》第13题的统计。
④ 资料来源于附录1《新时代高校思想政治教育文化范式实践状况的调查问卷》第14题的统计。

是政治面貌差异，党员对人性观的认知正确率高于入党积极分子，入党积极分子高于团员，团员高于其他。① 这一调查结果的启示是：在对高校思想政治教育文化范式进行优化时，要注重分类针对性施教，同时发挥同辈群体的示范引领作用。

另一方面，教育者文化主体与大学生文化主体对高校思想政治教育文化范式中人性问题的知行存在水平高低差异。调查结果表明，教育者文化主体与大学生文化主体对人性问题的知行均表现出以下四类情况。一是认知正确，但无相关行为。如有43.0%的受访教师在认知上能意识到大学生是有未完成性、可改变性的文化主体，但在对其进行文化建构的过程中表现出耐心不足、敷衍塞责的行为。② 有68.5%的受访大学生表示要实现自身发展，就需要内化并外化中国特色社会主义的价值和意义，但在学习生活中却一味重视专业知识技能的学习而轻视思想道德文化素养的提升。③ 二是认知模糊，但有相关行为。如通过访谈发现，有37.0%的教师在意识层面没有形成系统的人性观，但却将立德树人贯彻其教育过程始终。④有47.5%的受访大学生表示其对个体能否实现自由全面充分发展持怀疑态度，但在学习生活中却始终积极进取。⑤ 三是认知正确，且有相关行为。如有71.0%的受访教师秉持着人有可塑造性的理念，故而通过合作探究式教学进行中国特色社会主义意义和价值的传播。⑥ 在对大学生的访谈中，有68.0%的大学生表示人应该不断地追求发展和超越，故而制定符合自身实际和社会发展需要的人生规划，并以认真、务实、

---

① 资料来源于附录4《新时代高校思想政治教育文化范式实践状况的访谈提纲（C）》第3题的统计。
② 资料来源于附录3《新时代高校思想政治教育文化范式实践状况的访谈提纲（B）》第3题的统计。
③ 资料来源于附录4《新时代高校思想政治教育文化范式实践状况的访谈提纲（C）》第3题的统计。
④ 资料来源于附录3《新时代高校思想政治教育文化范式实践状况的访谈提纲（B）》第3题的统计。
⑤ 资料来源于附录4《新时代高校思想政治教育文化范式实践状况的访谈提纲（C）》第3题的统计。
⑥ 资料来源于附录3《新时代高校思想政治教育文化范式实践状况的访谈提纲（B）》第3题的统计。

乐观、进取的态度坚定地执行其人生规划。① 四是认知错误，且无相关行为。如有6.0%的受访教师认为人性是恶的，不可改变，在教育教学过程中偏向于使用简单、粗暴的惩罚措施达到教育目的。② 有13.5%的受访大学生表示人性天然、不可改变，便安于现状，对学习生活没有安排规划。③ 整体而言，教育者文化主体和大学生文化主体对人性问题的看法呈现多样化趋势，且具有不平衡性和不稳定性的特点，直接制约着高校思想政治教育文化范式实践效用的达成，影响立德树人的效果。进行高校思想政治教育文化范式优化，要注重教育和引导教育者文化主体和大学生文化主体形成马克思主义人性观，并在此基础上做到知行合一。

（二）高校思想政治教育文化范式核心要素圈的实践现状

高校思想政治教育文化范式核心要素圈主要包括高校思想政治教育文化目标、文化内容和文化主体三个方面。综合问卷调查和访谈结果，对以上三个方面的状况作出如下分析。

1. 高校思想政治教育文化目标在设计上重规范性文化目标和"向外发展"文化目标，轻优化性文化目标和"向内完善"文化目标，而在目标达成上整体都有待提升

高校思想政治教育文化目标是高校思想政治教育文化范式实践的指引，高校思想政治教育文化范式只有遵照其文化目标，才能保证自身的健康发展和有序运行，进而实现对大学生文化主体的文化价值引领和精神家园构建。新时代高校思想政治教育文化目标是由规范性文化目标、优化性文化目标、"向内完善"文化目标和"向外发展"文化目标四方面具体目标构成的立体系统。规范性文化目标体现为对中国特色社会主义道路、理论、制度、文化的认同，尤其是认同习近平新时代中国特色社会主义思想，同时也认同当前社会的文化规范，以帮助大学生文化主体

---

① 资料来源于附录4《新时代高校思想政治教育文化范式实践状况的访谈提纲（C）》第3题的统计。

② 资料来源于附录3《新时代高校思想政治教育文化范式实践状况的访谈提纲（B）》第3题的统计。

③ 资料来源于附录4《新时代高校思想政治教育文化范式实践状况的访谈提纲（C）》第3题的统计。

更好地实现社会化；优化性文化目标主要体现为发展大学生文化主体的个性、能力，实现其自我超越和全面发展；"向内完善"目标主要是提升大学生文化主体的思想道德文化素养；"向外发展"目标主要是让大学生文化主体投身中国特色社会主义伟大实践，贡献自己的力量。高校思想政治教育文化范式的四方面目标对高校思想政治教育文化范式的实践运行提供有效指引，构成了缜密的逻辑体系。

调查结果显示，高校思想政治教育文化目标在设计上重规范性文化目标和"向外发展"文化目标，轻优化性文化目标和"向内完善"文化目标，而在目标达成上整体都有待提升。具体而言，第一，关于高校思想政治教育规范性文化目标和"向外发展"文化目标的状况。一方面，大学生文化主体对高校思想政治教育规范性文化目标和"向外发展"文化目标有较强感受。如在问及受访大学生对高校思想政治教育文化目标的理解时，95.0%的大学生表示："高校思想政治教育文化目标注重政治认同教育，主要体现为教育引导我们实现对以习近平同志为核心的党中央的归属、认可和接纳。"[1] 有92.5%的大学生认为："高校思想政治教育文化目标大力倡导我们投身中国特色社会主义建设事业。"由此可推论，高校思想政治教育文化目标在设计上充分体现了规范性文化目标和"向外发展"文化目标。另一方面，高校思想政治教育规范性文化目标和"向外发展"文化目标的整体达成度并不高。如进一步问及大学生对以习近平同志为核心的党中央的理解状况时，55.0%的大学生表现出明显的认知局限或模糊。[2] 有67.0%的大学生表示在制定未来规划时仍然将个人需要置于首位。第二，关于高校思想政治教育优化性文化目标和"向内完善"文化目标的状况。整体而言，大学生文化主体对高校思想政治教育优化性文化目标和"向内完善"文化目标的感受较弱。如在问及大学生对"通过诸如思想政治理论课、青年大学习、各类学生政治理论活动的学习，为我的发展储备了思想道德文化素养层面的能量"这一体现高

---

[1] 资料来源于附录4《新时代高校思想政治教育文化范式实践状况的访谈提纲（C）》第1题的统计。

[2] 资料来源于附录4《新时代高校思想政治教育文化范式实践状况的访谈提纲（C）》第1题的统计。

校思想政治教育优化性文化目标题项的同意程度时，持高肯定态度（选择"非常同意"）的学生仅有 54.8%，分别有 35.4%、6.2%、2.1%、1.5% 的学生表示"基本同意""不知道""基本不同意""非常不同意"。问及大学生对"我接受了思想政治教育，在学习生活中追求着真、善、美"这一体现高校思想政治教育"向内完善"文化目标题项的同意程度时，持高肯定态度的学生占比 63.9%，分别有 31.3%、6.9%、1.9% 的学生表示"基本同意""不知道""基本不同意"。[1] 由此可推论，高校思想政治教育文化目标在设计上没有充分体现优化性文化目标和"向内完善"文化目标，同时这两方面文化目标的整体达成度也较低。

总而言之，以上数据资料表明，就高校思想政治教育文化目标的设计状况而言，更多地重视国家和社会发展的需要，而对大学生文化主体发展的关照相对不足。高校思想政治教育文化范式作为国家治理和社会发展的方式手段，重视国家和社会发展需要是毋庸置疑的，但同时也应该关照大学生文化主体发展的需要。只有对大学生文化主体发展的需要给予充分关照，才能激发其接受高校思想政治教育文化范式实践的能动性，进而增强高校思想政治教育文化范式实践的效果。就高校思想政治教育文化范式目标达成状况而言，高校思想政治教育四方面文化目标均不同程度得到实现，但整体上在目标达成度方面仍有较大提升空间，这也是今后高校思想政治教育文化范式优化需要努力的方面。进行新时代高校思想政治教育文化范式优化，首先要将国家社会发展的文化需要与大学生文化主体的文化需要结合起来，将国家社会发展对大学生文化主体成为什么人的需要转化为大学生文化主体的需要。同时，还要高度重视大学生文化主体的文化需要，通过高校思想政治教育文化范式满足大学生文化主体的文化需要。

2. 高校思想政治教育文化内容得到了不断充实和广泛传播，但系统性有待增强

高校思想政治教育文化内容是高校思想政治教育文化范式有效运转

---

[1] 资料来源于附录 1《新时代高校思想政治教育文化范式实践状况的调查问卷》第 22 题的统计。

的必备条件。具体而言，高校思想政治教育文化内容主要包括中国特色社会主义思想文化、政治文化、道德文化和法治文化四个方面。①

调查结果显示，在高校思想政治教育文化范式实践运行中，高校思想政治教育文化内容得到了不断充实和广泛传播，但系统性有待增强。具体而言，一方面，高校思想政治教育文化内容得到不断充实和广泛传播。访谈资料显示，77.0%的高校教师表示在教学内容中融进了社会的新情况、新问题及党的新论断和新表述。② 87.5%的大学生表示接受过习近平新时代中国特色社会主义思想的教育和"事、时、势"变化下产生的新的社会问题的教育。③ 这说明，高校思想政治教育文化内容基本做到了根据时代和实践的发展，在保证主线内容和方向性原则的基础上，及时更新、充实文化内容并进行积极传播，用这些文化内容武装大学生文化主体的头脑，促进了高校思想政治教育文化范式功能的实现。但与此同时，调研结果显示，高校思想政治教育文化内容存在着系统性不足的问题。就目前高校思想政治教育文化范式的实践状况而言，对中国特色社会主义思想文化、政治文化、道德文化和法治文化四方面文化内容均有涉及。但主要是在"是什么"层面对高校思想政治教育四方面文化内容的基本内涵进行理论教育，对这四方面文化内容的产生渊源、现实意义和功能作用等问题的讲授较为缺乏，就是说没有在"为什么"以及"怎么用"的层面进行深入讲解。这在很大程度上阻碍了大学生文化主体对高校思想政治教育文化内容的深刻体悟。由于文化内容的系统性不足，可能影响大学生文化主体的文化需要、文化认知、文化情感、文化意志和文化行为。例如，问卷调查结果显示，绝大多数的大学生（82.6%）表示知道马克思主义世界观、人生观与价值观是什么，④ 在访谈中，进一

---

① 关于高校思想政治教育四个方面的文化内容，前文第三章第一节中已作了详细论述，因其也适用于高校，故在此处不再赘述。
② 资料来源于附录3《新时代高校思想政治教育文化范式实践状况的访谈提纲（B）》第4题的统计。
③ 资料来源于附录4《新时代高校思想政治教育文化范式实践状况的访谈提纲（C）》第1题的统计。
④ 资料来源于附录1《新时代高校思想政治教育文化范式实践状况的调查问卷》第24题的统计。

步问及其如何理解马克思主义世界观、人生观与价值观时,受访大学生大多只知晓有此概念。[①] 这就说明大学生文化主体对文化内容的认知还较为粗浅。大学生文化主体的文化认知在文化精神结构中处于核心地位,指导、控制与调节着大学生文化主体的文化需要、文化情感、文化意志与文化行为。在较为粗浅的认知的影响下,大学生文化主体难以产生深刻的文化情感、坚定的文化意志、真实的文化需求以及正向的文化行为。例如,总结大学生文化主体对马克思主义世界观、人生观与价值观这一高校思想政治教育思想文化内容的文化需求、文化认知、文化情感、文化意志、文化行为状况的调研数据可发现,尽管大学生文化主体对马克思主义世界观、人生观、价值观有一定认知,但具有真实的文化需求、深刻的文化情感、坚定的文化意志以及正向的文化行为的大学生占比不到60%。[②] 这一结果折射出一个现象,即新时代大学生文化主体对高校思想政治教育文化内容并未真正做到入脑入心,其知行水平还有待进一步提升。这一调查结果的启示是:在高校思想政治教育文化范式优化时,要注重对这四方面文化内容的系统性构建,以更加丰富和深刻的高校思想政治教育文化内容影响大学生文化主体的文化精神结构,顺利实现对大学生文化主体的文化建构。

3. 教育者文化主体和大学生文化主体在整体上具备良好的思想道德文化素养以及进行高校思想政治教育文化范式实践的主体素质,但两个群体内部表现出较大差异

高校思想政治教育文化范式实践运行是教育者文化主体与大学生文化主体双向互动的过程。教育者文化主体和大学生文化主体的思想道德文化素养状况以及进行高校思想政治教育文化范式实践的素质状况对高校思想政治教育文化范式实践育人效用发挥着重要影响。教育者文化主体和大学生文化主体是否具备良好的思想道德文化素养以及进行高校思想政治教育文化范式实践的素质是高校思想政治教育文化范式实践能够

---

① 资料来源于附录4《新时代高校思想政治教育文化范式实践状况的访谈提纲(C)》第1题的统计。
② 资料来源于附录1《新时代高校思想政治教育文化范式实践状况的调查问卷》第25—28题的统计。

发挥作用的前提条件。对教育者文化主体而言，既需要具备极高的思想道德文化素养，具体表现为在文化需求、文化认知、文化情感、文化意志和文化行为层面要与中国特色社会主义主流文化相匹配；还需要具备进行高校思想政治教育文化范式实践的主体素质，具体表现为组织和实施高校思想政治教育文化范式的主体意识和能力。只有教育者文化主体同时具备这两方面条件，才可能实现对大学生文化主体积极有效的文化建构。同时，高校思想政治教育文化范式是作用于大学生文化主体的文化精神结构的，大学生文化主体当前的思想道德素养（具体表现为文化精神结构）状况及参与高校思想政治教育文化范式实践的素质（主体表现为主动性和能力）状况直接决定着高校思想政治教育文化范式的具体开展。因此，高校思想政治教育文化范式实践还要准确掌握大学生文化主体的思想道德文化素养状况。在此基础上考察其参与高校思想政治教育文化范式实践的素质状况。只有基于对教育者文化主体和大学生文化主体状况的准确把握，才能实现高校思想政治教育文化范式有效运行。

调查结果显示，在高校思想政治教育文化范式实践中，教育者文化主体和大学生文化主体在整体上具备良好的思想道德文化素养以及进行高校思想政治教育文化范式实践的素质。具体而言，一方面，教育者文化主体和大学生文化主体在整体上都具备良好的思想道德文化素养。如，通过与教育者文化主体和大学生文化主体的深度访谈，发现有高达92.0%的教育者和87.5%的大学生具有良好的思想道德文化素养，主要表现为对中国特色社会主义有真实的文化需求、正确的文化认知、深刻的文化情感、坚定的文化意志以及正向的文化行为。[①] 另一方面，教育者文化主体和大学生文化主体在整体上具备良好地进行高校思想政治教育文化范式实践的素质。就教育者文化主体而论，其整体上具备组织和实施高校思想政治教育文化范式的主体意识和能力。如，83.0%的受访教师表示："作为高校教师，我应该积极参加培训学习并经常进行自我反

---

① 资料分别来源于附录3《新时代高校思想政治教育文化范式实践状况的访谈提纲（B）》第5题的统计、附录4《新时代高校思想政治教育文化范式实践状况的访谈提纲（C）》第6题的统计。

思，以提升自己搜集和分析大学生文化主体思想道德文化素养信息以及运用高校思想政治教育文化方法和载体进行文化内容传递的能力。"① 就大学生文化主体而论，大学生文化主体在整体上具备参与高校思想政治教育文化范式的主体意识和能力。如87.5%的受访大学生表示："我愿意接受中国特色社会主义主流文化的建构，愿意参与并能够在高校思想政治教育文化范式实践中发挥一些作用，比如对教育者文化主体所传递的文化内容进行自觉内化，转变为自己的文化认知、文化情感和文化意志并外化为文化行为。"② 由此可推论，在当前新时代高校思想政治教育文化范式实践中，教育者文化主体和大学生文化主体具备的良好的思想道德文化素养和进行高校思想政治教育文化范式实践的素质为思想政治教育文化范式有效运行提供了基础保障。

但教育者文化主体和大学生文化主体在思想道德文化素养以及进行高校思想政治教育文化范式实践的素质方面表现出较大的群体内差异。具体而言，教育者文化主体的群体内差异主要体现为以下两个方面。一是不同类型教育者文化主体间的差异，集中体现为教师主体和管理者主体间的差异。通过对教育者文化主体和大学生文化主体访谈资料的深入分析，总结出"教师主体的思想道德文化素养整体高于管理者主体"这一结论。如就"您觉得当前高校师生的思想道德文化素养如何"一题的回答情况，说明受访师生对教师主体的评价整体均高于管理者主体。③ 同时，调研资料也表明教师主体组织、实施高校思想政治教育文化范式实践的素质整体也高于管理者主体。如对"您怎么理解'新时代高校思想政治教育文化范式'"一题的回答中，95.0%教师主体的表述中不同程度地提到了马克思主义指导思想的重要性、对人性问题的看法会影响教学

---

① 资料来源于附录3《新时代高校思想政治教育文化范式实践状况的访谈提纲（B）》第5题的统计。

② 资料来源于附录4《新时代高校思想政治教育文化范式实践状况的访谈提纲（C）》第6题的统计。

③ 资料分别来源于附录3《新时代高校思想政治教育文化范式实践状况的访谈提纲（B）》第5题的统计、附录4《新时代高校思想政治教育文化范式实践状况的访谈提纲（C）》第6题的统计。

理念、教学方式制约教学效果，并表示会注意坚持马克思主义指导思想和马克思主义人性观，选用适宜的教学方式以实现高校思想政治教育以文化人、以文育人的效用。这说明教师主体整体上具备较好的组织、实施高校思想政治教育文化范式实践的素质。而管理者主体中，虽有高达96.0%的人认可马克思主义指导思想的重要性，但仅有61.5%的人提及人性基础。[1] 这表明管理者主体组织、实施高校思想政治教育文化范式实践的素质相对较低，一定程度上阻碍着高校思想政治教育文化范式的实践运行。造成这种现象的原因固然有管理者主体自身的主观因素，但其不同于教师主体的工作内容和经历也是无法避免的客观因素。二是同一类型教育者文化主体间的差异，以高校思政课教师群体最为显著。在高校思想政治教育文化范式实践中，高校思政课教师是一个非常重要的群体。高校思政课教师整体上具有较高的思想道德文化素养以及组织、实施高校思想政治教育文化范式实践的素质，但群体内部表现出较大的个体差异，集中表现为具有马克思主义理论学科背景的高校思政课教师的整体素养高于具有非马克思主义理论学科背景的高校思政课教师。如在受访的36名高校思政课教师中，有17名具备马克思主义理论学科背景的教师，其对中国特色社会主义的文化需求、文化认知、文化情感、文化意志以及文化行为状况的理解明显高于学科背景分布于哲学、政治学、历史学、社会学甚至自然科学等非马克思主义理论学科的教师；且其对高校思想政治教育文化目标和文化内容的理解程度也深于其他教师。[2] 这说明高校思政课教师存在水平参差不齐的情况，其中部分教师并不具备组织和实施高校思想政治教育文化范式的素质要求，从而阻碍了高校思想政治教育文化范式实践效用的发挥。教育者文化主体具备良好的思想道德文化素养以及组织、实施高校思想政治教育文化范式实践的素质，是高校思想政治教育文化范式有效运行的重要保障。这就需要教育者文化主体先受教育，在不断学习与实践中提升自己的思想道德文化素养和组织、实

---

[1] 资料来源于附录3《新时代高校思想政治教育文化范式实践状况的访谈提纲（B）》第3、4题的统计。

[2] 资料来源于附录3《新时代高校思想政治教育文化范式实践状况的访谈提纲（B）》"基础信息"和第1题的统计。

施高校思想政治教育文化范式实践的素质，继而在高校思想政治教育文化范式实践中发挥应有的主体作用。大学生文化主体的群体内差异主要体现在政治面貌上。具体表现为，党员大学生的思想道德文化素养以及参与高校思想政治教育文化范式实践的素质明显高于入党积极分子、团员和其他类大学生。如问卷调查结果表明，相较于其他大学生，党员大学生在文化需求、文化认知、文化情感、文化意志和文化行为方面表现出与马克思主义基本立场、基本观点、基本方法更高的一致性；[1] 且其知行"集体主义"和"为人民服务"的主观能动性也强于其他大学生。[2] 大学生文化主体的思想道德文化素养状况以及参与高校思想政治教育文化范式实践的素质状况直接制约着高校思想政治教育文化范式效用的发挥。党员大学生具备较高的思想道德文化素养以及参与高校思想政治教育文化范式实践的素质，其是大学生文化主体中的先进分子和模范人物，对其他学生具有很强的示范带动作用。为此，优化高校思想政治教育文化范式，可以大力开展朋辈群体教育，发挥党员大学生的榜样示范作用。

（三）高校思想政治教育文化范式中介要素圈的实践现状

高校思想政治教育文化范式中介要素圈包括高校思想政治教育文化资源、高校思想政治教育文化载体和高校思想政治教育文化方法三个方面，以下主要从这三个方面对高校思想政治教育文化范式中介要素圈的实践现状进行论述。

1. 高校思想政治教育文化资源得到大力使用，但对各类文化资源的使用程度参差不齐

高校思想政治教育文化资源是能够被高校思想政治教育文化主体开发和利用，从而有益于实现高校思想政治教育文化目标的各种要素的总和。高校思想政治教育文化资源可分为高校思想政治教育组织型、人才型、理论型和情感型文化资源。其中，高校思想政治教育组织型文化资源具体包括高校党组织文化资源以及群团组织文化资源等；高校思想政

---

[1] 资料来源于附录1《新时代高校思想政治教育文化范式实践状况的调查问卷》第7—11题的统计。

[2] 资料来源于附录4《新时代高校思想政治教育文化范式实践状况的访谈提纲（C）》第6题的统计。

治教育人才型文化资源集中体现为高校先进党员、师德标兵、劳动楷模等榜样人物；高校思想政治教育理论型文化资源集中体现为经典马克思主义及马克思主义中国化最新理论成果等；高校思想政治教育情感型文化资源形式多样，包括彰显着以爱国主义为核心的民族精神和以改革创新为核心的时代精神的各类景观建筑、教育基地等。高校思想政治教育文化范式要实现有效运转，就需要对这四类资源进行充分使用。

调查结果显示，当前高校思想政治教育文化资源得到大力使用。如在问及大学生对"学校党团组织举办的主题文化活动，如体育节、艺术节、科技节、读书节等对我影响深刻""高校先进党员、师德标兵、劳动楷模、优秀毕业生身上所展现出的精神与意志对我影响深刻""我将习近平新时代中国特色社会主义思想入脑入心入行""在校园内，我深刻体会到以爱国主义为核心的民族精神和以改革创新为核心的时代精神"题项的同意程度时，高达80%的大学生都持肯定态度（选择"非常同意"和"基本同意"）。① 这就说明高校思想政治教育文化范式在对大学生文化主体进行文化建构的过程中，高校思想政治教育组织型、人才型、理论型、情感型文化资源均得到使用。

但与此同时，也存在对各类高校思想政治教育文化资源的使用程度参差不齐的问题。具体表现为，一是对不同类型的高校思想政治教育文化资源使用程度不同，在这之中，高校思想政治教育理论型文化资源得到了较为充分的使用，高校思想政治教育人才型和组织型文化资源的使用程度次之，而高校思想政治教育情感型文化资源的使用程度较弱。正如问卷数据表明，对高校思想政治教育四类文化资源的积极影响持肯定态度的大学生文化主体，其肯定的程度在不同类型的高校思想政治教育文化资源中具有明显差异。其中，对高校思想政治教育理论型文化资源的肯定程度最高，对人才型和组织型文化资源的肯定程度次之，对情感型文化资源的肯定程度较弱。如问及大学生文化主体对高校思想政治教育四类文化资源的积极影响的同意程度时，对高校思想政治教育理论型

---

① 资料来源于附录1《新时代高校思想政治教育文化范式实践状况的调查问卷》第54—57题的统计。

文化资源的积极影响持肯定态度（选择"非常同意"和"基本同意"）的大学生占比最高（90.2%），其次分别为高校思想政治教育人才型文化资源（85.3%）、组织型文化资源（82.9%）、情感型文化资源（80.6%）。同时，进一步分析其肯定态度，发现这之中对高校思想政治教育理论型文化资源的积极影响持高肯定态度（选择"非常同意"）的大学生占比也最高（47.6%），其次分别为高校思想政治教育人才型文化资源（42.3%）、组织型文化资源（38.1%）、情感型文化资源（34.7%）。[1] 以上数据资料表明，当前高校思想政治教育文化范式对高校思想政治教育四类文化资源的运用存在不均衡的问题，这会阻碍高校思想政治教育四类文化资源应有的育人功能的发挥，继而不利于高校思想政治教育文化范式的实践运行。二是对同一类型高校思想政治教育文化资源内部不同形式的文化资源使用程度不同。之所以得出这一结论，是因为总结受访大学生就"高校思想政治教育文化资源的运用状况"的看法发现，在高校思想政治教育理论型文化资源中，对习近平新时代中国特色社会主义思想进行了充分而深入的使用，对其他马克思主义中国化的理论成果使用力度稍显不足；在高校思想政治教育人才型文化资源中，对教师楷模榜样的使用频率较高，而对学生楷模榜样的使用相对较少；在高校思想政治教育组织型文化资源中，对群团组织文化资源的使用力度较强，对党组织文化资源的使用力度较弱；在高校思想政治教育情感型文化资源中，广泛使用了爱国主义资源，但对改革创新资源的使用不够。[2] 这就说明在当前的高校思想政治教育文化范式实践中，高校思想政治教育四类文化资源中每一类文化资源内部多样的具体文化资源并未得到全面的使用，影响着高校思想政治教育文化范式的整体运行效果。综上所述，在进行高校思想政治教育文化范式优化时，既要注重对高校思想政治教育四类文化资源的均衡运用，还要注重对高校思想政治教育每一类文化资源内部多样的具体文化资源的全面运用，在均衡全面使用高校思想政治教育文化

---

[1] 资料来源于附录1《新时代高校思想政治教育文化范式实践状况的调查问卷》第54—57题的统计。

[2] 资料来源于附录4《新时代高校思想政治教育文化范式实践状况的访谈提纲（C）》第4题的统计。

资源的基础上，促成高校思想政治教育以文化人、以文育人效用的发挥。

2. 高校思想政治教育文化载体建设得到高度重视，但对各类文化载体的建设力度还有待提升

高校思想政治教育文化载体是指能够承载和传递中国特色社会主义主流文化价值和意义，且能实现教育者文化主体和大学生文化主体之间互动的各种物质形式的总和。高校思想政治教育文化载体主要包括高校思想政治教育物质型文化载体、精神型文化载体、制度型文化载体和活动型文化载体四类。其中，物质型文化载体集中体现为各种思想政治教育普及书籍、爱国主义教育基地、校园建筑、校园广播站、校内主题网站等；精神型文化载体集中体现为体现中国特色社会主义主流文化的标语口号，学校的校训、校风和学风等；制度型文化载体集中体现为中国特色社会主义制度以及校纪班规等；活动型文化载体集中体现为重大的政治性、仪式性纪念活动和高校课堂教学活动、校园文化活动、课外文化实践活动等。新时代高校思想政治教育文化载体形式多样丰富，高校思想政治教育文化范式在实践过程中要根据具体需要和具体情况对多样化的文化载体进行综合应用，以确保对大学生文化主体进行文化建构的效果。

调查结果显示，在高校思想政治教育文化范式实践中，高校思想政治教育文化载体建设得到高度重视。之所以得出这一结论，是出于对以下两方面调研资料的总结。一方面，高达90.0%的大学生认同高校思想政治教育物质型文化载体、精神型文化载体、制度型文化载体和活动型文化载体传播和承载着中国特色社会主义主流文化。如在问及大学生文化主体对"博物馆、校史馆、校园建筑、校园广播站和主题网站传播着中国特色社会主义的主流文化""学校的校训、校风和学风等承载着中国特色社会主义主流文化的意义与价值""学校的校纪校规体现着中国特色社会主义的主流文化""课堂教学传播和弘扬了中国特色社会主义的主流文化"题项的同意程度时，均有高达90%的大学生持肯定态度（选择

"非常同意"和"基本同意")。① 这就表明在高校思想政治教育文化范式实践中，高校思想政治教育四类文化载体均被运用到了对大学生文化主体的文化建构之中。形成这一现象的原因是多方面的，而高校思想政治教育文化载体被充分重视就是其中的重要原因，这也就印证了"高校思想政治教育文化载体建设得到高度重视"的结论。另一方面，78.0%的受访教育者普遍认为在当前的高校思想政治教育文化范式实践中，高校思想政治教育文化载体建设得到高度重视。如有受访教师表示："近年来，学校加大了对教学设施、校园公众号、主题网站、体现中国特色社会主义主流文化的文创产品等文化载体的建设力度，投入了大量的资金和人力。比如，在当前的后疫情时代，学校组织各方力量配备了满足高校思想政治教育网络教学需求的设备，在学校的主题网站上每天都能看到体现中国特色社会主义制度优势的评议性文章等。"②

但在高校思想政治教育文化范式实践中，各类高校思想政治教育文化载体的建设力度还有待提升。分析问卷和访谈资料发现，一是在高校思想政治教育物质型文化载体的建设中，尤其是在对如教育主题网站类新型网络文化载体的建设方面，还存在着对网络文化资源的科学管理和深度开发不足的问题。如有受访大学生表示："校园公众号或主题教育网站推送的文化资源，基本都是以政策文件、领导人讲话、时政类文章为主，主题和内容政治气息浓厚、严肃性有余，但生活气息和趣味性不足。"③ 网络文化载体作为一种新型的文化载体，极大地延续、拓展了教育时空，为高校思想政治教育文化范式运行带来了机遇。但同时网络的开放性、交互性和复杂性也为高校思想政治教育文化范式运行带来了挑战。高校思想政治教育文化范式要发挥自身效用，就需要在当前的网络时代进一步加强高校思想政治教育网络文化载体建设。二是在高校思想

---

① 资料来源于附录1《新时代高校思想政治教育文化范式实践状况的调查问卷》第58—61题的统计。
② 资料来源于附录3《新时代高校思想政治教育文化范式实践状况的访谈提纲（B）》第4题的统计。
③ 资料来源于附录4《新时代高校思想政治教育文化范式实践状况的访谈提纲（C）》第4题的统计。

政治教育精神型文化载体的建设中，存在着形式老旧的问题。调查发现，在高校思想政治教育中，校训、校风和学风被频繁提及，而对能够反映新时代中国共产党主流价值观的标语和口号则较少运用。① 这说明精神型文化载体的建设具有滞后性，需要结合当前新时代背景和大学生文化主体的现实状况进行创新改造。三是在高校思想政治教育制度型文化载体建设中，存在着体系冗杂的问题。如有受访大学生表示："体系庞大、内容繁杂的校纪校规、班纪班规辐射到学习生活的方方面面，个体性的学习规划难以开展"。② 制度型文化载体是对中国特色社会主义主流文化的意义和价值的一种集中和有力的表达，但面对个性特征鲜明的"00后"大学生文化主体，高校思想政治教育制度性文化载体建设要适当体现制度的活力，才能更好地发挥自身功能作用。四是在高校思想政治教育活动型文化载体建设中，尤其是通过文化熏陶、榜样感染等隐形方式发挥育人作用的活动载体，其建设存在流于形式的问题。受访大学生普遍表示："参与过专业实训、校园文化活动，以及参观革命遗址和纪念馆、社会调查、支教服务等课外文化活动，但对这些活动的感受性并不强，参与前和参与后自己的文化需要和文化行为也没有明显改变。"③ 由此可推论，高校思想政治教育活动型文化载体的育人效用未充分发挥，继而影响高校思想政治教育文化范式实践效果。这一调查结果的启示是：在进行高校思想政治教育文化范式优化时，要进一步加大对高校思想政治教育文化载体的建设力度，以推进高校思想政治教育文化范式的有效运转。

3. 高校思想政治教育文化方法初步得到运用，但对各类文化方法运用的精细化程度不够

高校思想政治教育文化方法是指为实现文化目标、传递文化内容所采取的各种方式、运用的各种手段和程序的总和。高校思想政治教育文

---

① 资料来源于附录4《新时代高校思想政治教育文化范式实践状况的访谈提纲（C）》第4题的统计。
② 资料来源于附录4《新时代高校思想政治教育文化范式实践状况的访谈提纲（C）》第4题的统计。
③ 资料来源于附录4《新时代高校思想政治教育文化范式实践状况的访谈提纲（C）》第4题的统计。

化方法主要有高校思想政治教育文化理论解释法、文化叙事理解法和文化体验实践法。高校思想政治教育文化理论解释法表现为，教育者文化主体通过对蕴含中国特色社会主义主流文化意义和价值的文化内容进行系统讲解和充分说明，从而实现对大学生文化主体的文化建构；高校思想政治教育文化叙事理解法表现为，教育者文化主体通过在历史文化脉络中讲授某一现象或问题的方式，在深化大学生文化主体理解以及促进师生文化主体视域融合的过程中，实现大学生文化主体对中国特色社会主义主流文化意义与价值的内化、外化、生成甚至创造；高校思想政治教育文化体验实践法表现为，引导大学生文化主体在社会实践的亲身体验中领悟、理解和践行中国特色社会主义主流文化的意义与价值。这三类高校思想政治教育文化方法是从方法论视角凝练出的基本方法和惯常方法，虽然没有囊括具体实践层面的每一种文化方法，但依然对新时代高校思想政治教育文化范式实践具有方法论层面的指导意义。

调查结果显示，在高校思想政治教育文化范式实践中，高校思想政治教育文化方法初步得到运用。如在对高校思想政治教育文化理论解释法运用状况的调研中，问及大学生对"在我接受思想政治教育的过程中，教育者文化主体对某一现象或问题的解释有助于我理解和接受中国特色社会主义主流文化的意义和价值"题项的同意程度时，91.4%的大学生文化主体持肯定态度（选择"非常同意"和"基本同意"）。[①] 这说明高校思想政治教育文化理论解释法在高校思想政治教育文化范式中得到了运用。在对高校思想政治教育文化叙事理解法运用状况的调研中，问及大学生对"在我接受思想政治教育的过程中，教育者文化主体将某一现象或问题置于历史文化脉络中讲授，加深了我理解的宽度和深度"题项的同意程度时，82.6%的大学生文化主体持肯定态度。[②] 这说明高校思想政治教育文化叙事理解法在高校思想政治教育文化范式中得到了运用。在对高校思想政治教育文化体验实践法运用状况的调研中，问及大学生

[①] 资料来源于附录1《新时代高校思想政治教育文化范式实践状况的调查问卷》第62题的统计。

[②] 资料来源于附录1《新时代高校思想政治教育文化范式实践状况的调查问卷》第63题的统计。

对"在我接受思想政治教育的过程中，教育者文化主体引导我融入社会，在具体实践的亲身感受中实现对中国特色社会主义主流文化的内化与外化"题项的同意程度时，87.2%的大学生文化主体持肯定态度。[①] 这就说明高校思想政治教育文化体验实践法在高校思想政治教育文化范式中得到了运用。以上数据表明，高校思想政治教育三类文化方法均被运用到对大学生文化主体的文化建构中。

但在高校思想政治教育文化范式实践中，对各类高校思想政治教育文化方法运用的精细化程度不够。高校思想政治教育文化理论解释法、文化叙事理解法和文化体验实践法是从方法论视角凝练出的基本方法和惯常方法，当其与具体教育实践相结合时，会发展出种类繁多的具体方法。但分析调研资料发现，当前高校思想政治教育文化方法在运用过程中表现出单一化倾向。这种单一化主要体现为两个方面。一是对高校思想政治教育不同类型文化方法的多层次运用较为缺乏。如有72.5%的受访大学生认为："在我接受思想政治教育的过程中，对文化理论解释法有较为明显的感受，而对文化叙事理解法和文化体验实践法的感受相对较弱。"[②] 这就表明在高校思想政治教育文化范式实践中，缺乏对多种文化方法的全面使用。高校思想政治教育单一地使用文化理论解释法不利于大学生接受高校思想政治教育文化内容，难以实现对大学生文化主体有效的文化建构。二是对高校思想政治教育同一类型文化方法内部不同种类的子文化方法的综合运用较少。文化理论讲授法是经典且传统的高校思想政治教育文化方法，在此以文化理论解释法为例进行说明。正如调研资料所显示的，82.5%的受访大学生认为："教育者文化主体在对高校思想政治教育文化内容进行讲解和说明时，基本都是在讲道理。"[③] 这就表明教育者文化主体使用文化理论解释法时，主要是从讲道理的层面进

[①] 资料来源于附录1《新时代高校思想政治教育文化范式实践状况的调查问卷》第64题的统计。

[②] 资料来源于附录4《新时代高校思想政治教育文化范式实践状况的访谈提纲（C）》第4题的统计。

[③] 资料来源于附录4《新时代高校思想政治教育文化范式实践状况的访谈提纲（C）》第4题的统计。

行讲解和说明,缺乏情理层面和事理层面的讲解和说明。高校思想政治教育文化理论解释法要发挥自身功能和作用,就需要将道理、情理、事理解释相结合,才能将高校思想政治教育文化内容讲深讲透,进而实现对大学生文化主体的有效文化建构。新时代高校思想政治教育文化范式优化,要结合教育实际,采用精细化的高校思想政治教育文化方法,才能提升以文化人、以文育人的有效性。

(四) 高校思想政治教育文化范式外围要素圈的实践现状

高校思想政治教育文化范式外围要素圈包括高校思想政治教育文化情境和文化环境两个方面。因此,主要从上述两方面对高校思想政治教育文化范式外围要素圈的实践现状进行分析。

1. 对高校思想政治教育文化情境进行了多样化创设,但在高新技术的运用方面需要进一步加强

高校思想政治教育文化情境,是教育者文化主体和受教育者文化主体都可以把握的且能够优化双方精神结构的、有利于高校思想政治教育文化目标实现的相对微观的自觉文化环境,主要包括高校思想政治教育对话合作式文化情境和复合型文化情境。高校思想政治教育对话合作式文化情境强调教育者文化主体和大学生文化主体通过平等交流、师生合作、生生合作的方式共同完成对某一文化内容的探讨和学习,因其符合新时代"00后"大学生文化主体对平等、尊重、自由、包容的追求而备受青睐。高校思想政治教育复合型文化情境是当前网络时代高校思想政治教育文化情境创设的大势,其强调将物质文化情境、精神文化情境和网络文化情境相融合,从而发挥各种文化情境的优势合力作用。新时代高校思想政治教育文化范式实践,要加强高新技术在高校思想政治教育文化情境创设中的使用质量,以实现对大学生文化主体的文化引领。

调查结果表明,在高校思想政治教育文化范式实践运行过程中,高校思想政治教育文化情境得到了多样化创设。如在问及大学生"教育者文化主体在思想政治教育过程中,是否创设了以下文化情境,即有利于学生对其传播的文化价值和意义进行理解的具体场景或氛围"时,分别有68.4%和41.2%的大学生选择对话合作式文化情境和复合型文

化情境。① 这就表明当前高校思想政治教育文化情境得到了多样性创设。在问及大学生"您认为教育者文化主体创设的合作对话式文化情境和复合型文化情境,对您内化并外化高校思想政治教育文化目标和文化内容的作用如何",有31.6%的大学生认为"作用非常大",45.5%的大学生认为"作用比较大",但是仍有18.8%的大学生表示"不知道",甚至还有4.1%的大学生表示"作用不大"。② 这一方面说明高校思想政治教育文化情境对大学生文化主体内化并外化高校思想政治教育文化目标和文化内容发挥了一定程度的正向影响作用;另一方面,也表明高校思想政治教育文化情境的质量有待提升。进一步搜集大学生文化主体对高校思想政治教育文化情境的评价,发现受访大学生反映当前高校思想政治教育创设的文化情境的问题集中在对高新技术的运用不足上。比如,在访谈中,有大学生认为:"当前教育者文化主体在思想政治教育过程中,一般是通过组织师生合作、生生合作以共同完成对某一文化主题内容的探讨和学习,在这个过程中,通过假设实验、联系社会生活、利用新旧知识的联系、讲故事等,设置有层次的文化问题并精心引导思考,进行中国特色社会主义主流文化意义和价值的传播。高校思想政治教育文化情境创设与高科技的深度融合不足,时代感不强。"③ 在当前高新技术快速发展的网络时代,高校思想政治教育文化情境创设也要体现时代性和科技感,借助智能化技术、虚拟现实(VR)、增强现实(AR)、混合现实(MR)、影像现实(CR)技术创设沉浸式、体验式新型文化情境,增强高校思想政治教育文化情境的吸引力和感染性,进而提升高校思想政治教育文化范式实践效果。

---

① 资料来源于附录1《新时代高校思想政治教育文化范式实践状况的调查问卷》第85题的统计。
② 资料来源于附录1《新时代高校思想政治教育文化范式实践状况的调查问卷》第86题的统计。
③ 资料来源于附录4《新时代高校思想政治教育文化范式实践状况的访谈提纲(C)》第4题的统计。

2. 高校思想政治教育文化环境对高校思想政治教育文化范式实践发挥了较强的正向影响作用，但其中的一些不良因素需要进一步净化

高校思想政治教育文化环境是指在高校思想政治教育文化范式实践中，对高校思想政治教育文化范式其他要素产生影响的各种外在文化因素的综合。高校思想政治教育文化环境主要包括高校思想政治教育校园文化环境和社会文化环境两个方面，这两个方面的高校思想政治教育文化环境分别包括物质文化环境、精神文化环境、制度文化环境和行为文化环境四个层面。高校思想政治教育文化环境对高校思想政治教育文化范式实践效用发挥着两方面作用，一是参与作用。高校思想政治教育文化环境作为外围要素圈中的一方面要素，参与高校思想政治教育文化范式实践运行过程的始终。二是补充作用。高校思想政治教育文化环境对高校思想政治教育文化范式实践效果起到正向强化或负向弱化的作用。

调查结果表明，高校思想政治教育文化环境对高校思想政治教育文化范式实践运行发挥了较强的正向影响作用。具体表现为，一方面，在对高校思想政治教育校园文化环境状况的调研中，当问及大学生对"校园物质文化环境（校园设施、特色场所、标志性建筑物等），精神文化环境（校训、校风、办学理念等），制度文化环境（学校章程、校规、校纪等），行为文化环境（师生的日常言行、各类教学实践活动、社团实践活动等）对我的世界观、人生观和价值观具有正向影响"题项的同意程度时，均有高达90.0%的大学生持肯定态度（选择"非常同意"和"基本同意"）。[①] 这就说明高校思想政治教育文化范式在对大学生文化主体进行文化建构的过程中，四方面校园文化环境均发挥了比较大的正向作用。另一方面，在对高校思想政治教育社会文化环境状况的调研中，当问及大学生对"社会物质文化环境（历史博物馆、革命纪念馆、图书馆、文化艺术中心等文化设施），精神文化环境（社会道德风尚和传统习俗），制度文化环境（中国特色社会主义政治制度、经济制度、法律制度承载的文化意义和价值），行为文化环境（家人、朋友、老师、同学积极参与

---

① 资料来源于附录1《新时代高校思想政治教育文化范式实践状况的调查问卷》第66—73题的统计。

中国特色社会主义建设的氛围）对我的世界观、人生观和价值观具有正向影响"题项的同意程度时，也有高达90.0%的大学生持肯定态度。这就表明高校思想政治教育四方面社会文化环境对大学生文化主体内化并外化中国特色社会主义主流文化发挥了较强的正向作用。

但高校思想政治教育校园文化环境和社会文化环境中均存在一些不良因素，需要进一步净化。如有大学生表示："在当前的大学校园里，'有用'和'加分'成为同学们的普遍追求，为人民服务和集体主义好像过时了。"[1] 这表明功利主义已经成为高校思想政治教育校园文化环境的一部分，比较广泛地影响着大学生文化主体的言行，继而一定程度上阻碍了高校思想政治教育文化范式的有效运行。还有受访大学生表示："当前社会上一定范围内和一定程度上存在着的政治领域的滥用公共权力、经济领域的制假贩假、文化领域的剽窃侵权以及思想道德领域的机会主义盛行等现象，使我出现了困惑和迷茫。"[2] 这表明当前高校思想政治教育文化范式实践面临的社会文化环境是复杂多样的，其中客观存在的一些不良因素确实对大学生文化主体内化和外化中国特色社会主义主流文化的意义和价值有消极影响。在进行高校思想政治教育文化范式优化时，需要坚持马克思主义指导思想，加强社会主义核心价值观建设，对高校思想政治教育校园文化环境和社会文化环境中的不良文化环境进行大力净化，为高校思想政治教育文化范式效用的发挥创造良好的文化环境条件。

二　高校思想政治教育文化范式的动态运行状况

高校思想政治教育文化范式的动态运行是高校思想政治教育文化范式实践的重要方面，高校思想政治教育文化范式只有在动态运行的过程中才能完成对大学生文化主体的文化建构，进而实现其有效性。因此，本部分对高校思想政治教育文化范式的动态运行状况进行深入考察，主要从高校思想政治教育文化范式与社会大系统的动态互动状况以及高校

---

[1] 资料来源于附录4《新时代高校思想政治教育文化范式实践状况的访谈提纲（C）》第8题的统计。

[2] 资料来源于附录4《新时代高校思想政治教育文化范式实践状况的访谈提纲（C）》第8题的统计。

思想政治教育文化范式作为独立系统的动态运行状况两个方面展开论述。

（一）高校思想政治教育文化范式与社会大系统的动态互动状况

社会大系统与高校思想政治教育文化范式是"作用"与"反作用"的关系，高校思想政治教育文化范式的实践运行是在社会大系统的作用下进行的，同时社会大系统也在高校思想政治教育的反作用下进行调整和发展。因此，这里从社会大系统对高校思想政治教育文化范式的作用状况以及高校思想政治教育文化范式对社会大系统的反作用状况两个方面，对高校思想政治教育文化范式与社会大系统的动态互动状况进行剖析。

1. 社会大系统对高校思想政治教育文化范式的作用状况

高校思想政治教育文化范式作为社会大系统的子结构受其制约，社会经济结构、社会政治结构和社会文化结构等以合力作用的方式影响高校思想政治教育文化范式的实践运行。在此，主要依据访谈资料，结合学界已有相关研究结果，作出如下分析。

一方面，社会大系统整体上对高校思想政治教育文化范式实践运行起到了良好的支持作用，在社会大系统各个结构的合力作用下，高校思想政治教育文化范式获得了文化代码、文化资本[①]、文化领导权的身份和地位。当前，我国以社会主义公有制为主体的经济结构确保了高校思想政治教育文化范式的性质、发展水平和运行方式，以中国共产党为领导主体与核心的政治结构为高校思想政治教育文化范式的实践运行提供了坚强保障，以社会主义核心价值观为核心的文化结构呈现出的积极文化环境和氛围对高校思想政治教育文化范式的实践运行发挥着积极影响。这些契合条件为高校思想政治教育文化范式的实践运行提供了有益支持，主要表现为在宏观的社会经济结构、社会政治结构、社会文化结构的合力作用下，高校思想政治教育文化范式获得了文化代码、文化资本、文化领导权的身份和地位。之所以得出上述结论，是出于对受访的思政界

[①] 此处所使用的"文化资本"是一个积极的概念，其性质主要由所服务的阶级或集团的性质决定。新时代中国高校思想政治教育文化范式是为中国共产党服务的，中国共产党是全心全意为人民服务的。这就决定了新时代中国高校思想政治教育文化范式作为一种文化资本是属于人民、为了人民的。

专家学者、高校教师、大学生就"您认为社会大系统对高校思想政治教育文化范式的作用状况如何"的看法的总结。具体而言,每一群体均有超过80.0%的受访者认为当前我国的经济结构、政治结构和文化结构对高校思想政治教育文化范式实践运行起到了正向支持作用。如在受访的思政界知名专家群体中,有中国人民大学的专家认为:"新时代以习近平同志为主要代表的中国共产党人厘定了高校思想政治教育文化范式所要传递的文化内容,而且在体制设计、政策支持等方面对其也有高度架构,有效保障了高校思想政治教育文化范式中国特色社会主义主流文化的'文化代码''文化资本''文化领导权'功能与作用的发挥。"有武汉大学的专家认为:"近年来,以习近平同志为核心的党中央高度重视高校思政工作,习近平总书记先后在全国宣传思想工作会议、全国高校思政工作会议、全国教育大会、学校思想政治理论课教师座谈会等多个场合发表重要讲话,对高校思政工作作出了一系列重要部署和安排,这些为高校思想政治教育文化范式的深入发展提供了巨大的支持。"有西安交通大学的知名专家认为:"新时代思想政治工作被赋予治国理政重要方式的合法性与权威性地位,继而也赋予了高校思想政治教育文化范式文化领导权,从而有利于新时代高校思想政治教育文化范式更好地实现其功能与作用。"[1] 在受访的高校教师群体中,有教师表示:"党的十八大以来,党中央高度重视思政课建设,从配齐建强思政课专职教师队伍、创新思政工作机制、改革思政课教师评价机制、重视思政课教师队伍后备人才培养等方面着手,切实推进了高校思想政治教育文化范式的发展。"有教师表示:"很多高校都推出了高校思政课教师津贴制度,设立了高校思政课教师专业技术职务单独评审制度等,这些举措有益于改善高校思政课教师待遇、提升思政课教师社会地位,极大地调动了高校思政课教师的积极性,推动了高校思想政治教育文化范式的深入发展。"[2] 在受访的大学生群体中,有受访大学生表示:"新时代高校思想政治教育文化范式是

---

[1] 资料来源于附录2《新时代高校思想政治教育文化范式实践状况的访谈提纲(A)》第7题的统计。

[2] 资料来源于附录3《新时代高校思想政治教育文化范式实践状况的访谈提纲(B)》第6题的统计。

一种有益于我发展的实利性的价值存在，通过接受其文化建构，我的素质得到了优化，在应聘公务员、考研就业等选拔性竞争活动中，我感受到明显的优势。"① 此外，也有思政界知名学者在研究中指出，日益优化的政策环境和日趋完善的保障制度为高校思想政治工作守正创新提供了有益的社会支持。② 这一研究结论与本书的观点一致，说明本书的调查研究具有可信度与科学性。

另外，尽管当前在宏观的社会经济结构、社会政治结构、社会文化结构的合力作用下，整体而言，高校思想政治教育文化范式获得了文化代码、文化资本、文化领导权的身份和地位，但在高校思想政治教育文化范式实践运行的微观系统和环节中，高校思想政治教育文化范式文化代码、文化资本、文化领导权的身份和地位有待进一步夯实。如有受访的北京大学知名学者表示："新时代社会大系统在不断发展和优化的过程中，整体上高度重视高校思想政治教育文化范式，但其落实状况并不理想。比如，有部分院校在学校建设和人才培养上仍存在重视专业学习、轻视思政教育的问题。这部分院校大多将高校思想政治教育文化范式实践落实到对马克思主义学院的发展和马克思主义理论学科的建设上。当然，高校思想政治教育文化范式实践以马克思主义学院建设为重点可以充分发挥对其他部门和二级学院的示范、带动和辐射作用，以高校马克思主义理论学科建设为统领可为增强思政工作的有效性提供学术支撑和学理支持，这是毋庸置疑的。但是高校思想政治教育文化范式的文化代码、文化资本、文化领导权身份和地位的落实，是需要高校思政工作队伍、各个行政部门、二级学院多部门协同合作的，不是仅靠发展马克思主义学院就可以实现的。"③ 有受访的专业课教师表示："当前国家大力强调课程思政建设，作为专业课教师，我明白课程思政对立德树人的重要

---

① 资料来源于附录 4《新时代高校思想政治教育文化范式实践状况的访谈提纲（C）》第 1 题的统计。

② 冯刚：《论新时代高校思想政治工作守正创新》，《上海交通大学学报》（哲学社会科学版）2021 年第 5 期。

③ 资料来源于附录 2《新时代高校思想政治教育文化范式实践状况的访谈提纲（A）》第 7 题的统计。

性。在此时代背景下，学校也号召我们将思政元素融入教育教学中，但是缺乏将课程思政落小、落细、落实的支持保障政策和制度。如很少开展针对性的教师培训帮助我们实现思政元素在专业课教学中的有效融入、基本没有落实课程思政的专门制度和评价细则等。"[①] 这些不利因素会阻碍高校思想政治教育文化范式文化代码、文化资本、文化领导权身份和地位的落实。有受访大学生表示："在当前的社会大系统中，接受高校思想政治教育文化范式对自己的文化建构确实可以积攒有益于个人发展的文化资本，获得奖励性回报。比如评奖评优、升学就业时会将政治素养置于首位进行考察，并给予党员优先考虑。但在后续的个人发展过程中，这种文化资本被重视的程度越来越低，甚至流于形式。"[②] 这就说明在当前的社会大系统中，社会经济结构、社会政治结构、社会文化结构在转型过程中衍生的如利益多维化、思想繁杂化等问题对高校思想政治教育文化范式的实践运行产生了一定冲击。进行高校思想政治教育文化范式优化，一方面要进一步推动社会大系统内部政治结构、经济结构、文化结构等协调发展，以从体系层面保障高校思想政治教育文化范式的有效运行；另一方面，社会大系统要通过政策支持、财政补助、人员扶持等方式进一步确保高校思想政治教育文化范式文化代码、文化资本和文化领导权身份和地位的落细、落小、落实。

2. 高校思想政治教育文化范式对社会大系统的反作用状况

高校思想政治教育文化范式在实践运行中，通过影响教育者文化主体和大学生文化主体的文化精神结构，使其将中国特色社会主义主流文化的意义与价值内化并外化到社会行为中，从而实现对社会大系统的维护作用或阻碍作用。分析问卷和访谈所得资料，得出如下结论。

通过高校思想政治教育文化范式的实践运行，教育者文化主体和大学生文化主体的文化精神结构整体上得到优化，在思想层面接受中国特色社会主义主流文化的意义与价值，并在行为层面按照中国特色社会主

---

① 资料来源于附录3《新时代高校思想政治教育文化范式实践状况的访谈提纲（B）》第8题的统计。

② 资料来源于附录4《新时代高校思想政治教育文化范式实践状况的访谈提纲（C）》第1题的统计。

义主流文化要求的文化规范行事,从而维护了中国特色社会主义主流文化和社会秩序,在社会大系统中发挥了积极的、建设性发展作用。具体而言,一方面,就大学生文化主体对中国特色社会主义的知行状况而言,有接近80.0%的大学生对中国特色社会主义有真实的文化需要、正确的文化认知、深刻的文化情感、坚定的文化意志以及正向的文化行为。如在问及大学生对反映其文化认知的题项"我知道中国特色社会主义是什么"、反映其文化情感的题项"我相信中国特色社会主义发展具有美好的前景"、反映其文化意志的题项"我坚决支持与拥护中国特色社会主义"、反映其文化需求的题项"中国特色社会主义所承载的价值和意义是我成长成才所需的文化养分"以及反映其文化行为的题项"面对文化多元多样的社会现状,我会高举中国特色社会主义旗帜,坚定地投身到中国特色社会主义建设事业中去"的同意程度时,持肯定态度(选择"非常同意"和"基本同意")的大学生占比均接近80.0%。[1] 这一结论与学界相关研究一致。[2] 另一方面,就教育者文化主体对中国特色社会主义的知行状况而言,有高达90.0%的教育者对中国特色社会主义有真实的文化需求、正确的文化认知、深刻的文化情感、坚定的文化意志以及正向的文化行为。如有受访教育者表示:"在对中国共产党所倡导的中国特色社会主义主流文化进行新理解、新阐释、新发展的过程中,我对各方面信息进行了思考和反思,在此过程中进一步明晰了自身的文化认知、深化了文化情感、坚定了文化意志、激发了文化需求、固化了文化行为。之后,可以更好地对大学生进行文化建构。"[3] 由此可推论,通过高校思想政治教育文化范式的实践运行,教育者文化主体和大学生文化主体的文化精神结构得到了整体优化,基本都将中国特色社会主义主流文化的意义与

---

[1] 资料来源于附录1《新时代高校思想政治教育文化范式实践状况的调查问卷》第15—19题的统计。

[2] 曾兰关于"当代大学生精神生活现状"的调查结果表明,当代大学生政治态度的主流是好的,表现为有71.5%的大学生有着符合新时代中国共产党倡导的主流文化的政治立场和政治信仰。参见曾兰《当代大学生精神生活现状及其优化研究》,人民出版社2021年版,第111页。

[3] 资料来源于附录3《新时代高校思想政治教育文化范式实践状况的访谈提纲(B)》第9题的统计。

价值内化于心、外化于行，从而实现了对社会大系统的维护作用。

　　高校思想政治教育文化范式通过影响大学生文化主体和教育者文化主体，从而对社会大系统发挥着积极作用，这是目前主要和主流的状况。但也有部分大学生文化主体和教育者文化主体对中国特色社会主义主流文化的文化需求、文化认知、文化情感、文化意志和文化行为存在不稳定、不协调的情况，在一定程度上和一定范围内表现出与中国特色社会主义主流文化不一致的情况，从而对社会大系统造成了程度不一的阻碍作用。这一情况虽然不是主流情况，但也需要重视。具体表现为以下两个方面。一方面，就大学生文化主体对马克思主义指导思想①的知行状况而言，大学生文化主体的文化情感、文化意志状况明显优于文化认知、文化需要和文化行为状况。如在问及大学生对"我知道马克思主义立场观点方法是什么"这一体现其文化认知题项的同意程度时，选择"非常同意"的学生只有27.8%，选择"同意"的学生为51.0%，其余表示"不知道""基本不同意""非常不同意"的学生总计占比高达21.2%。②这就表明大学生文化主体对马克思主义指导思想基本知识的认知缺失，或者说高校思想政治教育文化内容还没有真正在大学生文化主体中"入脑""入心"。文化认知是文化精神结构的基础维度，相较于其他四个维度而言，大学生文化主体整体上较低的认知水平制约着其文化精神结构的优化发展。在问及大学生对"马克思主义立场观点方法是我认识问题、分析问题、解决问题需要掌握的理论知识"这一体现其文化需要题项的同意程度时，分别有11.5%和10.8%的大学生表示不知道或者持反对态度。③这就表明部分大学生文化主体对中国特色社会主义主流文化需要的

---

　　① 大学生文化主体对中国特色社会主义主流文化的文化需求、文化认知、文化情感、文化意志和文化行为存在不稳定、不协调的情况，在很多方面都有体现。而马克思主义是中国共产党立党立国的根本指导思想以及中国特色社会主义主流文化的旗帜与灵魂，大学生文化主体对马克思主义指导思想的知行状况相对最能反映其文化精神结构状况。因而，此处主要以大学生文化主体对马克思主义指导思想的知行状况为例进行详细说明。
　　② 资料来源于附录1《新时代高校思想政治教育文化范式实践状况的调查问卷》第7题的统计。
　　③ 资料来源于附录1《新时代高校思想政治教育文化范式实践状况的调查问卷》第10题的统计。

缺乏，进而影响其对中国特色社会主义主流文化的理解和认同。在问及大学生对"我将掌握的马克思主义立场观点方法等知识付诸于实践"这一体现其文化行为题项的同意程度时，①持高肯定态度（选择"非常同意"）的人数比例为27.4%，低于文化需要、文化认知、文化情感、文化意志四个维度的人数比例。由此可推断，大学生文化主体的文化行为并不牢固。正是因为大学生文化主体一定程度上还存在着相对较低的文化需要、文化认知和文化行为水平，使得其文化情感和文化意志缺乏稳定性，进而影响大学生文化主体文化精神结构的稳定性和协调性。当其面对新时代错综复杂的国内外环境时，可能做出与中国特色社会主义主流文化不一致的认知与行为，继而在一定程度上阻碍社会大系统的发展。另一方面，就教育者文化主体对高校思想政治教育文化目标和文化内容的知行状况②而言，教育者文化主体的文化认知、文化情感、文化意志、文化需求状况优于其文化行为状况。如有近30.0%的受访教育者表示："我知道新时代高校思想政治教育文化目标和文化内容所蕴含的意义和价值，也认可其是有益于个体和社会发展的，但却难以将其时刻贯彻于行为之中。"③这就表明部分教育者文化主体对中国特色社会主义主流文化没有真正做到知行合一，必然不利于其投身中国特色社会主义伟大实践，进而一定程度上阻碍社会大系统的发展。总而言之，部分大学生文化主体存在的相对较低的文化需要、文化认知和文化行为水平以及部分教育者文化主体一定程度上存在的知行不一的文化精神结构反作用于社会大系统，对社会大系统产生程度不一的阻碍作用。在进行高校思想政治教育文化范式优化时，要注重对大学生文化主体和教育者文化主体文化精

---

① 资料来源于附录1《新时代高校思想政治教育文化范式实践状况的调查问卷》第11题的统计。

② 教育者文化主体作为高校思想政治教育文化范式实践的组织者和实施者，其文化精神结构状况直接影响着高校思想政治教育文化范式的实践运行。教育者文化主体的文化精神结构状况体现在很多方面，在这之中，其对高校思想政治教育文化目标和文化内容的知行状况直接决定着能否对大学生文化主体进行有效的文化建构。因而，在此主要以教育者文化主体对高校思想政治教育文化目标和文化内容的知行状况为例进行专门论述。

③ 资料来源于附录3《新时代高校思想政治教育文化范式实践状况的访谈提纲（B）》第5题的统计。

神结构的进一步完善，使其在投身中国特色社会主义伟大实践的过程中对社会大系统发挥积极的、建设性发展作用。

（二）高校思想政治教育文化范式作为独立系统的动态运行状况

高校思想政治教育文化范式作为独立系统的动态运行状况，即高校思想政治教育文化范式诸要素圈相互联系和相互作用的状况，具体呈现为高校思想政治教育文化范式的施教运行状况和受教运行状况两个方面。

1. 高校思想政治教育文化范式的施教运行状况

高校思想政治教育文化范式的施教运行状况主要通过施教前准备状况、施教方案制定状况、施教方案实施状况以及施教评估状况体现。

一是在施教前准备阶段，教育者文化主体对高校思想政治教育文化范式各个要素圈以及各个要素进行了选择和加工，但精准性有待提升。具体而言，在对思政界专家学者的调研中，有北京师范大学的受访专家表示："总结近期学校教学督导对思政课教师的听课反馈，发现学校思政课教师基本都做到了备学生、备教材和备教法，如课前对学生情况进行学情分析、上课过程中随时跟学生交流以了解其思想状况、对教学内容进行了深入思考并提前做了授课准备等，这些有利于对高校思想政治教育文化内容传递的达成。"这就表明高校思政课教师对高校思想政治教育文化目标、文化内容、大学生文化主体、文化载体和文化方法等要素进行了选择和加工。有中山大学的知名学者表示："当前，学校的专业课教师在课前基本都会围绕教学目标和内容进行教学设计，其教学设计整体上体现着思政元素，符合课程思政建设的需要。"[1] 这就表明高校专业课教师对高校思想政治教育文化目标、文化内容、文化载体和文化方法等要素进行了选择和加工。同时，有85.0%的受访教师表示："在开展思想政治教育之前，就已经清楚知道了要传递的文化目标和文化内容，并进行了加工，以有利于文化内容的传递和文化目标的达成。"[2] 这就表明大多数教育者文化主体对高校思想政治教育文化范式各个要素圈以及各个

---

[1] 资料来源于附录2《新时代高校思想政治教育文化范式实践状况的访谈提纲（A）》第9题的统计。

[2] 资料来源于附录3《新时代高校思想政治教育文化范式实践状况的访谈提纲（B）》第6题的统计。

要素都进行了一定程度的选择和加工。但是，教育者文化主体对高校思想政治教育文化范式各个要素圈以及各个要素进行选择加工的过程中也存在一些问题。比如，有47.0%的受访教师表示："在教育教学过程中，更注重对学生学情信息的搜集，而忽略了对当前最新的高校思想政治教育文化资源、文化载体和文化方法等要素信息的搜集。"① 这就说明教师在施教前准备阶段没有进行及时全面的信息搜集。有58.5%的大学生在访谈中提到："教师与我们交流的时间比较仓促，有时交流的对象只是前排个别学生，而没有注意到中间和后排学生。而且后续教学中也没有感受到老师就同学们反馈的问题作出明显改变。"② 这就表明教师没有对学情信息进行全面搜集。有受访的福建师范大学的思政界知名学者表示："当前部分高校教师对学情信息和各个要素信息分析得比较粗，如有些教师对不同专业的学生授课使用的是完全一样的教案，没有针对学生的实际情况进行有针对性的信息分析；甚至还有些教师不具备分析学情信息和各个要素信息的意识和能力，如有些教师认为备课没有必要，随性地进行教学活动。"③ 以上访谈资料整体上说明教育者文化主体对高校思想政治教育文化范式各个要素圈以及各个要素选择和加工的精准性有待提升。进行高校思想政治教育文化范式优化，需要结合当前大学生文化主体和社会发展的实际状况和需要，在搜集学情信息的基础上对高校思想政治教育文化目标、文化内容、文化资源、文化载体、文化方法等进行体现时代性和超越性的精准加工，以促成文化内容的传递和文化目标的达成。

二是在施教方案制定阶段，教育者文化主体对高校思想政治教育文化范式各个要素圈以及各个要素之间的适应与匹配状况进行了检验和论证，但在全面系统建设方面还有较大改进空间。调查结果表明，教育者

---

① 资料来源于附录3《新时代高校思想政治教育文化范式实践状况的访谈提纲（B）》第6题的统计。

② 资料来源于附录4《新时代高校思想政治教育文化范式实践状况的访谈提纲（C）》第7题的统计。

③ 资料来源于附录2《新时代高校思想政治教育文化范式实践状况的访谈提纲（A）》第9题的统计。

文化主体为实现文化目标和传播文化内容，整体上保证了高校思想政治教育文化范式各个要素圈以及各个要素之间的适应与匹配。如有清华大学的受访专家表示："我国是社会主义国家，我国高校是社会主义高校。在当前的高校思想政治教育文化范式实践运行中，所有要素都是适应和匹配马克思主义指导思想这一要素的。"① 有82.0%的受访教育者表示："在制定施教方案时，对高校思想政治教育文化载体和方法的选择、对高校思想政治教育文化情境的设置，均是以其是否适应和匹配文化目标和文化内容以及大学生文化主体作为前提标准的。"② 虽然高校思想政治教育文化范式各个要素圈以及各个要素之间整体是适应与匹配的，但还有待进一步全面系统建设。如有西安交通大学的思政界受访专家表示："教师们的教学设计基本都涵盖了高校思想政治教育文化范式诸要素，但是在各个要素的巧妙搭配和有效互动方面的设计不到位。比如设计教育目标和教育内容时，教育目标和教育内容之间搭配生硬、不同层次的教育目标以及不同维度的教育内容之间的过渡不流畅。"③ 有68.5%的受访教师表示："设计的高校思想政治教育文化目标更多考虑的是国家的社会发展的需要，而对大学生的文化需要和思想道德文化素养现状考虑得较少。"④ 这就表明高校思想政治教育文化范式的要素圈之间以及各个要素之间的适应与匹配状况还有待全面系统建设。这也是高校思想政治教育文化范式优化需要注意的方面，只有确保高校思想政治教育文化范式的要素圈之间以及各个要素之间的高度适应与高效匹配，才能实现对大学生文化主体的有效文化引领。

三是在施教方案实施阶段，教育者文化主体整体上依照制定的施教方案对大学生文化主体进行文化建构，但在具体施教过程中，高校思想

---

① 资料来源于附录2《新时代高校思想政治教育文化范式实践状况的访谈提纲（A）》第9题的统计。

② 资料来源于附录3《新时代高校思想政治教育文化范式实践状况的访谈提纲（B）》第6题的统计。

③ 资料来源于附录2《新时代高校思想政治教育文化范式实践状况的访谈提纲（A）》第9题的统计。

④ 资料来源于附录3《新时代高校思想政治教育文化范式实践状况的访谈提纲（B）》第6题的统计。

政治教育文化范式的要素圈之间以及各个要素之间表现出衔接不畅的问题。调查结果表明，教育者文化主体为实现对大学生有效的文化引领，整体上依照制定的施教方案组织和实施了高校思想政治教育文化范式实践。但高校思想政治教育文化范式各要素圈之间以及各个要素之间也存在衔接不畅的现象。具体而言，主要表现为以下三个方面。一是教育者文化主体之间衔接不畅。如有武汉大学的受访知名学者表示："当前，在高校职能部门的教育者中，真正组织和实施高校思想政治教育文化范式实践的较少，大部分教育者忙于日常业务，没有将日常工作与思想政治教育进行深度融合。"① 正如有高达36.5%的教育者所认为的，"高校思想政治教育文化范式实践，是马克思主义学院和高校思政课教师的工作，与其他教学单位和职能部门关系不大"②。这种观点将教育者文化主体窄化为高校思政课教师，割裂了高校思想政治教育文化范式实践运行的教育者文化主体。高校思想政治教育文化范式的实践运行需要在高校党委领导下，宣传部、组织部、学工部、学生处、教务处、团委等职能部门以及其他教学单位多部门协同发力，还需要不同类型的教师之间、不同部门的教师之间、不同部门的领导之间、教师与领导之间深度合作，才能保障其高效运转。二是教育者文化主体与大学生文化主体间衔接不畅。如有受访大学生表示："教育者文化主体在具体的思想政治教育过程中，设置教学内容时没有关注到我的接受能力和现实需要，我难以对其传递的文化内容进行内化与外化。"③ 由此可推论，教育者文化主体与大学生文化主体之间并没有实现有效的衔接。三是高校思想政治教育文化资源、文化载体和文化方法间衔接不畅。如问及大学生"您认为教育者运用的思想政治教育文化资源、文化载体和文化方法，是否贴合当前时代背景和大学生的现实需要"时，选择"非常贴合，教育者文化主体注重结合

---

① 资料来源于附录2《新时代高校思想政治教育文化范式实践状况的访谈提纲（A）》第9题的统计。
② 资料来源于附录3《新时代高校思想政治教育文化范式实践状况的访谈提纲（B）》第1题的统计。
③ 资料来源于附录4《新时代高校思想政治教育文化范式实践状况的访谈提纲（C）》第6题的统计。

当前大学生文化主体重体验的实际,融合多种高校思想政治教育文化资源、文化载体和文化方法开展形式多样的思想政治教育"的大学生仅有(28.0%)。① 这就表明高校思想政治教育文化资源、文化载体和文化方法间没有实现有效衔接。进行高校思想政治教育文化范式优化,一定要做好高校思想政治教育文化范式的要素圈之间以及各个要素之间的衔接工作,才能发挥高校思想政治教育文化范式的育人效用。

四是在施教评估阶段,教育者文化主体有一定的施教评估意识和行为,但也存在突出的局限性。如有武汉大学的受访知名专家学者表示:"当前,面对新时代中国高等教育现代化以及思想政治教育守正创新的重要任务,教育者普遍意识到应该对高校思想政治教育文化范式的施教效果和施教情况进行评估,并制定了一些评价政策制度。"② 有受访管理岗教师表示:"为确保高校思想政治教育文化范式的有效运行,学校制定了高校思想政治教育文化范式实践评价的一些条文规章,老师们基本认可并依照这些条文规章开展教育教学工作。"③ 这就表明教育者文化主体具备一定的施教评估意识和行为。但与此同时,调查结果表明,教育者文化主体在进行施教效果和施教情况评估时,注重效果评估而轻视要素评估和过程评估、重视总结性评估而轻视阶段性评估。如有高校管理岗教师表示:"高校教师往往都很看重学生评教的结果,因为这个结果和其考评晋升有直接关系。但是却很少有老师从自身教学方式方法、自身知识和能力素养等角度去理性反思学生评教结果产生的原因。"④ 这就表明教育者文化主体重视效果评估而轻视过程评估。有 63.0% 的受访大学生表示:"教育者文化主体大多通过随堂测试和期末考试等方式检验我们对其传播的高校思想政治教育文化内容的接受程度,但是较少询问我们对其

---

① 资料来源于附录1《新时代高校思想政治教育文化范式实践状况的调查问卷》第84题的统计。
② 资料来源于附录2《新时代高校思想政治教育文化范式实践状况的访谈提纲(A)》第9题的统计。
③ 资料来源于附录3《新时代高校思想政治教育文化范式实践状况的访谈提纲(B)》第6题的统计。
④ 资料来源于附录3《新时代高校思想政治教育文化范式实践状况的访谈提纲(B)》第5题的统计。

教学方法、教学资源、教学载体等的评价。"① 这就表明教育者文化主体注重效果评估而轻视要素评估、重视总结性评估而轻视阶段性评估。由此可见，高校思想政治教育文化范式施教评估还不完整，直接影响评估结论的全面性、客观性和准确性，继而制约高校思想政治教育文化范式的实践运行。进行高校思想政治教育文化范式优化，要创新全面合理的评价与奖惩机制，为高校思想政治教育文化范式的实践运行提供制度保障。

2. 高校思想政治教育文化范式的受教运行状况

高校思想政治教育文化范式的受教运行状况主要通过大学生文化主体对文化内容内化与外化的状况体现。

大学生文化主体整体上表现出愿意接受文化内容的意愿并具备相应的思想道德文化素养，但其文化内容加工能力相对欠缺。具体而言，通过与大学生文化主体的深度访谈发现，85.0%左右的大学生愿意接受高校思想政治教育文化范式的文化建构，整体上对中国特色社会主义主流文化有真实的文化需求、正确的文化认知、深刻的文化情感、坚定的文化意志以及正向的文化行为。如有87.0%的受访大学生不同程度地提到："作为新时代的青年，我强烈地感受到时代的快速发展和祖国的日益强大，我觉得自己生逢其时又重任在肩，我愿意接受思想政治教育，上思想政治理论课，以此提高自己的思想道德文化素养，成为一个对国家和社会有用的人。"有89.5%的受访大学生不同程度地提到："我是新时代的青年大学生，就应该与时代同向同行。积极接受和参与高校思想政治教育，在这个过程中，不断提高自己的思想素质、政治素质、道德素质、文化素质和法治素养等，为人生个体价值和社会价值的实现奠定坚实的主观条件基础。"② 这就表明大学生文化主体整体上愿意接受高校思想政治教育文化内容并具备相应的思想道德文化素养。但与此同时，大学生文化主体的文化内容加工能力相对欠缺。如有受访的高校教师表示："大

---

① 资料来源于附录4《新时代高校思想政治教育文化范式实践状况的访谈提纲（C）》第6题的统计。

② 资料来源于附录4《新时代高校思想政治教育文化范式实践状况的访谈提纲（C）》第6题的统计。

学生对接受到的文化内容进行及时整合、吸收的主动加工能力相对缺乏，比如，在讲解新知识时，大学生普遍难以将其与之前讲授过的理论知识进行关联性的深化理解。一学期下来，学生的知识是零散的，甚至很快就遗忘了，难以形成自己的知识体系。"① 这就表明大学生文化主体欠缺文化内容加工能力。文化内容加工能力的不足直接制约着大学生文化主体文化认知矛盾运动的深入发展，进而阻碍着其新的文化精神结构的生成。在进行高校思想政治教育文化范式优化时，要提升大学生文化主体对文化内容的加工能力，以确保其在文化认知矛盾运动过后产生正确的文化认知，继而形成积极的文化情感和坚定的文化意志，为正当文化行为的顺利转化奠定基础。

大学生文化主体整体上具备产生正确文化行为的动机和需要，但其文化行为实践能力有待提升。通过与大学生文化主体的深度访谈发现，80.0%左右的大学生能够意识到正当的文化行为对个体和社会发展的积极作用，继而产生对正当文化行为的欲求。如在受访大学生中，有83.5%的大学生不同程度地提到："作为新时代青年大学生，我是在国家和社会的支持和关爱下成长起来的。同时，我也是社会青年群体中具有较高知识素养的人，我的言行对其他的社会成员有示范引领作用。当前，我应该努力学习科学文化知识，积极锻造自己的各方面能力，投身于中国特色社会主义建设事业，为国家发展、社会进步贡献自己力所能及的力量。"② 这就表明大学生文化主体整体上具备产生正确文化行为的动机和需要。但与此同时，大学生文化主体的文化践行能力有待提升。这种践行能力集中体现在对特定文化情境的理解力上。如有受访教育者表示："大学生对特定文化情境的理解力较弱，尤其是当前复杂多变的国内外环境造就的文化多元多样的社会情境客观上增加了大学生理解文化情境的难度，这就使得大学生的文化情境理解力亟待提升。比如，当前面对西方敌对势力恶意散布的不利于中国特色社会主义主流文化发展的不良、

---

① 资料来源于附录3《新时代高校思想政治教育文化范式实践状况的访谈提纲（B）》第5题的统计。

② 资料来源于附录4《新时代高校思想政治教育文化范式实践状况的访谈提纲（C）》第6题的统计。

不实信息，大学生就相对容易受其影响。"① 这就表明大学生文化主体的文化践行能力不足。进行高校思想政治教育文化范式优化，要注重对大学生文化践行能力的提升，帮助大学生文化主体在多元多样的文化情境中感知中国特色社会主义主流文化的正确、科学、正能量。在此基础上，作出正确的文化行为判断、科学的文化行为决策并实施正当的文化行为。

第三节 新时代高校思想政治教育文化范式实践状况问题的成因分析

为推进新时代高校思想政治教育文化范式的科学化、实效化发展，需要进一步探究当前高校思想政治教育文化范式实践状况问题的成因，在此基础上提出针对性的高校思想政治教育文化范式优化策略。新时代，以习近平同志为核心的党中央高度重视高校思想政治教育工作在坚持和发展中国特色社会主义中的地位和作用，并对高校思想政治教育作出了重要部署和安排。在这样的大背景下，高校思想政治教育文化范式实践得到有力保障，整体上发挥了对大学生文化主体的文化价值引领和精神家园构建的功能与作用。但是，正如前文调研结果所表明的，高校思想政治教育文化范式在实践过程中，其静态要素和动态运行都不同程度地呈现出一些问题。产生这些问题的原因主要包括领导保障落实不到位、各方协同联动的工作格局未形成、教育者文化主体素质参差不齐、大学生文化主体主动性不足四个方面。

一 相关部门对高校思想政治教育文化范式的重视不足

高等院校在进行思想政治教育文化范式实践时，高校党委和各级部门都是执行的主体，但是在具体实践过程中，其对高校思想政治教育文化范式的重视程度不足，主要表现为高校党委领导有缺位以及高校各级部门落实有缺失两个方面。

---

① 资料来源于附录3《新时代高校思想政治教育文化范式实践状况的访谈提纲（B）》第5题的统计。

(一) 高校党委对高校思想政治教育文化范式的领导有缺位

在新时代，优化高校思想政治教育文化范式，首先就要紧紧抓住党的领导这个"牛鼻子"，贯彻高校党委在思想政治教育文化范式实践中的主体责任。多年来，高校党委一直重视高校思想政治工作，注重思想政治教育以文化人、以文育人功能和作用的发挥和实现。如各大高校都不同程度地落实了2019年8月《关于深化新时代学校思想政治理论课改革创新的若干意见》提出的"高校党委书记、校长带头抓思政教育"的要求，在"把方向""管大局"层面上为高校思想政治教育文化范式实践创造了良好的支持条件。但是，部分高校党委对思想政治工作的重视程度不够，主要表现为缺乏"做决策""保落实"层面的统筹推进举措。如有受访教师表示："高校党委对高校思想政治教育文化范式的领导，更多地表现为在文件中提出来、在讲话中说出来，但没有具体举措，又落不到实处，如没有制定促进高校思想政治教育文化范式实践的支持政策等实际行动，甚至对有关文件精神或指示要求降低标准、变形走样。"[①] 在高校思想政治教育文化范式实践过程中，高校党委把握了思想政治教育工作为党育人、为国育才的大方向，对思想政治教育文化范式实践进行了理念层面的顶层设计和全面规划。但在统筹推进工作方面对应承担的主体责任落实不够，如没有及时制定出台贯彻落实新时代高校思想政治教育文化范式实践的针对性方案，没有构建体系化的高校思想政治教育文化范式实践配套保障制度。高校党委在统筹推进方面的领导缺位，阻碍了高校思想政治教育文化范式实践的顺利进行。

(二) 高校各部门对高校思想政治教育文化范式的落实有缺失

高校思想政治教育文化范式实践是一项复杂的系统工程，需要包括教师工作部、党委宣传部、教务处、人事处、学生工作部（处）、团委和二级学院等每一个部门守好责任田，落实执行主体的责任，才能保证高校思想政治教育文化范式实践的效果。但是调查结果发现，高校思想政治教育文化范式在诸部门的落实过程中，各部门往往以日常的、近期的

---

① 资料来源于附录3《新时代高校思想政治教育文化范式实践状况的访谈提纲（B）》第7题的统计。

工作为重，存在将高校思想政治教育文化范式实践这一影响深远却效果渐进的工作"边缘化"的倾向。如大多数受访行政岗教师表示："在部门的年度工作计划中基本没有关于高校思想政治教育文化范式实践的项目，感受不到其重要性。"① 年度项目是各部门年度工作计划的实现方式，通过明确项目目标、项目内容、项目周期，以及落实具体责任人和后期的检查督办，使每年的工作计划能相互衔接，逐步扩大和深入，逐渐实现"立德树人"的长期任务。高校思想政治教育文化范式实践作为一项长期战略任务，没有被落实到各部门的年度工作计划中，就难以引起各个部门的真正重视，继而不利于其在实践中被持续稳步推进，其功能和作用也难以发挥。正如有受访的专业课教师表示："立德树人是很重要，但每年的考核基本都是倾向于爱岗敬业、提高教学科研水平等方面，我不得不把更多的精力投入到科研、学科建设以及评奖晋级等方面。"② 这说明在高校的考核评价中没有明确高校思想政治教育文化范式实践所占的比重，也缺乏评估指标，难以激发教育者文化主体投身高校思想政治教育文化范式实践的主动性和积极性。以上现象可以表明高校各部门不同程度地将高校思想政治教育文化范式实践浮于表面而没有很好地落实，制约了高校思想政治教育文化范式育人效用的发挥。

二　高校思想政治教育文化范式实践中各方协同联动的工作格局未形成

高校思想政治教育文化范式实践，不仅需要高校党委的统一领导和各部门的贯彻落实，还需要各方力量在目标上一致、在功能上协同、在内容上匹配，以形成有机整合的育人合力。但是，在高校思想政治教育文化范式实践中，各方力量不一致、不协调，尚未形成协同联动，成为影响高校思想政治教育文化范式实践效果的重要因素。

---

① 资料来源于附录3《新时代高校思想政治教育文化范式实践状况的访谈提纲（B）》第7题的统计。

② 资料来源于附录3《新时代高校思想政治教育文化范式实践状况的访谈提纲（B）》第7题的统计。

(一) 高校职能部门、二级学院、思政工作队伍步调不一致、不协调甚至相互脱节

习近平总书记在全国高校思想政治工作会议上明确指出,要坚持把立德树人作为中心环节,把思想政治工作贯穿教育教学全过程,实现全程育人、全方位育人。这是新时代高校思想政治教育文化范式实践的行动指南。高校职能部门、二级学院、思政工作队伍尽管具有不同的工作职责,但都是高校思想政治教育文化范式实践的执行主体,应该认识到自身在高校思想政治教育文化范式实践中的作用,结合分工落实好本领域内的思想政治教育工作。但是调查结果发现,高校思想政治教育文化范式实践通常被划分为思想政治理论课教师的职责和学生工作的内容,思想政治理论课是高校进行思政教学的主阵地和主渠道,学校团委、学生处是开展思政活动的主要部门,其他职能部门和二级学院与思政工作队伍缺乏合作互动和协调沟通。如有受访教师表示:"每个部门都有繁重的日常工作,对大学生文化主体进行中国特色社会主义主流文化意义和价值的传播应该是思政课教师的工作。"[①] 高校教师在这种对学校乃至国家长远战略任务与当前工作事务关系的错误认识的支配下,对高校思想政治教育文化范式实践会产生消极参与、抵触甚至排斥的行为,进而产生与思政工作队伍步调不一致、行为不协调甚至相互脱节的情况,严重影响高校思想政治教育文化范式实践的发展。客观来说,高校思想政治教育文化范式内涵的丰富性与实践操作层面的复杂性、学校各部门详细的分工和明晰的职责以及教师工作内容的不同定位等可能加剧上述现象的产生。但高校职能部门、二级学院与思政工作队伍步调不一、行为不协调甚至相互脱节的情况,在实际上确实制约着高校思想政治教育文化范式育人效用的发挥,应该予以重视和改进。

(二) 各类文化资源、载体和方法的配合运用没有实现较好的协同格局

当前,高校思想政治教育文化范式实践大力挖掘了组织型、人才型、

[①] 资料来源于附录3《新时代高校思想政治教育文化范式实践状况的访谈提纲(B)》第1题的统计。

理论型和情感型文化资源,充分重视物质型文化载体、精神型文化载体、制度型文化载体和活动型文化载体建设,初步运用了文化理论解释法、文化叙事理解法和文化体验实践法,以增强自身的时代感和吸引力,确保自身育人效用的发挥。但调查发现,在文化资源、文化载体、文化方法日益丰富的同时,各类文化资源、文化载体和文化方法的配合运用没有实现较好的协同格局。如问及大学生"您认为教育者文化主体运用的高校思想政治教育文化资源、文化载体和文化方法,是否贴合当前时代背景和大学生的现实需要"时,仅有28.0%的大学生选择"非常贴合,教育者文化主体注重结合当前大学生重体验的实际,融合多种高校思想政治教育文化资源、文化载体和文化方法开展形式多样的思想政治教育",选择"不太贴合,教育者文化主体基本上都是选用理论型文化资源、通过课堂教学类活动文化载体、运用文化理论解释法开展思想政治教育"的学生占比高达21.2%。[①] 这就表明在高校思想政治教育文化实践中,对各类文化资源、文化载体和文化方法的运用相对单一、简单。尤其是面对当前传播方式深刻变革的时代背景和个性特征鲜明的大学生文化主体,高校思想政治教育文化范式实践未因事而化、因时而进、因势而新地开发新技术、新手段、新方法并配合运用,使得以文化人、以文育人效果难以为继。

三 高校思想政治教育文化范式实践中教育者文化主体素质参差不齐

教育者文化主体作为高校思想政治教育文化范式实践的组织者和实施者,其主体素质直接制约着高校思想政治教育文化范式实践的效果。当前,在高校思想政治教育文化范式实践中,教育者文化主体素质参差不齐,主要表现为部分教育者文化主体不具备满足高校思想政治教育文化范式实践需要的自觉意识和实践能力。

[①] 资料来源于附录1《新时代高校思想政治教育文化范式实践状况的调查问卷》第84题的统计。

（一）部分教育者文化主体缺乏高校思想政治教育文化范式主体的自觉意识

作为高校思想政治教育文化范式实践的组织者和实施者，教育者文化主体只有全面把握其价值意义、基本内涵、主要特征、要素结构、运行机理等问题，在此基础上才能形成高校思想政治教育文化范式主体应有的自觉意识，进而投入高校思想政治教育文化范式实践。总结调研结果发现，部分教育者文化主体对高校思想政治教育文化范式缺乏全域性的深入且深刻的认识和理解，尤其是对高校思想政治教育文化范式对国家、社会以及大学生文化主体的发展具有的重大意义存在认知偏差，对高校思想政治教育文化范式发挥作用的规律理解不深，致使其缺乏投入高校思想政治教育文化范式实践的自觉意识。一方面，以部分行政岗教师和专业课教师为代表的教育者文化主体对高校思想政治教育文化范式地位作用存在认识偏差。或是没有从文化价值引领的战略高度认识高校思想政治教育文化范式，从而对其产生"无意的冷漠"；或是将其定位为知识性教育，将其等同于政治教育、道德教育、法治教育或心理教育，弱化了对高校思想政治教育文化范式的关注力度。另一方面，部分教育者文化主体对高校思想政治教育文化范式发挥作用的规律把握不深，主要表现为对高校思想政治教育文化范式与社会大系统之间、高校思想政治教育文化范式各个要素圈及其内部各个要素之间相互作用的过程与方式缺乏明晰的理解，不利于施教过程的顺利推进，也直接阻碍着大学生文化主体对其传递的高校思想政治教育文化内容的内化。

（二）部分教育者文化主体推动高校思想政治教育文化范式发展的实践能力不足

教育者文化主体的实践能力直接决定着高校思想政治教育文化范式实践效果，部分教育者文化主体实践能力不足就成为制约高校思想政治教育文化范式发展的关键因素。教育者文化主体的实践能力不足主要表现为在组织、实施高校思想政治教育文化范式实践过程中，不具备教育者文化主体应该具备的各种知识技能以及言行没有体现知行合一。如有受访大学生表示："高校思政工作者过于依赖教材内容的既定阐述，没有从我们的现实需要角度出发，从我们关心的热点、难点问题入手，对教育内容作扩充和转化。同时,面对当前的数字化时代,在教学资源、教学载体和教学方法的运用方面不够灵活多样。"① 这就表明教育者文化主体对高校思想政治教育文化范式诸要素的把握能力不足。此外,对教育者文化主体的访谈结果表明,部分教育者文化主体的文化精神结构表现出"高认知、低行为"的倾向。② 在高校思想政治教育文化范式实践中,教育者文化主体作为组织者和实施者,其言行本身对大学生文化主体就有示范引领作用。教育者文化主体知行不一也制约着高校思想政治教育文化范式的有效运行。教育者文化主体需充分认识自身在高校思想政治教育文化范式实践中具有的主导性、创造性和超越性,积极锻造作为高校思想政治教育文化范式组织者和实施者应具备的实践能力,进而推动高校思想政治教育文化范式实践发展。

四 高校思想政治教育文化范式实践中大学生文化主体的主动性不足

大学生文化主体作为高校思想政治教育文化范式的受教主体,其接受教育的主动性是保障高校思想政治教育文化范式实践效果的前提。当前,部分大学生文化主体对高校思想政治教育文化范式实践理解存在混沌性,致使其接受教育的主动性不足,进而影响高校思想政治教育文化范式实践。

(一)大学生文化主体成长的阶段性影响其对高校思想政治教育文化范式理解的稳定性

大学生文化主体作为具有较高知识素养的群体,对高校思想政治教育文化范式有一定认识,继而能够有意识地对中国特色社会主义主流文化的意义和价值进行程度不同的内化和外化。但与此同时,大学生文化主体也正处于生理和心理趋向成熟,而世界观、人生观、价值观又有待塑造的时期,使得其对高校思想政治教育文化范式的理解处于不稳定的

---

① 资料来源于附录4《新时代高校思想政治教育文化范式实践状况的访谈提纲(C)》第6题的统计。

② 资料来源于附录3《新时代高校思想政治教育文化范式实践状况的访谈提纲(B)》第5题的统计。

状态。加之,就外部环境而言,当前复杂多变的国内外环境客观上弱化了大学生文化主体的辨别能力,加剧了其理解的不稳定性;就内部环境而言,大学阶段是大学生文化主体自我矛盾以及与外界矛盾的高发期,拥有高于以往人生阶段自主自由性的大学生文化主体,同时面临学业、人际交往、就业、经济压力等多种问题,大多数学生在应对此类问题的过程中会加重其不稳定感。这些不稳定性会影响大学生文化主体对高校思想政治教育文化范式理解的广度和深度。这之中浅表化甚至偏差化的理解就会影响大学生文化主体接受高校思想政治教育文化范式对自身进行文化建构的主动性。

(二)功利主义倾向消解了大学生文化主体对自身内在超越性的关注,进而忽视了高校思想政治教育文化范式的价值

在访谈中,当被问及"您怎么理解'新时代高校思想政治教育文化范式'"时,受访大学生的回答中"参与思想政治教育活动可以加分""可以为升学就业增加筹码"等成为高频词汇,显示出明显的功利主义倾向。① 功利主义强调理性的斟酌算计、利益的反复考量和结果的思维导向。而高校思想政治教育文化范式实践是对精神世界的关注和文化意义和价值的追逐,主要通过优化人的文化精神结构产生社会价值和个体价值,且其价值产生的周期往往很长,而且效果难以确证和估量。因此,按照功利主义的物质标准和个人利益的评价标准和原则,高校思想政治教育文化范式并非能够对个体发展产生立竿见影的、直接的、物质性的价值,不符合当前市场化交往中的部分大学生文化主体"能否获利"与"成本—收益"的价值标准,其"必要性"和"必须性"一定程度上受到忽视。当然,大学生文化主体表现出的功利主义倾向有其形成的客观原因,这主要表现为以下两个方面:一方面,当今时代从整体上来说仍处于人对物的依赖阶段,"物"的至高性消解了人对自身内在超越性的关注;另一方面,市场经济的利益化导致大学生文化主体对个人维度的价值重视程度递增,催生物质主义至上观念和实用思维,导致人们

---

① 资料来源于附录4《新时代高校思想政治教育文化范式实践状况的访谈提纲(C)》第1题的统计。

在判定事物价值的时候，往往以物质标准和个人利益来衡量。但是这种功利主义倾向确实不利于大学生文化主体深刻理解高校思想政治教育文化范式的价值，继而消解着其参与高校思想政治教育文化范式实践的主动性。

第 五 章

新时代思想政治教育文化范式的实践优化路径
——以高校为场域

鉴于第四章对新时代高校思想政治教育文化范式实践状况的深入分析，发现如下一些问题：在高校思想政治教育文化范式的静态要素方面，存在教育者文化主体和大学生文化主体对马克思主义指导思想理解不深、在人性观的知行方面存在差异，高校思想政治教育文化目标在设计上轻发展性文化目标与"向内完善"文化目标，高校思想政治教育文化内容系统性不足，高校思想政治教育文化资源的使用程度参差不齐等问题；在高校思想政治教育文化范式的动态运行过程中，存在高校思想政治教育文化范式各个要素圈以及各个要素之间衔接不畅等问题。对此，为了进一步提升高校思想政治教育文化范式实践的有效性，就有必要优化新时代高校思想政治教育文化范式实践路径。为此，本章主要从完善高校思想政治教育文化范式的诸要素圈结构、构建高校思想政治教育文化范式实践的一体化格局及建立高校思想政治教育文化范式实践的长效机制三个方面对新时代高校思想政治教育文化范式实践路径进行优化，以确保新时代高校思想政治教育文化范式有效性的发挥。

第一节 完善高校思想政治教育文化范式的诸要素圈结构

通过第四章调研发现，高校思想政治教育文化范式的诸要素圈不同程度地存在一定问题，而诸要素圈及诸要素圈内的各个要素是高校思想政治教育文化范式的重要组成部分，只有先将其完善才能更好地发挥高校思想政治教育文化范式诸要素圈的合力作用，提升高校思想政治教育文化范式的实效性。因此，以下分别从高校思想政治教育文化范式深层要素圈、核心要素圈、中介要素圈及外围要素圈的角度对如何完善诸要素圈作一阐述。

一 坚定马克思主义对高校思想政治教育文化范式的指导地位

（一）确保马克思主义指导思想贯穿于高校思想政治教育文化范式始终

马克思主义作为中国共产党的指导思想，是中国特色社会主义意识形态的重要旗帜，其深刻揭示了自然界、人类社会以及人类思维发展规律，同时具有丰富的内容体系。要确保马克思主义指导思想贯穿于高校思想政治教育文化范式始终，需要做好以下四方面工作。

第一，坚持用马克思主义基本立场、基本观点和基本方法以及马克思主义中国化最新成果指导高校思想政治教育文化范式。马克思主义基本立场、基本观点和基本方法是分析问题和解决问题的科学理论，高校思想政治教育文化范式要坚持以马克思主义基本立场、基本观点和基本方法为指导。同时还要坚持对马克思主义中国化最新成果的深入运用，即坚持以习近平新时代中国特色社会主义思想武装头脑，以确保高校思想政治教育文化范式的政治方向和先进性。第二，高校思想政治教育文化范式要以马克思主义为指导，还要厘清"为谁化人""化成什么样的人""怎么化人"的基本问题。一是厘清"为谁化人"。马克思主义指导下的高校思想政治教育文化范式服务于作为执政党的中国共产党，而中国共产党始终代表中国最广大人民群众的利益，体现了党的主张与人民群众意志的统一，因此，高校思想政治教育文化范式同样也服务于人民。这便表明高校思想政治教育文化范式是为中国共产党"化人"，为中国特色社会主义事业发展化育高素质大学生文化主体，同时也就是为人民大众化人。二是厘清"化成什么样的人"。高校思想政治教育文化范式按照国家与社会发展要求化育大学生文化主体，运用马克思主义武装其头脑，引导其树立崇高理想信念，"'培养德智体美劳全面发展的社会主义建设者与接班人'和'努力培养担当民族复兴大任的时代新人'"①。三是厘清"怎么化人"。这就要求高校思想政治文化范式要在坚持马克思主义方法论的基础上，进一步优化方式、方法与手段，结合各种文化形式使习近平新时代中国特色社会主义思想入耳、入脑、入心。第三，高校思想政治教育文化范式各要素圈要坚持以马克思主义为指导。无论是深层要素圈、核心要素圈，还是中介要素圈、外围要素圈，都要始终坚持以马克思主义为指导思想。例如，在高校思想政治教育文化内容选取上要体现马克思主义基本立场、基本观点与基本方法，同时还要将习近平新时代中国特色社会主义思想纳入其中，使大学生文化主体领悟新思想的丰富内涵及时代价值。在运用高校思想政治教育文化方法时，要善于运用马克思主义辩证唯物主义与历史唯物主义分析与解决问题，坚持具体问题具体分析，处理好马克思主义与非马克思主义的关系。第四，高校思想政治教育文化范式实践运行全过程要坚持以马克思主义为指导。一方面，要将马克思主义指导思想贯彻于高校思想政治教育文化范式施教运行过程。诸如在信息搜集与加工、方案制定与实施、施教评估阶段等都要遵循马克思主义的基本立场、基本原则、基本方法，坚持理论联系实际，避免施教过程教条化。另一方面，高校思想政治教育文化范式受教运行过程也要坚持马克思主义的指导思想。通过引导大学生文化主体学习马克思主义基本原理及马克思主义中国化理论成果，使其树立正确的世界观、人生观与价值观，促使其产生正确的行为实践。

(二) 坚持高校思想政治教育文化范式中的马克思主义人性观

新时代高校思想政治教育文化范式在马克思主义的指导下，坚持的正确人性观即是马克思主义人性观。高校思想政治教育文化范式坚持马克思主义人性观，最为重要的是要使教育者文化主体和大学生文化主体坚持马克思主义人性观。为确保教育者文化主体与大学生文化主体秉持马克思主义人性观进行高校思想政治教育文化范式实践，需要做好以下

---

① 冯刚、彭庆红等：《新时代高校思想政治教育学原理》，人民出版社2021年版，第2页。

两方面工作。

一是厘清高校思想政治教育文化范式中马克思主义人性观的内容。高校思想政治教育文化范式在马克思主义指导下，坚持的正确人性观主要涉及人性的文化未然性、人性的文化关系性与人性的文化转换性三个方面的内容。第一，坚持人性的文化未然性。具体而言，无论是教育者文化主体还是大学生文化主体，其在人性发展方面都存在未完成性。对于教育者文化主体而言，随着年龄的增长和阅历的积累，大部分教育者文化主体已处于发展相对成熟阶段，但在终身教育理念的影响下，其在组织实施高校思想政治教育文化范式实践运行过程中仍需要不断转变与完善自身的人性。对于大学生文化主体而言，其正处于世界观、人生观与价值观的形成时期，处于人生的"拔节孕穗期"，更需要坚持人性的文化未完成性，这也表明了高校思想政治教育文化范式的开展具有必要性与可能性。第二，坚持人性的文化关系性。高校思想政治教育文化范式是教育者文化主体与大学生文化主体双向建构的过程，这个过程本身就是人性的文化关系性的体现，正是在人性的文化关系性中实现着人性的发展。与此同时，教育者文化主体与大学生文化主体还与不同的社会主体建立关系，正如"社会关系的总和"这一马克思主义对人的本质的基本判断，也就表现为要全面客观地分析人性的文化关系性。第三，坚持人性的文化转换性。教育者文化主体与大学生文化主体是在文化互动中实现人性转换的。教育者文化主体在施教过程中不断加深对人性问题的思考与思想升华，大学生文化主体则在受教过程中接受教育者文化主体的显性与隐性作用，追求自由全面的发展，在这个过程中深化对人性问题的认识理解。

二是加强对教育者文化主体和大学生文化主体的马克思主义人性观教育。高校思想政治教育文化范式实践运行是教育者文化主体和大学生文化主体双向互动的过程，只有教育者文化主体和大学生文化主体秉持马克思主义人性观，高校思想政治教育文化范式诸要素圈及诸要素圈内的各个要素才能实现协同育人。因此，对于教育者文化主体而言，一是要形成马克思主义人性观意识。无论是管理者主体还是教师主体、中青年教师还是老年教师、思政课教师或者其他教师，均需在正确人性观指导下坚守育人初心，推进高校思想政治教育文化范式有效运行。在这之中，尤其要加强对管理者主体、中青年教师以及非思政课教师的马克思主义人性观教育。正如第四章调研结果所表明的：管理者主体对人性观的认知正确率整体低于教师主体、中青年教师对人性观的认知正确率整体低于老年教师、非思政课教师对人性观的认知正确率整体低于思政课教师。[1] 因此，注重对管理者主体马克思主义人性观的引导教育，以确保其在高校思想政治教育文化范式实践运行中落实自身肩负的领导责任。同时，还要注重引导教师互助，如通过"老带青"帮助中青年教师树立马克思主义人性观意识。此外，还要进一步加强课程思政建设，在最大范围内提升教育者文化主体的人性观意识水平。二是要将马克思主义人性观贯穿于高校思想政治教育文化范式的施教运行过程中。教育者文化主体在充分认识人性的文化未然性、人性的文化关系性与人性的文化转换性的基础上，在组织与实施高校思想政治教育文化范式的过程中，将大学生看作处于成长期和有待塑造的文化主体，以合作互促的理念，坚守育人初心，坚持教书育人。就大学生文化主体而言，一方面，要对大学生进行马克思主义人性观教育。将马克思主义人性观教育纳入高校思想政治教育文化内容之中，在学习相关文化内容的过程中引导大学生对人性的文化未然性、人性的文化关系性与人性的文化转换性形成正确认知。在此，需要注意的是，在对大学生文化主体开展马克思主义人性观教育时，要注意结合不同大学生文化主体的人性观实际情况进行针对性施教。同时，可以发挥大学生党员、学习标兵、实践明星等榜样朋辈群体的示范引领作用。另一方面，要发挥教育者文化主体言传身教的示范引导作用。教育者文化主体要在对马克思主义人性观身体力行的过程中影响大学生文化主体，促使其深刻理解马克思主义人性观的内涵与效用，从而帮助其树立并践行马克思主义人性观。

---

[1] 这一结论的具体说明详见第四章第一节"高校思想政治教育文化范式深层要素圈的实践现状"部分。

二 重点优化高校思想政治教育文化范式核心要素圈诸要素

（一）确立高校思想政治教育多维层级的文化目标

高校思想政治教育文化目标是中国共产党与人民群众的意志与利益的集中反映与表达，而确立科学合理的文化目标有助于确保高校思想政治教育文化范式实践运行过程中坚持正确方向指引，进而取得良好的以文化人、以文育人成效。为此，可从以下两个方面开展具体的文化目标确立工作。

一方面，清晰界定高校思想政治教育四个文化目标。一是明确高校思想政治教育规范性文化目标。高校思想政治教育规范性文化目标旨在实现大学生文化主体对中国特色社会主义道路、理论、制度、文化的认同，尤其是认同习近平新时代中国特色社会主义思想。同时还要使大学生文化主体认同诸如社会公德规范、职业道德规范及家庭美德规范等当前社会的文化规范，引导大学生文化主体在理解内化与自觉遵守的基础上实现社会化。二是确立高校思想政治教育优化性文化目标。具体而言，第一，促进大学生文化主体养成良好的性格。例如通过讲授中国共产党成立以来仁人志士不怕牺牲、英勇斗争的奋斗历史，使得大学生文化主体逐渐养成顽强拼搏的性格，敢于直面与积极应对学习与生活中所面临的种种困难。第二，增强大学生文化主体的思辨能力、实践能力、创新能力等各方面能力。诸如在讲授高校思想政治教育文化内容时通过设置不同问题，引导大学生文化主体在思考问题过程中明辨是非，提升其思辨能力；在参与各类校园文化实践活动中增强其动手实践能力与自主创新能力，还可以通过"三下乡"社会实践活动锻炼其责任担当能力；等等。第三，提升大学生文化主体素质，最终实现自我超越和全面发展。大学生文化主体在接受中国特色社会主义主流文化建构的过程中，文化精神结构得到了优化，对中国特色社会主义形成了真实的文化需求、正确的文化认知、深刻的文化情感、坚定的文化意志以及正向的文化行为，在提升思想道德文化素质的过程中促进了自我超越和全面发展。三是关注高校思想政治教育"向内完善"的文化目标。第一，引导大学生文化主体将个人理想同共产主义远大理想和中国特色社会主义共同理想有机统一；第二，运用社会主义核心价值观引导大学生文化主体，使其树立正确的价值观，在生活中追求真善美，进而不断提升自身的思想道德文化素养，使之成为担当民族复兴大任的时代新人。四是厘清高校思想政治教育"向外发展"文化目标，即引导大学生文化主体投身中国特色社会主义伟大实践。具体而言，在微观上，引导大学生文化主体做好学习这一本职工作。在校期间，学习是大学生文化主体的第一要务，因此要勤勤恳恳、脚踏实地完成各项学业。在中观上，大学生文化主体要将个人发展与社会发展紧密联系。大学生文化主体作为社会的一部分，要及时关注社会发展变化，不断调整自身发展方向，在不断发展自身能力的过程中为社会发展作贡献。在宏观上，引导大学生文化主体主动担当实现中华民族伟大复兴的使命。当前，我国正处于向第二个百年奋斗目标迈进的关键时期，这就要求大学生文化主体成为有理想有本领有担当的时代新人，积极投身于祖国发展最需要的地方，将个人的前途命运与民族国家的前途命运紧密关联，融入民族复兴的时代伟业中去。

另一方面，根据教育情境灵活地完成高校思想政治教育四个文化目标。一是针对不同类型高校而言，其所要完成的目标的侧重点不同。例如对于军事类高等院校，规范性目标应该被置于突出地位，积极贯彻新时代人才强军战略与党的强军思想，教育军校大学生文化主体遵守军规军纪，坚定地拥护中国共产党的领导，做到爱党、护党、为党，为军队现代化建设提供储备人才。对于普通高等院校而言，大力推进新工科、新医科、新农科、新文科建设，既要注重实现规范性文化目标，实现其对中国特色社会主义道路、理论、制度、文化的认同，尤其是认同习近平新时代中国特色社会主义思想；还要推动优化性文化目标的达成，使其在发展自身性格与能力的过程中提升思想道德文化素质，最终实现自我超越和全面发展。二是在不同的微观教育情境中所侧重达成的文化目标不同。以不同的高校思想政治教育文化内容为例，在针对"人生价值的评价"这一内容进行高校思想政治理论课的课堂讲授时，着重于达成高校思想政治教育规范性文化目标及"向内完善"文化目标；在针对"人生价值的实现"这一内容进行高校思想政治理论课的课堂讲授时，侧重于达成高校思想政治教育的优化性文化目标和"向外发展"文化目标。三是依据不同大学生文化主体的具体文化需要，要实现的文化目标不同。

当前以"00后"为主力的新时代大学生文化主体，具有突出的个性特征和多元多样的文化需求。这就需要高校思想政治教育文化范式站在大学生文化主体多样化的文化发展需求的立场上，循序渐进实现高校思想政治教育四方面文化目标。

（二）丰富高校思想政治教育的文化内容体系

高校思想政治教育文化内容是高校思想政治教育文化范式实践运行十分核心的要素，需要依据时代变化与实践发展不断丰富高校思想政治教育文化内容体系，进而深化大学生文化主体对高校思想政治教育文化内容的领悟与理解。具体而言，可从以下四个方面丰富高校思想政治教育文化内容体系。

一是完善中国特色社会主义思想文化教育内容。首先，要充分体现新时代思想文化教育内容，主要表现为对马克思主义基本立场、基本观点、基本方法的深刻体现，同时还要进一步总结并充分体现习近平新时代中国特色社会主义思想中所体现的马克思主义基本立场、基本观点与基本方法。其次，还要将中国特色社会主义思想文化产生的历史渊源、现实意义和功能作用等问题纳入其中，在"为什么"以及"怎么用"的层面对中国特色社会主义思想文化进行深入讲解。比如在讲解马克思主义人生观中"服务人民、奉献社会"是科学高尚的人生追求时，可以将其置于中国共产党百年奋斗历程中引导大学生文化主体深刻理解"服务人民、奉献社会"何以成为科学高尚的人生追求，中国共产党人是如何在"服务人民、奉献社会"的过程中实现自己人生价值的。同时还要在坚持马克思主义的前提下对其他人类思想文化成果进行批判性吸收与借鉴，从而在比较中深化大学生文化主体对中国特色社会主义思想文化教育内容的认知和认同。

二是完善中国特色社会主义政治文化教育内容。第一，呈现新时代的中国特色社会主义政治文化教育内容。其核心是中国特色社会主义政治意识形态内容，主要包括马克思主义的价值基础、以人民为中心的价值立场以及人的解放与发展的价值目标。同时，还要结合中国共产党政党文化内容充分表明中国共产党为什么"能"以及中国特色社会主义为什么"好"。第二，选取优秀的中国传统政治文化内容。诸如"民为邦本，本固邦宁""水能载舟，亦能覆舟"等，呈现了中国传统政治文化的民本思想，体现了坚持以人民为中心的思想。第三，纳入国外先进的政治文化思想。例如在对雅典民主政治、洛克的分权思想、卢梭的人民主权学说、康德国家学说等西方政治文化思想进行批判性吸收之后，将其中的有益成分纳入中国特色社会主义政治文化教育内容之中，在中西对比中开阔大学生文化主体的政治视野。

三是完善中国特色社会主义道德文化教育内容。首先要涉及新时代道德文化内容。主要包括文明礼貌、助人为乐、爱护公物、保护环境等社会公德文化教育内容，爱岗敬业、诚实守信等职业道德文化教育内容，尊老爱幼、孝亲敬老等家庭美德文化教育内容以及勤奋刻苦、勤俭节约、品行端正的个人品德文化教育内容。其次，要继承与弘扬中国古代优秀传统道德文化内容。例如"仁义礼智信""天下兴亡，匹夫有责""自强不息，厚德载物"等。通过对中国古代优秀传统道德文化思想的深入挖掘，提升中国特色社会主义道德文化教育内容的历史厚重感。最后，要批判性地吸收借鉴人类一切有益的道德文明成果。例如对待西方资本主义国家在处理人与人之间关系时所提倡的"自由、平等、博爱"等道德规范，在结合本国国情的情况下将其转译为"本土化"的具体的道德文化教育内容。

四是完善中国特色社会主义法治文化教育内容。第一，涵盖新时代的中国特色社会主义法治文化。新时代中国特色社会主义法治文化在于"积极培育内含社会主义先进文化要求的法治主体意识、价值导向、思维模式及精神信仰"[①]。例如将习近平法治思想融入中国特色社会主义法治文化教育内容之中，牢牢确立习近平法治思想在全面依法治国中的指导地位，同时运用习近平法治思想认识分析法治领域中的现象和问题。第二，继承发展中华传统优秀法律文化。诸如将我国传统法律文化中德法相辅、明德慎罚、立善法于天下等传统法律文化纳入中国特色社会主义法治文化教育内容，挖掘中华法律文化精华，进而择善而用。第三，选择性地借鉴国外有益的法治文化成果。西方法治文化经历了较长的历

---

① 刘卓红、张堃：《以社会主义核心价值观引领新时代中国特色社会主义法治文化建设》，《马克思主义理论学科研究》2020年第4期。

史积淀,可以结合我国的具体语境深入剖析西方资本主义国家所坚持的法治文化,使大学生文化主体在对中西法治文化思想的比较思辨中产生正确认识。

(三) 提升教育者文化主体在高校思想政治教育文化范式实践中的主体自觉

教育者文化主体是高校思想政治教育文化范式实践的组织者与实施者,其主体意识及素质能力直接关涉高校思想政治教育文化范式实践效用的发挥,进而影响着对大学生文化主体文化建构的成效。为此,可从以下两个方面着手提升教育者文化主体在高校思想政治教育文化范式实践中的主体自觉。

一方面,要提升教育者文化主体组织与实施高校思想政治教育文化范式的主体意识。教育者文化主体的主体意识是对自身在整个教育活动中的主体地位、主导作用、使命担当、重要职责等的全面深刻认知,[1] 提升其主体意识有助于教育者文化主体有的放矢地组织与开展高校思想政治教育文化范式实践。这就需要通过对教育者文化主体进行常态化的主题教育培训活动,不断提升其主体意识。具体而言,就教育者文化主体中的教师主体而言,更侧重于提升其在具体施教过程中的主体意识。通过组织其参与相关课程建设的讲座或培训活动,使其明确在施教过程中承担的职责以及如何发挥主导作用。对于高校思想政治教育者文化主体中的管理者主体,需要增强其在管理过程中的主体意识。通过组织不同形式的管理培训活动,使其充分认识管理活动对高校思想政治教育文化范式实践过程的重要作用,进一步明确高校思想政治教育文化范式实践过程中所承担的管理职能,建立管理者队伍与教师队伍互相合作与配合的关系。

另一方面,提升教育者文化主体组织和实施高校思想政治教育文化范式的主体能力和素质。教育者文化主体能力与素质直接关乎高校思想政治教育文化范式实践的有效性,这就要求教师主体与管理者主体要结合时代发展不断提升自身能力与素质。对于教师主体而言,无论是高校

---

[1] 沈壮海:《思想政治教育的文化视野》,人民出版社2005年版。

思政课教师还是其他非思政课教师，其在具备一定的教学科研能力的同时还需要形成较高的思想道德文化素质。这就需要高校有关教育部门不同程度地加大对提升教师能力素质的政策支持与资金投入，通过搭建相关学术交流平台、组织专题讲座、举办高质量多样化的高校教师专业素质和教育教学能力提升的培训活动等，为教师主体提供良好的学习与交流机会，从而使其在终身学习与不断反思中提升各方面素质与能力。就管理者主体而言，其应当具备较强的组织、协调、管理与统筹能力，同时也需要养成良好的思想道德文化素质。对此，学校要依据具体职能对不同管理者主体进行分岗分类培训。例如，学工干部作为大学生日常思想政治教育的组织者，培训应主要围绕学习学生事务与学风建设、辅导员队伍建设、群团建设与校园文化等内容，以提升其日常思想政治教育管理能力。教务干部的培训则应侧重于教学管理、专业建设、课程建设等方面，从而增强其统筹教学安排的能力。此外，也要加强对管理者主体进行习近平新时代中国特色社会主义思想与社会主义核心价值观教育，筑牢信仰之基，强化政治意识，不断提升其思想道德文化素质。

（四）激发大学生文化主体参与高校思想政治教育文化范式实践中的主动性

大学生文化主体是高校思想政治教育文化范式实践的作用对象，只有其具备参与高校思想政治教育文化范式实践的主动性，高校思想政治教育文化范式实践运行才能顺畅。为此，主要从以下三个方面对激发大学生文化主体参与高校思想政治教育文化范式实践中的主动性展开论述。

第一，满足大学生文化主体的正当文化需要，激发其参与高校思想政治教育文化范式实践的积极性。大学生文化主体具有文化需要是高校思想政治教育文化范式发挥作用的前提之一。大学生文化主体的文化需要具体表现为对"成为什么样的人"的需要。在新时代背景下，以"00后"为主力的大学生文化主体在"成为什么样的人"的需要上呈现出更加个性多元的特点，如有大学生文化主体追求成为高精尖行业的卓越杰出人才，有大学生文化主体希望在平凡岗位上做一个普通的有用之人。尤其是面对当前网络信息时代繁杂无序且泥沙俱下的文化内容，大学生文化主体在文化需求上更加多元多样。大学生文化主体的正当文化需要在内容上表现为对成为更好的人、更加注重个人价值的人的需要。高校思想政治教育文化范式实践要实现有效运行，就要重视大学生文化主体的正当文化需要。在高校思想政治教育文化内容的设计与安排上，需要考虑到如何满足大学生文化主体的具体文化需要，在满足其正当文化需求的基础上使得大学生文化主体更加积极地参与其中。

第二，正确把握大学生文化主体的文化成长规律和文化接受规律，调动其参与高校思想政治教育文化范式实践运行的主动性。新时代的"00后"大学生文化主体，是出生并发展于中华民族伟大复兴全过程的一代，成长于良好的时代氛围与环境之中，其视野开阔、思维活跃、个性突出。同时由于其大多为独生子女，所接受的家庭教育相对而言较为包容与和谐，促使其更倾向于依据自身文化需要、文化认知、文化情感等筛选与理解文化内容。这就需要高校思想政治教育文化范式要对大学生文化主体的文化成长规律和文化接受规律进行深入研究，进而在此基础上正确运用大学生文化主体的文化成长规律与接受规律，从而调动大学生文化主体参与高校思想政治教育文化范式实践运行的主动性。

第三，增强大学生文化主体参加高校思想政治教育文化范式实践运行的素质与能力。大学生文化主体具备良好的素质与综合能力有助于保障高校思想政治教育文化范式实践有效运行。为此，一方面，需要不断提升大学生文化主体的思想道德文化素质。这主要在教育者文化主体对大学生文化主体的文化建构过程中逐渐实现。此外，也可以通过开展大学生党员朋辈群体教育的方式带动其他大学生文化主体素质与能力的提升。正如第四章调查问卷结果所表明的，大学生党员具备较高的参加高校思想政治教育文化范式实践运行的素质与能力，可以发挥其作为榜样模范的精神力量和示范引领作用。另一方面，要不断增强大学生文化主体的综合能力。首先要增强大学生文化主体对高校思想政治教育文化范式实践运行的理解能力。为此，教育者文化主体可以在本门课程授课之初，在向大学生文化主体讲明课程性质、课时分配、考核方式等常规内容之后，进一步介绍其教学模式、理念、方式等，帮助大学生文化主体深刻理解高校思想政治教育文化范式的实践运行过程。此外，大学生文化主体还需要具备一定的思辨能力、沟通能力及实践能力，在对高校思想政治教育文化范式深入理解的基础上,与教育者文化主体共同构建高校思想政治教育文化范式实践运行的生动局面。

三 充分发展高校思想政治教育文化范式中介要素圈诸要素

(一) 充分挖掘高校思想政治教育文化资源

高校思想政治教育文化资源是文化内容最直接的来源,借助不同具象化的文化资源向大学生文化主体呈现相对抽象的文化内容,有助于大学生文化主体较为生动形象地认识与理解高校思想政治教育文化内容。在新时代背景下,高校思想政治教育文化资源种类更加丰富多样,需要在高校思想政治教育文化范式实践过程中进一步开发和利用各种文化资源。

首先,深入挖掘以党团组织为核心的高校思想政治教育组织型文化资源。新时代背景下高校思想政治教育组织型文化资源种类繁多,包括高校党组织文化资源、共青团组织文化资源、社团组织文化资源,等等。其中,高校党组织文化资源与共青团组织文化资源对大学生文化主体产生的影响较广,在此主要以高校党团组织文化资源为例进行具体分析。第一,充分挖掘高校党组织文化资源。具体而言,可从加强教师党组织和学生党组织互动的角度进行高校党组织文化资源的深入挖掘。例如,太原理工大学为庆祝建党 100 周年组织各级党组织开展传唱红歌系列活动,教师党组织与学生党组织在这次活动中充分互动,教师党员给学生党员上党课、带领学生党员重温入党誓词等,使大学生文化主体在组织中深化对中国特色社会主义主流文化的认同。第二,充分发掘新颖活泼的高校共青团组织文化资源。如西北农林科技大学青团工作坊坚持以学生为中心,积极探索开展一系列的政治理论学习活动。通过老师讲解与学生分组讨论学习,营造师生平等的政治理论学习活动,激发大学生文化主体的学习热情,从而实现对大学生文化主体的文化价值引领。

其次,发挥高校先进党员、师德标兵、劳动楷模等为代表的人才型文化资源的榜样作用。第一,要挖掘新时代各个领域涌现出的名人伟人等文化资源。第二,要运用大学生文化主体身边的优秀朋辈群体文化资源。诸如组织国家奖学金获得者、先进学生干部、十佳标兵、优秀毕业生等进行宣讲活动,通过分享与讲述优秀朋辈群体的亲身经历,对其他大学生文化主体产生示范引领作用。第三,要对我国革命、建设与改革过程中涌现的伟人进行时代表达。诸如我国革命、建设与改革过程中涌现出的雷锋、焦裕禄、邓稼先、杨利伟等先进人物,其身上体现的奉献精神、铁人精神、"两弹一星"精神、载人航天精神等至今影响深远。高校思想政治教育文化范式要结合新时代的发展变化挖掘这些人才型文化资源的时代价值,激励大学生文化主体奋勇向前。

再次,灵活运用以习近平新时代中国特色社会主义思想为核心的理论型文化资源武装大学生文化主体的头脑。"习近平新时代中国特色社会主义思想是当代中国马克思主义、二十一世纪马克思主义,是中华文化和中国精神的时代精华,实现了马克思主义中国化新的飞跃。"[①] 它涵盖了经济、政治、法治、科技、文化、教育、民生、民族、社会、生态文明、国家安全、党的建设等方面的内容。这些内容为大学生文化主体成长成才指明了发展方向,有助于引导大学生文化主体成为摆脱庸俗文化与低级趣味的人,成为自我实现的人,继而成为对国家发展建设有用的人。因此,就需要高校思想政治教育文化范式结合大学生文化主体的实际和特点,运用其便于接受与理解的话语对理论型文化资源进行表达,使大学生文化主体把习近平新时代中国特色社会主义思想入脑、入耳、入心,对习近平新时代中国特色社会主义思想形成真实的文化需要、正确的文化认知、深刻的文化情感、坚定的文化意志以及正向的文化行为。

最后,加大对情感型文化资源的开发与利用,激发大学生文化主体的情感共鸣。一是加大对校内情感型文化资源的开发与利用。例如,利用校园中承载特殊意义的文化建筑引发大学生文化主体的情感共鸣。比如,在抗战时期,国民政府曾在西北农林科技大学三号教学楼召开对日抗战军事会议,日本飞机对此楼多次进行轰炸,墙体上留有多处弹痕。在开展高校思想政治教育文化范式实践时,可以带领大学生文化主体参观墙体留下的弹痕,使学生深刻体会当时国人抵御外敌的艰辛,感受当

---

① 《中共中央关于党的百年奋斗重大成就和历史经验的决议》,《人民日报》2021年11月17日第1版。

前幸福生活的来之不易，激发其使命感和责任感。二是积极探索丰富多元的校外情感型文化资源。高校思想政治教育文化范式实践不仅仅局限于校内，校外为大学生文化主体提供了更加多样的文化资源。在这之中，最为普遍的即是红色文化资源。如集中组织大学生文化主体参观中共一大会址、井冈山革命根据地、太行山革命根据地等，让大学生文化主体在亲身体会中感受中国共产党带领人民群众探索中国革命道路的奋斗历程，领悟中国共产党人传递的文化意义与价值。

（二）充分拓展高校思想政治教育文化载体

高校思想政治教育文化范式实践运行总是需要一定的文化载体才能进行，一旦离开相应的文化载体，高校思想政治教育文化范式实践过程便无法开展。高校思想政治教育文化载体主要包括高校思想政治教育物质型文化载体、精神型文化载体、制度型文化载体和活动型文化载体。高校思想政治教育文化范式要实现有效运行，需要对上述四类文化载体进行充分拓展与综合运用。

一是深入利用多元的高校思想政治教育物质型文化载体。高校思想政治教育物质型文化载体类型多样，在此主要以思想政治教育普及书籍、爱国主义教育基地等实体性文化载体及网络文化载体为例进行论述。第一，充分拓展实体性的高校思想政治教育物质型文化载体。高校思想政治教育文化范式要充分利用思想政治教育普及书籍、爱国主义教育基地等公共服务设施类文化载体。具体而言，可以通过向大学生文化主体普及讲解《习近平的七年知青岁月》《习近平在正定》《习近平总书记系列重要讲话读本》等图书，以及组织大学生文化主体参观西柏坡基地、古田会议红色基地、遵义精神基地、延安精神基地等爱国主义教育基地，帮助大学生文化主体深刻领悟中国共产党人所传递的文化意义与价值。第二，大力运用微信、微博、抖音等高校思想政治教育网络文化载体。在高校思想政治教育文化范式实践过程中，利用微博、微信、抖音等网络文化载体发布形式多样的教育内容、教学信息、教学反馈等，在这个过程中也可以与大学生文化主体进行实时互动，更好地提升高校思想政治教育文化范式实践的有效性。如清华大学的快闪活动——百余名清华学子以快闪的形式演绎歌曲《领航》，用歌声致敬党、祝福祖国。这就是运用快闪、抖音等新型网络文化载体巧妙地进行爱国主义教育的典范，通过"校园标志物""合唱仪式感""代表人物"等关键元素的渲染，引发大学生文化主体将对美的欣赏和感受、对祖国的赞美和热爱升华为坚定的文化意志，实现以文育人、以文化人效果。

二是创新运用高校思想政治教育精神型文化载体。第一，充分运用校训、校风等高校思想政治教育精神型文化载体。如通过组织校园歌手大赛、话剧表演、主题晚会等活动，鼓励大学生文化主体通过文艺创作的方式将校训、校风融入所创作的文艺作品之中，引导其对校训、校风进行符合新时代大学生文化主体需求和特点的新解读，进而更有效地传递校训校风所蕴含的文化意义与价值。第二，创新利用标语、口号等高校思想政治教育精神型文化载体。标语、口号历来是中国共产党进行宣传思想工作的重要载体，同时也是承载高校思想政治教育文化内容的重要形式。此外，面对当前流行于部分青年中的"佛系""躺平"的消极生活态度，大学生文化主体自发创作了"因为拼搏，奔赴就有了意义""不登峻岭，怎能一览众山"等口号激励自己选择奋斗的青春、成就出彩的人生。

三是灵活运用高校思想政治教育制度型文化载体。第一，灵活运用中国特色社会主义制度这一最重要的制度型文化载体。中国特色社会主义制度是为人民服务的，是为人成为更好的人服务的制度，其优越性已在中国特色社会主义实践过程中得以彰显。高校思想政治教育文化范式实践要灵活运用中国特色社会主义制度载体，以发挥应有的育人效用。比如，面对网络上纷繁复杂、虚实难辨的信息，尤其是别有用心地攻击中国特色社会主义主流文化的信息，教育者文化主体应联系国情、世情、党情和大学生文化主体的生活实际，引导大学生文化主体深刻体悟中国特色社会主义制度的优势，从而对中国特色社会主义主流文化形成正确的文化认知。第二，善用校规、班纪等日常的制度型文化载体。高校思想政治教育文化范式要实现有效性，就要善用校规、班纪等规约大学生文化主体的日常制度性文化载体。需要说明的是，运用校规、班纪规约人，不是为了制裁人，其目标是发展人、成就人。发挥校规班纪的规约作用，最终指向的是帮助大学生文化主体更好地融入社会进而实现社会化。因此，面对具有鲜明个性特征的"00后"大学生文化主体，在运用校规、班纪时，需要处理好其原则性和灵活性的关系。

四是合理运用高校思想政治教育活动型文化载体。高校思想政治教育活动型文化载体种类繁多，在此主要以日常性的校园文化活动和重大政治性、仪式性纪念活动为代表展开分析。第一，积极开展日常性高校校园文化活动。如利用大学生文化主体课余生活时间组织各类校园社团文化活动，在丰富大学生日常生活的同时提升其思想道德文化素养。例如西北农林大学定期于每周三下午组织全体学生开展政治理论学习，以提升大学生文化主体的思想道德文化素养。此外，诸如高校马克思主义协会举办的读原著、悟原理等文化沙龙学习活动也是大学生文化主体进行政治理论学习的重要日常活动载体。通过积极开展日常性校园社团文化活动，可以帮助大学生文化主体在潜移默化中感悟中国特色社会主义主流文化的意义与价值。第二，充分利用重大政治性、仪式性纪念活动。借助重大政治性、仪式性纪念活动因势利导地开展高校思想政治教育文化范式实践，以重温历史记忆凝聚思想共识的方式传播中国特色社会主义主流文化的意义与价值，对大学生文化主体进行有效的文化建构。如在纪念马克思诞辰200周年之际，北京大学举行的师生"新思想经典文献读书会"，对习近平总书记《在纪念马克思诞辰200周年大会上的讲话》进行交流分享，使大学生文化主体在深入挖掘历史资源蕴含的精神动力的基础上，进一步深化对马克思主义科学真理的认知和认同。

(三) 充分开拓高校思想政治教育文化方法

高校思想政治教育文化方法在哲学层面包括文化理论解释法、文化叙事理解法和文化体验实践法。在新时代背景下，根据特定的教育情境和教育需要，在上述哲学方法基础上还可以生发出不同的具体方法。教育者文化主体应依据不同方法的不同特性及其发挥作用的方式和程度，充分开拓不同的文化方法，以提升高校思想政治教育文化范式实践的有效性。

一是综合多角度运用高校思想政治教育文化理论解释法。习近平总书记在中国人民大学考察调研时明确提出"思政课的本质是讲道理"，要求思政课教师把道理讲深、讲透、讲活，这就需要从科学真理出发，从思想理论上促进学生成长。① 高校思想政治教育文化范式在运用文化理论解释法时本质上就是讲道理，即运用科学真理说服人，从而使大学生真正学懂弄通做实。而"讲道理"的方式是多种多样的，除了就道理本身进行纯粹的说理教育之外，还可以从陈述事理、说清情理、辨明法理等多维角度对某一现象或问题进行讲解与阐释。高校思想政治教育文化范式要依据不同的教育情境，综合多角度运用高校思想政治教育文化理论解释法，汇聚合力把道理讲清楚，以实现对大学生文化主体有效的文化建构。例如，在对"为什么说中国共产党的领导是中国特色社会主义最本质的特征，是中国特色社会主义制度最大优势"这一问题进行讲解时，可选取中国共产党执政过程中反映其"全心全意为人民服务"的具体措施及做法的典型案例，在案例分析、课堂辩论、话题讨论的过程中设置恰当的议题，引导大学生文化主体在学习的过程中明知道理、弄懂事理、通晓情理、辨明法理。

二是注重运用高校思想政治教育文化叙事理解法。具体而言，高校思想政治教育文化范式在运用文化叙事理解法对某一观点或思想进行讲解时，可从以下方面开展。首先，讲明该观点或思想产生的历史渊源。例如在讲授要不懈推进中华民族伟大复兴时，可以追溯中国近代历史帮助大学生文化主体更好理解。在中国近代史上，由于西方列强入侵与封建统治腐败，中国逐步沦为半殖民地半封建社会，中华民族遭受前所未有的劫难。从那时起，实现中华民族伟大复兴就成为中国人民与中华民族最伟大的梦想。其次，阐明该观点或思想的时代背景。教育者文化主体在运用某一历史文化事件讲解观点时，一定要将该事件置于特定时代环境中进行讲解。一方面要讲明该事件发生及发展的来龙去脉，将相对完整的历史文化事件呈现给大学生文化主体；另一方面，还要客观评价该事件，一分为二地分析其在当时时代背景下的优越性与局限性。最后，对大学生文化主体进行文化叙事理解。之所以要进行高校思想政治教育文化范式实践，是因为大学生文化主体对中国特色社会主义主流文化的

---

① 刘建军：《如何理解"思政课的本质是讲道理"》，《中国社会科学报》2022年5月20日第4版。

"前理解"[①] 存在着程度不同的偏差。为此，高校思想政治教育文化范式就需要对大学生文化主体一定程度上的"前理解"偏差产生的过程脉络进行研究，了解大学生文化主体的文化需求、文化认知、文化情感、文化意志和文化行为是如何形成的，从而全面把握大学生文化主体的文化精神结构。在对大学生文化主体进行文化建构的过程中，只有先对大学生文化主体的文化精神结构有全面把握，在此基础上，教育者文化主体才有可能与大学生文化主体形成视域融合，进而帮助大学生文化主体实现对中国特色社会主义主流文化意义与价值的内化、外化、生成。

三是创新发展文化体验实践法。"人应该在实践中证明自己思维的真理性，即自己思维的现实性和力量，自己思维的此岸性。"[②] 对此，高校思想政治教育文化范式要实现有效性，就需要回归实践，创新发展文化体验实践法。具体而言，第一，强化大学生文化主体实训实习实践。大学生文化主体参加的实训实习，就是一种"具身"和"在场"的劳动情境。将大学生文化主体置身于劳动情境中，可以深化其对国情、社情、民情的认知和体悟，进而提升对中国特色社会主义主流文化的认同。例如，太原理工大学在岚县搭建了实训实习基地，大学生文化主体在实训实习实践参与过程中全面提升了自身的思想道德文化素质。第二，深入暑期社会调研实践。例如，高校团委与政府围绕"精准扶贫""一带一路""乡村振兴"等重大发展战略或倡议，结合地方经济发展特色组织的大学生暑期文化科技卫生"三下乡"社会实践活动，为大学生文化主体提供了接触与服务基层社会的机会。通过参与暑期社会调研实践，大学生文化主体在直面社会、深入社会、深入群众的过程中，亲身体悟到中国特色社会主义主流文化的意义和价值，促进自身更好更快地发展与成长。第三，加强高校思想政治理论课课堂教学实践。例如，鼓励并引导大学生文化主体积极参加高校思政课教学助教团，使其在参与教学实践的过程中进一步深化对中国特色社会主义主流文化意义和价值的认知和

[①] 所谓"前理解"，是指"理解主体的存在状态，是相对于主体某一理解行为前的作为主体存在状态的理解"。此观点详见于洪波《思想政治教育话语范式转换研究》，浙江大学出版社2012年版，第92页。

[②] 《马克思恩格斯选集》第1卷，人民出版社2012年版，第134页。

理解，进而提升自身的思想道德文化素养。

四 大力建设高校思想政治教育文化范式外围要素圈诸要素

（一）大力创新高校思想政治教育文化情境

创设良好的高校思想政治教育文化情境对高校思想政治教育文化范式实践顺畅运行发挥着重要促进作用，有助于大学生文化主体更好地内化并外化高校思想政治教育文化内容。为此，需要从以下两个方面着手进行高校思想政治教育文化情境创设。

一方面，持续推进创设高校思想政治教育合作对话式文化情境。高校思想政治教育合作对话式文化情境强调教育者文化主体和大学生文化主体通过平等交流、师生合作、生生合作的方式共同完成对某一文化内容的探讨和学习。当前大学生文化主体主要是"00后"群体，其在思想上追求平等、自由、包容，更青睐于合作对话的课堂氛围。为此，首先，教育者文化主体要坚持合作对话的教育理念。在组织和实施高校思想政治教育文化范式实践的过程中，教育者文化主体要避免"一言堂""满堂灌"，要主动赋予大学生文化主体课堂话语权。其次，让大学生文化主体准确理解合作对话的教育理念。通过引导大学生文化主体正确认识其在高校思想政治教育文化范式实践过程中与教育者文化主体之间的互促互进关系，调动其参与高校思想政治教育者文化范式的主动性。最后，教育者文化主体与大学生文化主体共同创设合作对话式高校思想政治教育文化情境。例如，在讲授"中国精神"时，教育者文化主体巧设合作对话式情境，首先以师生合作共唱"龙的传人"的方式导入课程内容，继而引导大学生文化主体在身临其境中思考体会课程主题内容，之后老师和学生代表就自己的心得体会进行分享和交流。在这个过程中，深化大学生文化主体对"中国精神"这一文化内容的认知理解。

另一方面，着重运用信息技术创设高校思想政治教育沉浸体验式文化情境。作为互联网"原住民"的"00后"大学生文化主体，网络生活是其社会生活中不可或缺的重要组成部分。与此同时，"00后"大学生文化主体的思维和行为特征决定了其对沉浸体验式文化情境的要求更为迫切。为此，高校思想政治教育文化范式要着重运用信息技术创设高校思想政治教育沉浸体验式文化情境。具体而言，一是要借助 VR、AR 等技术创设沉浸体验式新型文化情境。例如，中南大学所创设的数字化、可视化、交互性的"友善"体验课堂就是高校思想政治教育沉浸体验式新型文化情境的典范。大学生文化主体可以在"友善"体验课堂中借助各种智能化科技实现实时交流互动，在增强其课堂体验感的同时也有助于激发学生的学习兴趣，从而提升学习效果。二是为教育者文化主体与大学生文化主体提供良好稳定的技术设施。当前，VR、AR 等技术在高校的应用正处于初步发展之中。为此，教育者文化主体还可以借助校外设施，比如借助虚拟博物馆、数字展馆等创设高校思想政治教育体验沉浸式文化情境。例如，借助中国国家博物馆"复兴之路"虚拟展厅，引导大学生通过云端切实感受中华民族寻求复兴之路的必要性以及如何才能实现民族复兴，从而深化其对中国特色社会主义主流文化的认知认同。

（二）大力净化高校思想政治教育文化环境

高校思想政治教育文化范式实践运行不是抽象孤立的存在，其发展过程同高校思想政治教育校园文化环境和社会文化环境紧密相连。而正如第四章调研结果所表明的，当前高校思想政治教育校园文化环境和社会文化环境整体上对高校思想政治教育文化范式实践发挥了较强的正向影响作用，但其中的一些不良因素需要进一步净化。因此，以下从营造积极向上的高校思想政治教育校园文化环境以及进一步优化高校思想政治教育社会文化环境两个方面展开具体论述。

一是营造积极向上的高校思想政治教育校园文化环境。具体而言，第一，打造良好的校园物质文化环境。例如，大力开发与利用校内特色场所与标志性建筑物等校园物质设施，通过对其承载的中国特色社会主义主流文化的意义与价值的深入发掘，潜移默化地影响大学生文化主体的文化精神结构。第二，创设浓厚的校园精神文化环境。例如，北京大学着力构建的以人为本、尊重差异、鼓励创新、积极向上的和谐校园文化环境，对维护与发展大学生文化主体的精神家园发挥了积极作用。第三，构建规范的校园制度文化环境。教育者文化主体要有意识地将大学精神与理念融入大学制度之中，包括学校章程、校规与校纪等。引导大学生文化主体在学习并践行各项制度过程中深化对其中所承载的中国特色社会主义主流文化的认知理解。第四，营造和谐的校园行为文化环境。校园行为文化环境是由教育者文化主体和大学生文化主体的文化行为所共同构成的。营造和谐的校园行为文化环境，需要教育者文化主体的一言一行都充分展现并符合中国特色社会主义主流文化的意义和价值，以此影响大学生文化主体的文化行为。在师生交往过程中共同营造与中国特色社会主义意义和价值一致的和谐校园行为文化环境。

二是进一步优化社会文化环境。"文化环境本身具有弱结构性，流变性较大，在不同时期、不同地域，不同文化因素的内容、形式、发挥的作用都不尽相同。"① 面对当前复杂多变的国内外环境，需要切实优化社会文化环境。具体而言，一方面，政府要带头营造风清气正的社会文化环境。为此，中央及地方宣传部门、文明办等政府部门要准确识变、积极应变，大力推进精神文明建设，肃清社会中所存在的一些消极负面文化。如通过发挥政府职能优势，旗帜鲜明地宣扬中国特色社会主义主流文化，同时制定并完善精神文明创建的相关法律法规和具体制度，从而规范社会组织及社会成员对中国特色社会主义主流文化的认知。另一方面，社会成员要自觉提升自身思想道德文化素质。通过在全社会范围内加强公民道德规范教育、精神文明教育，深入进行社会主义核心价值观宣传教育等，引导全体社会成员将爱国守法、团结友善、敬业奉献等文化内容内化于心。同时，还可以借助"公民道德宣传日""学雷锋纪念日"等主题日，引导与鼓励广大社会成员积极参与践行中国特色社会主义主流文化的实践活动，弘扬中国特色社会主义主流文化的正能量。

---

① 梅萍、贾月：《析思想政治教育文化环境和文化载体之异》，《思想教育研究》2017年第3期。

第二节 构建高校思想政治教育文化范式实践的一体化格局

基于前文对高校思想政治教育文化范式动态运行状况的深入考察，发现高校思想政治教育文化范式在与社会大系统的动态互动中以及高校思想政治教育文化范式作为独立系统的动态运行过程均不同程度地存在有待调整和发展之处。为进一步优化高校思想政治教育文化范式，需要构建高校思想政治教育文化范式实践的一体化格局。具体而言，包括构建高校思想政治教育文化范式与社会大系统的互促互进格局、构建高校思想政治教育文化范式实践过程中诸部门之间的协同合力格局、构建高校思想政治教育文化范式实践过程中诸要素圈之间的衔接契合格局三个方面。

一 构建高校思想政治教育文化范式与社会大系统的互促互进格局

高校思想政治教育文化范式与社会大系统互促互进主要表现为：一方面，社会大系统对高校思想政治教育文化范式实践运行起到良好的支持作用，赋予高校思想政治教育文化范式文化代码、文化资本、文化领导权的身份和地位；另一方面，通过高校思想政治教育文化范式的实践运行，文化精神结构得到整体优化的教育者文化主体和大学生文化主体，其在社会大系统中发挥了积极的、建设性发展作用。为实现高校思想政治教育文化范式与社会大系统的互促互进，需要做好以下三方面工作。

一是完善并推动社会大系统内部结构协调发展，为高校思想政治教育文化范式实践提供社会体系保障。社会大系统决定了高校思想政治教育文化范式的性质、方向、运行效果等，因此必须实现社会大系统内部结构协调发展。社会大系统内部结构包括社会经济结构、社会政治结构、社会文化结构、社会生态结构、社会关系结构等。正如前文所述，社会经济结构、社会政治结构与社会文化结构对高校思想政治教育文化范式实践运行发挥着重要作用，因而以下主要围绕这三个方面展开论述。具体而言，第一，深化社会经济结构的发展。社会经济结构的优化程度决定着高校思想政治教育文化范式的性质、发展水平及运行方式。为此，要坚持深化供给侧结构性改革，推进经济结构优化升级，推动互联网经济、数字经济等蓬勃发展，从而为高校思想政治教育文化范式各要素圈及各个要素优化提供更多机遇及外部条件。第二，深化社会政治结构的发展。我国是社会主义国家，要求高校思想政治教育文化范式要旗帜鲜明地体现社会主义性质。因此，要始终坚持中国共产党的集中统一领导，不断巩固与完善中国特色社会主义制度，确保其牢牢坚持社会主义发展方向。第三，深化社会文化结构的发展。这主要集中在传承弘扬中华优秀传统文化、继承革命文化以及发展社会主义先进文化上。同时还要尊重与包容西方多元文化当中的有益成分，坚决抵制庸俗负面文化，从而为高校思想政治教育文化范式实践提供良好的文化环境。第四，推动社会经济结构、政治结构与文化结构协调发展。高校思想政治教育文化范式作为社会大系统的子结构，其发展是建立在社会大系统内部诸结构协调发展基础之上的。为此，需要以系统观念统筹把握"五位一体"的总体布局与"四个全面"的战略布局，以推进社会大系统内部诸结构的协调发展，进而促成高校思想政治教育文化范式的充分有效运行。

二是社会大系统要进一步赋予与确保高校思想政治教育文化范式更加有力的文化代码、文化资本、文化领导权的身份和地位。具体而言，可从以下方面着手进行。一是强化政策保障。可以通过制定相应的支持、奖惩政策为高校思想政治教育文化范式实践运行提供指引与保障。例如，在推进课程思政建设过程中，制定并落实专业课教师授课过程中融入思政元素的培训、评价、考核的专门制度与具体方案细则，从而切实为课程思政建设提供细致的政策保障，调动最广范围内的教育者文化主体的自觉意识，进而促进高校思想政治教育文化范式的有效运行。二是加大资金投入支持。如各地加大对高校思政工作的财政支持力度，各高校切实落实高校思政课教师津贴制度等。通过加大资金投入支持、改善高校思政课教师待遇、提升思政课教师社会地位，调动高校思政课教师的积极性，推动高校思想政治教育文化范式的深入发展。三是加强人力资源保障。教育者文化主体是高校思想政治教育文化范式实践的组织者和实施者，高校思想政治教育文化范式实践的有效运行需要配齐与建设专职为主、专兼结合、素质优良的教育者文化主体队伍。为此，还需要从提升数量与严控质量两个方面进一步加强教育者文化主体队伍建设，为高校思想政治教育文化范式实践运行提供人员保障。

三是充分发挥高校思想政治教育文化范式对社会大系统的维护及建设性发展作用。具体而言，高校思想政治教育文化范式对社会大系统的维护作用体现为，教育者文化主体在组织和实施、大学生文化主体在参与高校思想政治教育文化范式实践的过程中，其文化精神结构得到整体优化，基本都将中国特色社会主义主流文化的意义与价值内化于心、外化于行，从而实现了对社会大系统的有效维护；高校思想政治教育文化范式对社会大系统的建设性发展作用主要体现为：通过高校思想政治教育文化范式的实践运行，文化精神结构得到整体优化的教育者文化主体和大学生文化主体可以更好地进行文化创新和发展，在文化创新与发展的过程中推进社会大系统的建设性发展。为实现高校思想政治教育文化范式对社会大系统的有效维护及建设性发展功能，就需要不断完善高校思想政治教育文化范式诸要素圈及内部各个要素，更充分地发挥高校思想政治教育文化范式诸要素圈的合力作用，提升高校思想政治教育文化范式的实效性，进而更好地实现高校思想政治教育文化范式对社会大系统的维护及建设性发展功能。

二 构建高校思想政治教育文化范式实践过程中诸部门之间的协同合力格局

高校各部门及其内部各个教育者文化主体之间是否建立密切的协同合作关系直接关系着高校思想政治教育文化范式实践的运行效果。而第四章调研结论表明，在当前高校思想政治教育文化范式实践运行过程中，高校各部门及其内部各个教育者文化主体之间存在协同不力的问题。[①] 为此，需要构建高校思想政治教育文化范式实践过程中诸部门之间的协同合力格局，可从以下两个方面具体开展。

---

① 关于这一调研结论的分析，详见第四章第一节"高校思想政治教育文化范式作为独立系统的动态运行状况"部分。

一是构建学校党委集中领导下的以马克思主义学院为核心、其他部门高度配合的协同合力局面。具体而言，首先，要坚持学校党委的集中领导。习近平总书记在召开学校思想政治理论课教师座谈会时强调"要建立党委统一领导、党政齐抓共管、有关部门各负其责、全社会协同配合的工作格局"[①]。党委作为高校的领导核心对高校各项工作进行全面领导，因而校、院各级党委理所应当是组织高校思想政治教育文化范式实践运行的领导核心。这就要求在高校思想政治教育文化范式实践运行过程中，其他部门及教育者文化主体需要服从学校党委的领导并且积极执行其相关决策安排，从而确保高校思想政治教育文化范式实践的有序运行。其次，要以马克思主义学院为核心，同时调动其他部门协同配合。将高校思想政治教育文化范式实践运行过程全面渗透于学校教育、管理、生活等方面。其中，马克思主义学院是组织和实施高校思想政治教育文化范式实践的核心部门，切实发挥着推进高校思想政治教育文化范式实践运行的主渠道和主阵地作用。与此同时，在"大思政"育人理念指导下，要顺利推进高校思想政治教育文化范式实践运行，还需要宣传部、教务处、人事处、学生工作部（处）、团委和其他二级学院等每一个部门的配合与支持，协同配合马克思主义学院共同进行高校思想政治教育文化范式实践。

二是明确高校各部门之间以及各部门内部不同教育者文化主体之间的职责与分工，实现高校思想政治教育文化范式实践运行的步调一致和同频共振。构建高校思想政治教育文化范式实践的一体化格局关键在于要厘清与落实"谁来做"的问题，即在高校思想政治教育文化范式实践运行过程中，要厘清与落实各部门及各部门内部不同教育者文化主体的主体责任。具体而言，一方面，要明确高校各部门之间的职责与分工。在高校思想政治教育文化范式实践运行中，高校各个部门均承担着以文化人、以文育人的责任，但是其所承担的具体职责不尽相同。在这之中，有些部门是以直接、显性的方式开展高校思想政治教育文化范式实践。

---

① 习近平：《用新时代中国特色社会主义思想铸魂育人　贯彻党的教育方针落实立德树人根本任务》，《人民日报》2019年3月19日第1版。

如马克思主义学院是直接开展高校思想政治教育文化范式实践的教学单位，通过课程教学实现对大学生文化主体的文化建构。有些部门则是通过管理、服务等隐性、间接的方式开展高校思想政治教育文化范式实践。如党委宣传部、组织部等部门通过组织各种校园文化实践活动，在大学生文化主体参与校园文化实践活动的过程中对其进行相对隐性的文化建构。高校图书馆、后勤服务中心等部门主要负责学校精神文化环境建设及物质文化环境建设，通过营造良好的校园文化环境潜移默化地影响大学生文化主体的文化精神结构。另一方面，高校各个部门内部不同的教育者文化主体之间也要职责明确、合理分工。以中国人民大学马克思主义学院为例，其在学院党委的领导下，在教学管理机构方面设置了院团委办公室、负责各项日常教学管理工作的办公室以及教务科等部门，这些部门的教育者文化主体主要负责大学生文化主体的教学管理及日常思政工作；同时在教学研究机构方面设置了由思想政治理论课教研部、教研室、一级学科及二级学科点等部门，这些部门的教育者文化主体承担着对大学生文化主体进行文化建构的具体活动。这就较为鲜明地体现了高校各部门在内部机构设置上对不同教育者文化主体做到了职责明确、合理分工，进而推动了高校思想政治教育文化范式实践的有效运行。

三　构建高校思想政治教育文化范式实践过程中诸要素圈之间的衔接契合格局

高校思想政治教育文化范式作为相对独立的完备体系，"相比要素的实体性，系统思维更强调要素间的'关系性'"[①]，诸要素圈在动态运行过程中通过合作制衡不断进行完善调整，从而实现各要素圈之间有效衔接与高度契合，有助于推动高校思想政治教育文化范式实践顺畅运行。而第四章调研结论表明，在当前高校思想政治教育文化范式实践运行过程中，诸要素圈之间存在衔接不畅的问题。[②] 为此，需要构建高校思想政

---

① 张驰：《系统思维视域下思想政治教育的作用机理探究》，《思想理论教育》2022年第4期。

② 关于这一调研结论的分析，详见第四章第一节"高校思想政治教育文化范式作为独立系统的动态运行状况"部分。

治教育文化范式实践过程中诸要素圈之间的衔接契合格局，可从以下两个方面具体开展。

一方面，在高校思想政治教育文化范式施教运行过程中实现诸要素圈的有效衔接。高校思想政治教育文化范式施教运行过程由施教前准备、施教方案制定、施教方案实施及施教方案评估四个阶段构成，这就要求在各个阶段都要实现诸要素圈的有效衔接。具体而言，首先，在施教前准备阶段，教育者文化主体需要结合当前大学生文化主体和社会发展的实际状况和需要，在搜集学情信息的基础上对高校思想政治教育文化目标、文化内容、文化资源、文化载体、文化方法、文化情境等进行体现时代性和超越性的精准加工，在此基础上制定出切实可行的高校思想政治教育文化范式施教方案，以促成高校思想政治教育文化内容的传递和文化目标的达成。例如，在施教前准备阶段，高校思政课教师要与辅导员开展经常性的互动交流，向辅导员了解大学生文化主体的实际情况，从而丰富和完善其所掌握的学情信息，为制定科学的高校思想政治教育文化范式施教方案奠定基础。其次，在施教方案制定阶段，教育者文化主体要对高校思想政治教育文化范式各个要素圈以及各个要素之间的适应与匹配状况进行检验和论证，确保诸要素圈以及各个要素之间的适应与匹配。比如，检验制定的高校思想政治教育文化目标和文化内容之间是否存在搭配生硬的问题，对不同层次的高校思想政治教育文化目标以及不同维度的高校思想政治教育文化内容之间的过渡流畅性进行论证，从而在整体上保证高校思想政治教育文化目标与文化内容的高度适应与高效匹配，以促进高校思想政治教育文化范式实践运行。再次，在施教方案实施阶段，要确保诸要素圈之间以及各个要素之间的顺畅衔接。主要可从以下三个方面进行。一是加强教育者文化主体之间的有效衔接。比如，高校思想政治教育文化范式实践要借由举办庆祝中国共产党成立100周年系列文化活动的形式开展，此时，就需要在学校党委领导下，党委宣传部、学生工作部（处）、团委、学校后勤部门等协同合作。通过学生工作部（处）、团委动员与组织大学生文化主体，党委宣传部及时做好宣传报道，学校后勤部门为文化活动开展提供服务保障，从而在共同配合过程中确保高校思想政治教育文化范式实践的顺利推进。二是加强教育者文化主体与大学生文化主体的顺畅衔接。比如，高校思政课教师在开展教学活动时，不仅需要依据大学生文化主体的认知水平与能力适当地调整教学内容，同时还要与大学生文化主体建立和谐融洽的对话、合作关系，这样才有可能实现对大学生文化主体的有效文化建构。三是加强高校思想政治教育文化资源、文化载体与文化方法的有效衔接。新时代背景下涌现了丰富多元的高校思想政治教育文化资源、文化载体与文化方法。进行高校思想政治教育文化范式实践，一定要结合当前时代背景和大学生文化主体的实际融合多种文化资源、文化载体和文化方法，才能发挥高校思想政治教育文化范式的育人效用。最后，在施教方案评估阶段，要综合各方面力量，全面落实效果评估、要素评估和过程评估，同时，将定量评估与定性评估相结合、阶段性评估与总结性评估相结合、专家评估与大众评估相结合、教育者文化主体自我评估和他者评估相结合，以较为完整的评估体系为高校思想政治教育文化范式的健康深入发展提供支持。

  另一方面，在高校思想政治教育文化范式的受教运行过程中实现诸要素圈的有效衔接。高校思想政治教育文化范式的受教运行过程就是大学生文化主体对高校思想政治教育文化内容内化与外化的过程。因此，这里从大学生文化主体内化与外化文化内容的角度对高校思想政治教育文化范式受教运行过程中诸要素圈如何有效衔接展开分析。一是在大学生文化主体内化高校思想政治教育文化内容的过程中有效衔接诸要素圈。大学生文化主体的内化过程主要体现为对教育者文化主体所传递的文化内容进行加工，从而转化为自身文化认知、文化情感与文化意志。为顺利实现大学生文化主体的内化，教育者文化主体要在准确把握与尊重大学生文化成长规律与文化接受规律的基础上，使用文化资源、文化载体和文化方法，帮助其全面深刻地理解文化内容，继而在对文化内容进行整合、吸收等主动加工的基础上顺利地实现内化。二是在大学生文化主体外化高校思想政治教育文化内容的过程中实现诸要素圈衔接契合。大学生文化主体的外化过程主要体现为将形成的文化认知、文化情感与文化意志转化为外在行为。面对当前复杂多变的国内外环境造就的文化多元多样的社会情境，为顺利实现大学生文化主体的外化，提升大学生文化主体的文化践行能力就尤为重要。这就需要教育者文化主体在知行合一中通过以身示范引导大学生文化主体作出正确的文化行为判断、科学的文化行为决策并实施正当的文化行为。

第三节　建立高校思想政治教育文化范式实践的长效机制

高校思想政治教育文化范式实践是持续性地对大学生文化主体进行文化构建的过程。建立高校思想政治教育文化范式实践运行的长效机制，可使高校思想政治教育文化范式诸要素圈及诸要素圈内部各个要素之间相互作用的过程和方式有迹可循，进而有助于确保高校思想政治教育文化范式的深远发展。具体而言，主要从构建组织领导机制、完善制度规约机制、创新评价与奖励机制以及开发科学反馈机制等方面探究高校思想政治教育文化范式实践的长效机制。

一　构建高校思想政治教育文化范式实践的组织领导机制

（一）设立高校思想政治教育文化范式实践领导小组

高校各级党委是思想政治教育文化范式实践的领导核心，并对高校思想政治教育文化范式实践负总责。高校思想政治教育文化范式实践广泛涉及校内众多部门和人员，这就需要设立高校思想政治教育文化范式实践领导小组。具体而言，第一，设立校级领导小组。校级领导小组是高校思想政治教育文化范式实践的"总指挥"。高校思想政治教育文化范式实践需要建立由校党委书记、校长、校党委副书记、副校长等学校领导构成的校级领导小组，在高校思想政治教育文化范式实践中发挥统筹与决策作用。第二，设立行政部门的领导小组。设立由校党委宣传部部长、校团委书记、学生工作部（处）部（处）长、后勤部门主管等人员组成的高校思想政治教育文化范式实践的行政部门领导小组，在领导本部门进行高校思想政治教育文化范式实践的同时，也配合其他部门开展高校思想政治教育文化范式实践。第三，设立教学、科研单位的领导小组。建立由院党委书记、院长、院党委副书记、副院长等学院领导构成的高校思想政治教育文化范式实践的院级领导小组，作为具体领导高校思想政治教育文化范式实践运行的责任主体。

（二）各个领导小组对高校思想政治教育文化范式实践运行进行顶层设计

我国高校是中国共产党领导下坚持社会主义办学性质的高校，这就要求高校各级党委领导下的领导小组要"把方向、管大局、作决策、保落实"[①]。一是制定符合本校情况的学校政策文件。依据国家相关政策方针，在牢牢把握政治方向的基础上制定符合本校实际情况的、具有针对性的指导高校思想政治教育文化范式实践的校级政策文件。二是科学统筹协调学校各个职能部门、教师队伍、管理者队伍等，从而凝聚教育者文化主体合力。在总揽高校思想政治教育文化范式实践全局并对学校各个职能部门、教师队伍、管理者队伍的现实情况进行分析与把握的基础上，合理分配各方教育者文化主体的力量并确定与落实相关任务，为推动高校思想政治教育文化范式实践提供人力保障。三是规划与给予财政投入。高校思想政治教育文化范式实践过程需要消耗大量的人力资源与物力资源，这就需要学校不同领导小组规划与批准相应的资金支持，确保高校思想政治教育文化范式实践的顺畅运行。

（三）创立高校思想政治教育文化范式运行常态化机制

高校思想政治教育文化范式实践的顺畅运行离不开参与其中的诸部门与单位教育者文化主体的常态化工作。创立高校思想政治教育文化范式运行常态化机制，具体而言，一方面，要明确不同部门与单位的教育者文化主体的日常工作内容，实现高校思想政治教育文化范式日常运行常态化。高校思想政治教育文化范式实践涉及学校教学、科研、管理、后勤等诸多部门与单位的教育者文化主体，需要明确不同部门与单位的教育者文化主体的工作内容，才能保证高校思想政治教育文化范式的顺畅运行。比如，高校思政课教师的工作是讲好思政课，全面系统地向大学生文化主体讲解中国特色社会主义主流文化的意义与价值；以辅导员为代表的学生管理队伍则主要通过日常思想政治教育文化活动潜移默化

---

① 《习近平谈治国理政》第2卷，外文出版社2017年版，第379页。

地影响大学生文化主体的文化精神结构；学校后勤部门主要通过维护与管理校内各类文化设施营造积极向上的校园文化环境，使大学生文化主体在日常学习及生活中更好地接受中国特色社会主义主流文化的感染和熏陶。另一方面，对教育者文化主体进行常态化考核。定期对各级领导干部、思政课教师、专业课教师、辅导员等进行教学与业务能力考核。依据综合考核结果勉励教育者文化主体投入高校思想政治教育文化范式实践过程，确保高校思想政治教育文化范式持续运行。

二　完善高校思想政治教育文化范式实践的制度规约机制

（一）制定高校思想政治教育文化范式运行的管理责任制度

制定科学合理的管理责任制度是高校思想政治教育文化范式实践中不同文化主体落实工作职责的关键，直接关系着高校思想政治教育文化范式实践效果。高校思想政治教育文化范式运行的管理责任制度是由学校党委领导班子共同制定，主要协调党委领导、党委宣传部、团委、学生工作部（处）、思政课教师、专业课教师、辅导员等教育者文化主体的责任与义务。一方面，科学制定总体管理责任制度。高校党政领导作为组织领导高校思想政治教育文化范式实践的第一责任人，需要全局性、系统性地把握思想政治教育文化范式实践，肩负起"把方向、管大局、作决策、保落实"的重要职责，同时管理好高校其他部门。另一方面，具体细化各部门及不同教育者文化主体的分责任制度。比如，党委宣传部统筹负责高校思想政治教育文化范式实践的宣传事宜，同时还担负着审核、筛选各类高校官方平台所发布的高校思想政治教育文化内容的职责。辅导员具有管理者与教育者的双重身份，其与团委、学生工作部（处）等行政部门协作承担着大学生文化主体的日常思政工作。

（二）制定组织、实施、参与高校思想政治教育文化范式实践运行的规章制度

高校思想政治教育文化范式实践是教育者文化主体和大学生文化主体双向互动的过程，教育者文化主体是高校思想政治教育文化范式实践的组织者和实施者，大学生文化主体是高校思想政治教育文化范式的参与者。高校思想政治教育文化范式实践运行是否科学高效，关键在于是

否制定了一套相对完善的组织、实施、参与高校思想政治教育文化范式实践运行的规章制度。具体而言，一是针对组织、实施高校思想政治教育文化范式的教育者文化主体制定相关规章制度。该规章制度主要包括两个方面，一方面，教师队伍配备制度化。比如，教育部出台的《新时代高等学校思想政治理论课教师队伍建设规定》中提出按照师生比不低于1：350的比例要求配齐高校专职思政课教师。对此，各高校可依据自身实际情况制定具体的人员制度配备高校专职思政课教师。另一方面，制定教育者文化主体进修学习制度。首先，及时关注教育部、思想政治工作司等相关主管部门针对教师队伍进修的学习政策，同时通过高校教师发展中心定期组织相关培训、进修安排等，提升教育者文化主体能力与素质。二是针对参与高校思想政治教育文化范式实践的大学生文化主体制定相关规章制度。如将对大学生文化主体的思想道德文化素养考核制度化。首先，在大一学生入学伊始，就向其讲明接受各种形式的思想政治教育是学校鼓励提倡的，也有助于提升自身思想道德文化素养，使其明白哪些行为是自己应该做的。而后，在与学生们个人发展息息相关的如评奖评优、升学就业等选拔性活动中将思想道德文化素养状况置于首位进行考察，并将这一制度贯穿大学生活始终。该项制度可以有效增强大学生文化主体参与高校思想政治教育文化范式实践的主动性，进而推动高校思想政治教育文化范式的有效运行。

（三）建立保障高校思想政治教育文化范式实践运行的经费设备等物质保障制度

物质保障是高校思想政治教育文化范式实践运行不可或缺的基础条件。高校思想政治教育文化范式实践运行的物质保障制度旨在明确和落实具体实践活动中负责提供经费与设备支持的责任主体，从而确保高校思想政治教育文化范式的顺畅运行。为此，一方面，要制定高校思想政治教育文化范式实践专项经费保障实施细则。这需要学校财务处及其分管领导明确学校教育教学的经费预算管理、经费保障标准及经费的安排使用，为高校思想政治教育文化范式实践顺畅运行提供稳定的经费预算支持。另一方面，要制定购置高校思想政治教育文化范式实践设施的保障制度。具体而言，首先，要制定一套清晰可操作的购置流程，确保购置设施的流程在理论上是顺畅的。比如，当教育者文化主体依据教学实际情况需要购置新的教学设备时，可以先向所在单位提出请购建议，在分管领导审核后由相关部门购置与申请使用。而后，进一步优化制度条款细则，保障该项制度条款在实践中可以落实，进而促进高校思想政治教育文化范式的实践运行。

三　创新高校思想政治教育文化范式实践的评价与奖励机制

（一）评价内容全面化，注重过程性评价与结果性评价相结合

习近平总书记曾指出："坚决克服唯分数、唯升学、唯文凭、唯论文、唯帽子的顽瘴痼疾，从根本上解决教育评价指挥棒问题"[①]，这也要求高校思想政治教育文化范式实践评价不能仅仅着眼于结果评价，还要关注高校思想政治教育文化范式实践运行过程，遵循过程性评价与结果性评价相统一。一方面，注重评估高校思想政治教育文化范式实践过程。一是详细评价高校思想政治教育文化范式实施过程。这要求教育者文化主体分析施教方案中对文化目标的细分程度，对文化内容、文化资源、文化载体及文化方法之间的搭配设计是否科学合理。二是客观分析高校思想政治教育文化范式受教过程。在与大学生文化主体互动中观察其对文化内容的理解情况与吸收程度，从而客观评价与反映教育者文化主体的施教效果。另一方面，合理客观审视高校思想政治教育文化范式实践结果。大学生文化主体的考试成绩只是结果评价的方式之一。因此，在进行结果性评价时，要避免仅从学习成绩方面肯定或否定教育效果，而是要兼顾大学生文化主体的思想道德文化素养、行为实践能力素质等方面的发展情况，确保评价内容全面化，从而推动高校思想政治教育文化范式实践不断深化发展。

（二）考评方法多样化，坚持定性评价与定量评价相结合

《中共中央、国务院关于加强和改进新形势下高校思想政治工作的意见》明确指出："健全高校思想政治工作评价体系。研究制定内容全面、指标合理、方法科学的评价体系，坚持定性分析和定量分析相结合、工

[①]《习近平谈治国理政》第3卷，外文出版社2020年版，第348页。

作评价和效果评估相结合，推动高校思想政治工作制度化。"① 一方面，要坚持定性评价的考评方法。通过深度访谈、档案查阅等方式探究高校思想政治教育文化范式诸要素圈及诸要素圈内部各个要素之间、高校思想政治教育文化范式与社会大系统的动态互动状况，判断教育者文化主体在高校思想政治教育文化范式实践中的育人效果。另一方面，合理地运用定量评价的考评方法。对高校思想政治教育文化范式实践中所获取的相关信息、数据、结果等进行数量化、可视化分析，体现育人过程与育人效果之间的因果关系。例如通过邀请大学生文化主体对自身及教育者文化主体在高校思想政治教育文化育人范式实践过程的表现进行评价打分的方式，搜集、整理大学生文化主体对高校思想政治教育文化育人范式实践的评价数据，借助数理统计等方法较为客观地描述与分析数据，进而得出科学客观的评价结果。

（三）奖励机制人性化，实行物质奖励与精神奖励相结合

高校思想政治教育文化范式实践奖励机制是指对教育者文化主体与大学生文化主体行为表现情况进行合理的奖励。对教育者文化主体与大学生文化主体实施奖励可以激发其主体性，有助于推动高校思想政治教育文化范式实践的有效运行。确立高校思想政治教育文化范式实践人性化的奖励机制，关键在于尊重人的主体性及需求的发展。对此，一方面要给予适当的物质奖励。就教育者文化主体而言，通过衡量高校思想政治教育文化范式取得的成效，以额外绩效的形式给予其一定物质奖励，提升其组织、实施高校思想政治教育文化范式实践的积极性；对于大学生文化主体而言，评判大学生文化主体参与高校思想政治教育文化范式实践的积极性及实际效果，择优给予奖学金或其他物质奖励。另一方面，注重强化精神奖励。例如，可以通过组织多样化的优秀表彰大会，对优秀教师、辅导员先进个人或优秀学生代表等正面典型给予荣誉褒奖，在发挥榜样作用的同时满足其精神层面自我实现的追求。通过物质奖励与精神奖励相结合，不断激发教育者文化主体与大学生文化主体的主观能动性，为推进高校思想政治教育文化范式实践运行提供源源不竭的动力。

---

① 《十八大以来重要文献选编》（下），中央文献出版社2018年版，第490页。

四　开发高校思想政治教育文化范式实践运行的科学反馈机制

（一）融合传统媒介与现代媒介，构建多渠道的信息反馈平台

科学反馈为高校思想政治教育文化范式实践的动态完善调整指明了方向，因此，需要畅通与建立多渠道的信息反馈平台，全面、及时地搜集高校思想政治教育文化范式实践运行信息。具体而言，一方面，利用现代媒介开发新兴网络信息反馈平台。有学者认为："人工智能应用条件下，思想政治教育者信息获取、信息分析、信息反馈的速度和广度有了大幅延展。"[①] 为此，可以利用大数据技术、人工智能技术实时监测与分析大学生文化主体的思想道德文化素养状况，及时搜集大学生文化主体的信息。同时，借助微博、微信公众号搭建信息反馈平台。网络信息反馈平台可以突破信息反馈的时空限制，缩短反馈沟通时间，一定程度上提高信息反馈效率。另一方面，还要搭建与校园广播、校报等传统媒介互为补充的反馈渠道。综合运用传统媒介与现代媒介进行高校思想政治教育文化范式实践运行信息搜集，实现优势互补，开拓大学生文化主体与教育者文化主体反馈问题的渠道，有益于大学生文化主体与教育者文化主体高效地获取信息以及时调节高校思想政治教育文化范式实践。

（二）发挥不同圈层的互动优势，健全多层级的信息反馈机制

健全高校思想政治教育文化范式实践运行多层级的信息反馈机制有助于教育者文化主体更加便捷地接收与处理反馈信息。具体而言，一是要明确参与信息反馈环节的教育者文化主体。高校思想政治教育文化范式实践是系统性工程，教师队伍、学生工作队伍、行政人员队伍及后勤管理队伍都是参与高校思想政治教育文化范式实践信息反馈的教育者文化主体，承担着搜集与分析大学生文化主体反馈的信息的重要责任。二是建立"领导部门—行政管理部门—教师—辅导员（班主任）—大学生"多层级的信息沟通反馈机制。较之于学校领导部门及行政管理部门，辅导员（班主任）、思政课教师、专业课教师直接接触大学生文化主体的频率相对较高。在这之中，辅导员（班主任）直接接触大学生文化主体的

[①] 管秀雪：《人工智能时代思想政治教育者角色探析》，《思想理论教育》2022年第1期。

频率最高。因此，通过辅导员（班主任）与大学生建立密切沟通，同时加强教师、领导部门、行政管理部门与辅导员（班主任）的联系，切实突破各个教育者文化主体之间及其同大学生文化主体之间沟通的圈层壁垒。通过借助微信、QQ、微博、博客、贴吧、微信公众号等网络载体辅助线上或线下交流讨论，全方位、多层次地汇集、分析、整理、反馈大学生文化主体提出的针对高校思想政治教育文化范式实践运行的改进建议，从而协同推动高校思想政治教育文化范式实践的顺畅运行。

第四节　案例：思想政治教育文化范式在高校思想政治理论课中的应用

在对思想政治教育文化范式结构模型进行学理构建的基础上，以高校为对象，分析了高校思想政治教育文化范式的现状，并对其实践优化路径进行分析。在此基础上，笔者将思想政治教育文化范式应用在高校思想政治理论课教学中，进行了较为深入的实践，尝试探索高校思想政治理论课文化型教学模式，并取得一定成效。所谓高校思想政治理论课文化型教学模式，是指以大学生生而为人的意义与价值为教学重点与核心，综合运用各种文化要素，在以文化人、以文育人的过程中实现大学生成人的教学模式。需要说明的是，高校思想政治理论课文化型教学模式是一个比较宽泛的教学模式，只要符合这一教学模式的基本定义，都可以理解为是这一模式。同时，根据实际情况还可以继续对这一模式进行较为细致的划分和构建不同的子模式。下面首先重点从宏观视角对高校思想政治理论课文化型教学模式进行分析。在此基础上，以《思想道德与法治》课程为例，在微观层面对这一模式的具体应用进行分析，从而以一种个案式研究的方法与视角对高校思想政治理论课文化型教学模式进行探讨。

一　高校思想政治理论课文化型教学模式宏观分析

对高校思想政治理论课文化型教学模式进行宏观分析，主要是对这一模式涵盖的主要要素进行分析，从而提供一个基础的模式分析框架，以便指导这一模式的构建与发展。在此需要说明的是，高校思想政治教育文化型教学模式的框架遵循思想政治教育文化范式的结构要素框架以及各个要素的基本规定，但在具体行文论述过程中在着重点上会略有不同。

（一）文化需要是高校思想政治理论课文化型教学模式建构的逻辑起点

马克思指出："任何人如果不同时为了自己的某种需要和为了这种需要的器官而做事，他就什么也不能做"[①]。高校思想政治理论课文化型教学模式之所以能够存在与成立，正是因为它满足和实现着特定的文化需要。从文化哲学视角分析，文化问题就是人的意义与价值问题。所谓文化需要就是成为某种理想状态的人的需要。这里的文化需要有两个层面。第一个层面是满足国家对大学生的文化需要。这是高校思想政治理论课文化型教学模式建构的首要逻辑前提。习近平总书记指出，中国特色社会主义进入新时代，高校思想政治理论课"要以培养担当民族复兴大任的时代新人为着眼点"[②]。具体而言，高校思想政治理论课需要为国家培养出"理想信念坚定、爱国主义情怀深厚的时代新人""勇于担当、知行合一的时代新人""品德高尚、不懈奋斗的时代新人"，[③] 从而为中华民族的伟大复兴输送优秀人才。从文化的角度理解时代新人，就是需要时代新人能够将自己作为人的意义与价值与新时代背景下国家和民族的命运联系在一起，成为对国家与社会有用之人。培养时代新人自然成为高校思想政治理论课文化型教学模式需要满足的国家对大学生的文化需要。第二个层面是满足大学生对自己的文化需要。从文化角度分析，成为被国家、社会以及自己认可的人，是新时代大学生对自己的文化需要。具体而言，新时代大学生有学习和践行文化规范从而实现社会化的需要；有追求真、善、美以提升自身的思想道德文化素养的需要；有生而为人

[①] 《马克思恩格斯全集》第 3 卷，人民出版社 1960 年版，第 286 页。

[②] 习近平：《决胜全面建成小康社会 夺取新时代中国特色社会主义伟大胜利——在中国共产党第十九次全国代表大会上的报告》，人民出版社 2017 年版，第 42 页。

[③] 冯刚、彭庆红等：《新时代高校思想政治教育学原理》，人民出版社 2021 年版，第 104—106 页。

进行追求并活出人的意义与价值的需要；等等。高校思想政治理论课文化型教学模式能够满足大学生对自己的文化需要是这一模式得以建构的重要逻辑前提。需要说明的是，国家对大学生的文化需要以及大学生对自己的文化需要之间是存在一定张力的。高校思想政治理论课文化型教学模式既肩负着将国家对大学生的文化需要转换成大学生对自己的文化需要这样的重要使命，同时也肩负着满足大学生自身合理的文化需要的重要使命，尤其是在两种需要存在矛盾时需要进行妥善协调与处理。

（二）明确高校思想政治理论课文化型教学模式的教学目标

高校思想政治理论课文化型教学模式的教学目标既包括规范性目标和优化性目标，又包括向内完善目标和向外发展目标。这四个目标在前面章节已经进行了较为充分的论述。在此，我们从另外两个方面进行分析。

第一，夯实文化底蕴。文化作为一种意义系统，形成之后会渗透到社会生活的每一个角落，发挥着凝魂聚力的重大功能。高校思想政治理论课文化型教学模式要有效发挥立德树人的功能，文化要素即是其必不可少的底色。这也就意味着高校思想政治理论课文化型教学模式需要把夯实自身的文化底蕴作为首要目标。高校思想政治理论课文化型教学模式的目标是培养担当民族复兴大任的时代新人，其所指向的人不仅是社会中的人，更是文化中的人。文化作为一种历久弥新的精神力量，其所包含的价值理念、制度规范和行为方式等具有重要的教化作用，广泛影响着人们的思想和行为。同时，在人们认识和改造世界的过程中，文化这一精神力量还可以被转化为物质力量，深刻影响着人的本质力量的实现。尤其是在当前经济全球化、文化多样化以及社会信息化趋势日益加剧的时代背景下，文化与人的联系越发紧密，其对人与社会的影响日益扩大，所担负的任务也日益繁重。基于此，高校思想政治理论课文化型教学模式要在坚持马克思主义文化观的指导下，深刻挖掘教学资源中蕴含的中华优秀传统文化、革命文化以及社会主义先进文化的精髓要义，将其注入对应的教学章节与内容板块之中，增强这一教学模式文化力量，以此促成教学效果的达成，进而实现育人目标。

第二，坚定中国特色社会主义文化自信。习近平总书记指出："文化自信是一个国家、一个民族发展中更基本、更深沉、更持久的力量。"① 高校思想政治理论课文化型教学模式作为培养中国特色社会主义事业建设者和接班人的关键环节，将坚定大学生的中国特色社会主义文化自信纳入自身文化目标体系之中，致力于大学生文化自信的培养是其承担的重要使命。"文化自信教育，是触及人的思想和灵魂的教育"②，这种深层次的教育能够使大学生对中国特色社会主义文化的价值和生命力产生信心，继而表现出积极的精神状态和相应的行为倾向，推动新时代形成新风尚，必将有益于国家文化软实力的提升以及中国特色社会主义事业的推进。拥有坚定中国特色社会主义文化自信的大学生，表现为充分肯定中国特色社会主义文化的价值与前景，并对其生命力抱有坚定信心。高校思想政治理论课文化型教学模式要坚定大学生的中国特色社会主义文化自信，需要在教学目标、内容、载体以及方法的设定与选取方面强化对中华优秀传统文化、革命文化以及社会主义先进文化的传承弘扬和创新发展，在充分彰显其深厚内蕴的同时展示其强大生命力，使大学生对其产生情感和价值认同，在此基础上产生坚定的文化自信。

（三）全面探索高校思想政治理论课文化型教学模式的教学内容

习近平总书记指出："中华民族几千年来形成了博大精深的优秀传统文化，我们党带领人民在革命、建设、改革过程中锻造的革命文化和社会主义先进文化，为思政课建设提供了深厚力量。"③ 这一重要论述启示我们，可通过融入优秀传统文化、革命文化和社会主义先进文化，丰富高校思想政治理论课文化型教学模式的教学内容。

第一，以中华优秀传统文化为底蕴，丰富高校思想政治理论课文化型教学模式的教学内容。中华优秀传统文化是由中华民族五千多年文明历史所孕育的宝贵精神财富，积淀、承载着中华民族的思想基因、人文精神和道德规范等，这些思想资源世代相传，已经融进中华民族的血脉

---

① 习近平：《决胜全面建成小康社会　夺取新时代中国特色社会主义伟大胜利——在中国共产党第十九次全国代表大会上的报告》，人民出版社2017年版，第23页。

② 马超：《高校思想政治理论课增强大学生文化自信的教学着力点》，《思想理论教育导刊》2020年第3期。

③ 习近平：《论党的宣传思想工作》，中央文献出版社2020年版，第377页。

之中，容易唤起人们的情感和价值认同，是开展思政工作的精神养料。高校思想政治理论课文化型教学模式应积极传承中华优秀传统文化，不仅包括传承其人文精神和道德规范，还要从"中华先民在五千多年历史长河中积淀形成的哲学思想、史学文化、文艺精华、审美理念、科技创造"①中汲取深厚的理论资源，为以文化人、以文育人提供不竭的精神力量。具体而言，可从以下方面推进中华优秀传统文化在高校思想政治理论课文化型教学模式中的有效融入：一方面，深入挖掘并充分展示教材中与中华优秀传统文化相契合的内容，并讲清其与当前中国特色社会主义建设事业的价值取向和发展布局间的关系，展现中华优秀传统文化独特的理念、智慧、气度、神韵以及当代价值，在彰显其魅力的同时潜移默化地达到育人效果；另一方面，要积极推动中华优秀传统文化的创造性转换和创新性发展，结合当前时代需要和我国发展实际进行继承扬弃和推陈出新，彰显其生命力，使之与现今文化相适应、与现代社会相协调。

第二，以革命文化和社会主义先进文化为重点，拓展高校思想政治理论课文化型教学模式的教学内容。革命文化和社会主义先进文化是中国共产党带领人民在长期的革命、建设、改革实践中锻造的优秀文化形态，是提升大学生文化自信的不竭源泉，为高校思想政治理论课文化型教学模式提供深厚力量。高校思想政治理论课文化型教学模式应将革命文化和社会主义先进文化作为重点内容，以助力于以文化人、以文育人目标的实现。革命文化是马克思主义与中国革命、建设、改革实践结合而生的精神标识。在新民主主义革命、社会主义革命以及改革开放等伟大实践中产生了诸如延安精神、长征精神、"两弹一星"精神等革命精神，以及艰苦奋斗、勇往直前等红色文化。这些文化成果集中凸显了"对马克思主义信仰以及国强民富理想的追求"②，其鲜明的历史性、民族性和政治性与高校思想政治理论课文化型教学模式密不可分，是教学

---

① 刘水静、朱洁仪：《增进高校思想政治理论课程的文化含量：目标、内容与方法》，《教学与研究》2019年第10期。

② 魏荣、肖李伟：《基于思想政治教育的大学生文化自信提升研究》，《学校党建与思想教育》2021年第12期。

必不可少的教育素材，也是引导大学生成长成才的珍贵文化养料。高校思想政治理论课文化型教学模式应将具有独特红色属性和教育属性的革命文化作为落实立德树人根本任务的重要着力点，自觉将其引入教材和课堂，融入立德树人的全过程。在教学内容上，着重讲授中国共产党人的崇高革命理想、伟大革命精神和高尚革命情操，继承弘扬红色基因。在教学方法上，运用理论讲授、实践调研等方式对革命精神、革命制度的内涵与价值等进行充分诠释与传播。通过革命文化教育，引导大学生成长为能够担当民族复兴大任的时代新人。社会主义先进文化是中华文化在当代中国的最新发展，代表着我国社会发展的前进方向。高校思想政治理论课文化型教学模式要注重引导大学生深刻领会社会主义先进文化的重大意义、文化根脉和内涵意蕴等，充分发挥其导向、凝聚与教育功能，塑造大学生社会主义先进人格。具体而言，一是诠释清楚社会主义核心价值观这一社会主义先进文化核心的丰富内蕴、精神特质、发展脉络、现实基础和深厚力量等，引导大学生对其进行系统掌握，凝聚共识，夯实大学生中国特色社会主义文化自信的根本着力点；二是充分展示我国社会沿着中国特色社会主义文化方向阔步前进所取得的令世人瞩目的文化成就，以社会主义先进文化的蓬勃生命力激发大学生确立文化自信；三是积极描绘我国未来发展的远大文化前景，引导大学生体悟未来中国文化繁荣昌盛的景象，进一步坚定其文化自信。

（四）科学运用高校思想政治理论课文化型教学模式的文化载体

文化载体是承载和传递文化目标和内容的物质实体和活动形式，具有多样的表现形态。从历史发展视角来看，高校思想政治理论课文化型教学模式大体包括符号信息载体和活动载体等传统文化载体以及互联网类新兴文化载体两种表现形态。

第一，充分发挥符号信息载体和活动载体等传统文化载体的作用。符号信息载体和活动载体是高校思政课教学长期使用的主要载体。符号信息载体主要包括教学使用的语言、文字、图片和书籍等，教育者借助此类载体，运用高超的教学能力和教学艺术，在教学过程中实现知识传播和价值引领的有机统一。常见的教学活动载体大体包括以下四类：一是演讲、辩论、情景模拟等课内实践活动，二是弘扬中国特色社会主义文化的文艺表演、反映时代风貌的微影创作等校园实践活动，三是参观革命遗址和纪念馆等校外实践活动，四是进行社会调查、参加志愿服务等社会实践活动。运用活动载体进行高效思想政治理论课文化型教学模式实践，引导大学生在直观化的实践活动中进行情感体验，在体验中感悟、在感悟中提高，既有益于加深和巩固大学生从符号信息载体中获取的理论知识，又有益于增进其对中国特色社会主义文化的情感和价值认同，进而实现高校思想政治理论课文化型教学模式的以文化人、以文育人目标。

第二，积极引入互联网类新兴文化载体，推动传统教学载体的升级改造。网络信息技术的快速发展和更新推动了文化与网络的深度融合，客观上为高校思想政治理论课文化型教学模式提供了多样的文化载体形式。高校思想政治理论课文化型教学模式在发挥符号信息载体和活动载体等传统文化载体优势的同时，应积极引入互联网类新兴文化载体，升级改造传统教学载体，以这种大学生相对易于接受的方式拓展理论掌握群众的场域，助力于文化融入的有效实现。具体而言，高校思想政治理论课文化型教学模式要借助网络平台和智能化信息技术，着力打造微课、翻转课堂、App 等以互联网为支撑的文化资源传递模式，运用"互联网+课堂"、专题教育网站等现代多媒体手段，以数字化、图像化、视觉化等方式，全方位、多层次地展现中国特色社会主义文化的深厚内蕴和当代价值，做到"有声有色"地教学，运用这种更加灵动的教学载体提升文化内容的吸引力和感染力，坚定大学生的文化认同。例如，在讲授革命文化内容时，教育者可通过智能化技术模拟手段对革命场景和英雄人物进行再现，以情境体验的方式让大学生在直观化、隐性化的情境中对革命先烈的家国情怀和奉献精神产生切实感受，提高高校思想政治理论课文化型教学模式的吸引力和感染力。

（五）正确把握高校思想政治理论课文化型教学模式的文化方法

当前，社会环境的复杂性和教育任务的艰巨性要求高校思想政治理论课文化型教学模式必须选取适宜的文化融入方法，才能使教学活动事半功倍。基于实际需要，高校思想政治理论课文化型教学模式应将文化理论灌输法、文化体验与实践法以及文化环境熏陶法作为具体文化方法并科学使用，使之相互配合，共同作用于教学文化融入效果的实现。

第一，文化理论灌输法。文化理论灌输法在高校思想政治理论课文化型教学模式中处于基础地位、发挥着最重要的作用，其他方法功能的发挥需建立在其有效实施的基础之上。之所以如此说，是因为先进的文化理论无法在大学生头脑中自发产生，要使其形成正确文化认知，只能先从外灌输。高校思想政治理论课文化型教学模式采用文化理论灌输法，是遵循课程特征、大学生认知规律以及教育主客体辩证关系的必然选择。高校思想政治理论课文化型教学模式要进行多形式的文化理论灌输，使中国特色社会主义文化在大学生头脑中扎根，使之成为学识扎实学养深厚的时代新人。为此，要着重讲清楚中华优秀传统文化、革命文化和社会主义先进文化的深刻内涵、发展历程和当代价值等问题，进行知识传授、以理服人，引导大学生形成正确认知，才能坚定其听党话、跟党走的理论和情感认同。此外，需说明的是，高校思想政治理论课文化型教学模式运用文化理论灌输法要立足于对科学灌输规律的掌握，重视受教育者能动性的发挥，而不能片面地将其理解为"主体—客体"二元结构的灌输模式。

第二，文化体验与实践法。文化体验与实践法是高校思想政治理论课文化型教学模式不可或缺的补充方法，既有益于增强大学生文化理论认知的广度和深度，又有益于增进其文化情感认同。中国特色社会主义文化是扎根中华大地的文化，高校思想政治理论课文化型教学模式必须坚持实践教学，使大学生在社会实践的亲身体验中产生深刻感悟，以实现以文化人、以文育人目标。文化实践活动具有思想性深、吸引力强、灵活性高等特点，能有效地将中国特色社会主义文化内含的先进思想和高尚情操转化为教育对象的思想，是接受度较高的教学方式之一。高校思想政治理论课文化型教学模式运用文化实践体验法开展教学，教学活动设计要注重引导并推动大学生走出课堂、融入社会，使其在亲身感受中更深刻地了解党情、国情、社情、民情，体会中国特色社会主义文化在推进中国特色社会主义建设事业中的强大生命力，以情动人，通过情感共鸣让大学生对教学内容入脑、入心。此外，要注意的是文化实践活动的设置应充分考量大学生的现实情况、贴近其生活境遇、满足其实际需要、唤醒其角色意识，以增强大学生对文化实践活动的参与度。

第三，文化情境熏陶法。文化情境熏陶法是贯穿于高校思想政治理论课文化型教学模式始终的基本保障方法。作为一种隐性教学方法，文化情境熏陶法的优势在于可以将文化内容全方位地渗透到教学全过程，使大学生在文化理论灌输中获得的知识和文化实践中获得的情感得以深化和升华。在现今时代，高校思想政治理论课文化型教学模式面临全球化背景下多元文化的冲击以及信息化背景下文化虚拟化的挑战。运用文化情境熏陶法开展高校思政课教学，在理论灌输和实践体验的基础上，尤其需要借助线上线下、网言网语等新方式营造虚实结合的教学环境。以数字化、图像化、视觉化、网络化等学生喜闻乐见的形式对高深的文化理论和深刻的文化内容进行形象化、生活化的传递，引导大学生在深度明晰中国特色社会主义文化内涵意蕴的基础上确立自身作为社会主义时代新人和人类命运共同体成员对民族、国家和社会所肩负的责任和担当，发挥文化情境春风化雨、润物无声的育人功能。

二 高校思想政治理论课文化型教学模式中观分析

笔者对思想政治教育文化范式以及在其指导下构建的高校思想政治理论课文化型教学模式并不仅仅停留在理论层面，而且在实践层面以《思想道德与法治》课程为对象进行了积极探索。这体现在笔者在中观层面构建并实践高校思想政治理论课三课堂文化型教学模式。

（一）构建并实践高校思想政治理论课三课堂文化型教学模式

所谓高校思想政治理论课三课堂文化型教学模式，是指为了更好地实现高校思想政治理论课的以文化人、以文育人，将《思想道德与法治》课堂划分为理论先导课堂、理论主导课堂和体验实践课堂三个课堂，在三个课堂教学侧重点与培养能力不同却互补的螺旋式循环推进中实现大学生成人的目标。所谓理论先导课堂，主要是以课程每章节的基础理论（包括基本概念和基本原理）为讲授重点构建起来的课堂。理论先导课堂主要是通过慕课、微课等形式让大学生进行提前学习。理论先导课堂主要作用于大学生文化认知。在此基础上，进入理论主导课堂。所谓理论主导课堂，主要是以课程每章节的教学重点、难点和热点为主要讲授内容构建起来的课堂。理论主导课堂主要以现场讲授的方式进行。理论主导课堂通过对教学重点、难点和热点的讲解作用于大学生的文化认知和文化情感。在此基础上，进入体验实践课堂。所谓体验实践课堂主要是围绕所学的不同理论进行系统化的深刻体验所构建起来的课堂。实践体验课堂主要作用于大学生的文化认知、文化情感、文化意志和文化行为。三个课堂之间的关系是层层递进的螺旋式上升的关系。这首先体现在每一章三个课堂之间是层层递进的，即通过理论先导课堂对教学内基本理论进行学习，为更深入的理论学习作好铺垫；之后进行理论主导课堂，对教学内容的更深刻理论进行讲解；为了更好地理解和应用理论，结合不同的教育经验与人生经验，在体验实践课堂进行互动体验，从而深化对教学内容的理解，并为教学内容的外化作好铺垫。另外体现在每一章和每一章的三个课堂之间是衔接的。前面一章通过三个课堂的学习，尤其是体验实践课堂，在互动中了解到大学生真正的思想困惑和思想关注点，在下一章三个课堂的教学中就更具有针对性地进行教学设计和安排。

在《思想道德与法治》课程教学中，对三个课堂总体安排如下。首先，在理论先导课堂，对每一章教学内容背后涉及的马克思主义基本原理以及每一章章节的主要概念进行微课录制，要求大学生提前预习课本并学习录制视频内容。在内容设计上，每一章设计与教学内容高度相关的三到五个需要大学生重点掌握的马克思主义基本原理进行讲解，同时对每一章章节涉及的三到五个重点概念进行讲解。在理论主导课堂，每一章选择两到三个重点、难点和热点问题进行精心设计和深入讲解。在体验实践课堂，每一章配套一到两个与教学章节相关的主题进行设计并实践。尤其是在体验实践课堂，笔者以及团队已经做出一定特色，根据所在学校特色创办了"金麦穗思政体验坊"品牌课堂。根据《思想道德与法治》课程的教学内容和教学大纲，设计了"新时代与大学生个人规划""人生旅程与人生观""生命季节与人生观""内卷、躺平与理想信念""批判性思维与创新观""人格修炼与价值观""能力、成就与价值观""自我认同与就业观""廉政文化与廉德观""爱情与道德观""思维实验与道德观""道德与法律之辩"等主题并进行了落地实践。

（二）高校思想政治理论课三课堂文化型教学模式的特点

第一，理论先导课堂和理论主导课堂的特点。首先，在教学理念上，秉持"自上而下"的教学理念，主要以教师讲授为主。其次，在教学内容上突出其文化性，尤其是要突出教学内容对大学生成人的意义与价值。在此基础上，遵循理论上讲透、实践上讲活、改革上讲清、发展上讲新四重逻辑，对教学内容进行合理安排与讲解。所谓理论上讲透，即是要运用逻辑思维能力对思政课教学涉及的理论进行细致深入的分析，从而使学生理解和接受。所谓实践上讲活，就是立足于新时代背景，运用辩证思维对中国现实社会中存在的诸项实践活动进行全面深刻的分析，帮助学生深化理解。所谓改革上讲清，就是要把改革创新是当代中国最突出、最鲜明的特点讲明白，深化大学生对改革的认识，引导其成为改革创新的生力军。所谓发展上讲新就是既要立足本国实际，还要坚持世界眼光，在与时俱进的过程中，讲好中国与世界的发展故事，从而引导学生积极投身于中国特色社会主义建设事业。最后，在教学方法上，遵循学生思想道德文化素养形成规律和教育教学规律，采用专题式、互动式、研讨式、启发式的教学方法，研发并应用了理论分层讲授法、文化叙事传播法、焦点讨论反思法和行动学习改变法等方法。[①]

第二，体验实践课堂的特点。一是，在教学理念上，秉持"自下而上"的教学理念，激发学生的学习兴趣与参与热情。"自下而上"的理念更多地以贴近学生的经验为主，在此基础上对学生进行积极引导。这种理念不仅是对理论课堂"自上而下"模式的接续，而且能够增强《思想道德与法治》课程的对象意识，切实以学生为中心，采用学生参与教学全程的方式提高思政课的亲和力，使思政课更具说服力、感染力、吸引力，使学生产生共鸣，提升获得感。二是，在教学内容上，围绕教学内容与教学大纲，选择大学生极其关注的热点话题为主题进行设计。比如，在讲新时代与时代新人的时候，大学生对自己的未来比较迷茫，为了更

[①] 关于四重逻辑和具体方法，可参见作者发表的论文，在此不作详细论述。赵志业、赵延安：《新时代高校思政课教学有效性提升的逻辑理路与方法创新》，《中国大学教学》2022年第5期。

好地引导大学生作好人生规划，结合新时代对大学生的要求，在体验实践课堂开展"新时代与大学生个人规划"的教学活动。三是，在文化媒介上，充分利用微信、微博、微云盘、OH卡、颜色卡、音乐等媒介，让同学们完成对相关主题的思考与规划。第四，在教学情境上，营造安全、平和、温暖的教学氛围，建立和谐的师生关系，调动学生主动学习、主动参与的积极性。第五，在教学方法上，结合教学主题和教学内容，运用多种媒介研发了诸如学业规划卡片排列技术法、人生九宫格图像表征技术法、人类学访谈引导技术法、自我—国家认同环绘制技术法、文化叙事文化技术法、爱情观卡片探索技术法、理想信念行动学习技术法、焦点讨论赋能技术法等，并积极落地实践应用。这些方法不仅在形式上新颖，而且可以非常高效地对学生进行积极引导。

第三，由理论先导课堂、理论主导课堂和体验实践课堂组成的三课堂文化型教学模式的特点。首先，三课堂文化型教学模式充分体现高校思政课的理论性，避免体验活动遮蔽理论讲解现象的出现。习近平总书记指出，思想政治的本质在于讲道理。高校思政课在性质上是对大学生进行思想政治理论教育的课程，其真理性和理论性是其重要特征。三课堂文化型教学模式根据教学规律与学生认知接受规律，试图将《思想道德与法治》课课本教材理论向教学理论转化，最终以学生可接受和理解的方式呈现理论的魅力。其次，三课堂文化型教学模式注重理论与体验的统一，避免理论与体验两张皮现象的出现。在具体操作过程中，根据《思想道德与法治》课具体教学目标、教学内容与学生接受情况，对某一具体内容先进行理论讲授，之后加上体验活动，同一内容的理论与体验两个层面的有机结合，使"'理'与'情'相互融合，相得益彰，才能体现思想政治理论课教学有情有义，有滋有味，从而增强教学的吸引力、说服力、感染力，最终实现思想政治教育的根本目的"[1]。最后，三课堂文化型教学模式注重体验的深刻性与连贯性，避免体验活动的零散性现象。三课堂文化型教学模式根据《思想道德与法治》课程每一个具体的

---

[1] 陈玲、王汐牟：《论思想政治理论课教学中的"情"与"理"》，《思想理论教育》2019年第5期。

教学内容进行体验活动的设计与实施时，都要注重带给学生深刻的体验感受，能够让学生在体验活动中真正有所得，并在体验活动后能够进行有效学习迁移。同时，三课堂文化型教学模式注重体验活动与体验活动之间的层次性与逻辑性，使体验活动之间呈现出层层推进的螺旋式上升状态，从而使体验式教学呈现整体性状态和效果。

三 高校思想政治理论课文化型教学的教学设计案例呈现

在此以《思想道德与法治》课绪论为例，在理论先导课堂主要对以下问题进行讲解。第一，《思想道德与法治》课的课程性质、内容、考核和学时安排；第二，《思想道德与法治》课的三课堂文化型教学模式讲解，让学生初步理解上课所遵循的教学模式；第三，《思想道德与法治》课绪论部分的基础理论。主要包括新时代的内涵与意义、时代新人的内涵、思想道德与法治素养的内涵及二者关系。在学生提前对这些知识进行学习的基础上，进入理论主导课堂。理论主导课堂主要对以下问题进行讲解。第一，深入说明《思想道德与法治》课的地位、功能与作用，尤其是从文化角度说明《思想道德与法治》课对大学生成为国家需要之人以及自己所欲成为之人的重大价值和意义。第二，重点对《思想道德与法治》课程的教学理念、教学方法等进行说明。让学生深刻理解教学是教师和学生共同建构的，同时让学生深刻理解教师"在做什么"以及"为什么这样做"。第三，重点对新时代背景下的时代新人进行讲解。结合新时代，不仅要讲清楚时代新人要"立大志""明大德""成大才""担大任"，而且一定要从文化角度讲清楚时代新人对大学生成人的意义与价值。进行理论讲解后，需要将这一宏大的理论与学生的教育经验和对课程的需求进行视域融合。通过问卷与访谈，分析出大一新生在刚入学阶段最关心的问题之一就是学业规划，因此将课程绪论内容增加"大学新生学业规划"一节，设计出"新时代与大学生个人学业规划"的体验实践课堂，并积极进行课堂实践，引导学生将具体的学习与中华民族的伟大复兴联系在一起。

"新时代与大学生个人学业规划"体验实践课堂的教学设计具体体现在四个方面。首先，在教学理念上，主要包括建构性教学理念、生成性教学理念、合作性教学理念三个方面。其次，在静态有效因素上，主要包括有效教学目标（认知目标：深刻领会大学生学业规划的重要性与相关理论；技能目标：通过理论加体验，掌握学业规划技能；价值目标：将学业规划付诸实践，为民族复兴的伟大使命做出力所能及贡献）、有效教学主体（教师主体：具有较好的从事三课堂文化型教学模式的主体意识和主体素质；学生主体：对三课堂文化型教学模式具有较强的接受主体意识和接受意愿，并对学业规划有前期性知识与技能储备）、有效教学内容（学业生涯规划理论与体验）、有效教学方法（方法的载体层面：OH 卡，可以高效连接左脑与右脑，从而快速达到体验效果；方法的操作层面：体验导入、应用学业规划卡片排列技术法进行体验活动、体验后交流与答疑解惑）、有效教学情境（情境硬件：智慧教室；情境软件：尊重、包容、合作的氛围）。再次，在动态有效过程方面主要体现为，教师在说明具体教学目标后，利用智慧教室通过与学生合作，营造出有效教学情境。之后进行教学内容的具体开展。在理论讲解上，对现有学业规划理论进行总体概览后，重点讲解霍兰德的理论。在此处的理论分层体现在学理与事理两个方面。学理上主要体现为对霍兰德的理论进行深入讲解；事理上主要体现为用实例与数据说明进行学业规划的价值。之后进行体验式活动。6—8 人一组，在老师的带领下，应用 OH 卡进行第一学期的学业规划，在手与脑的合作下，实现全员全过程参与。之后，请学生代表分享学业规划蓝图，并说明自己的体会。最后教师做总结发言。活动过程高度体现了教师的主导性与学生的主体性相统一，也实现了理论与实践的高度统一。最后，在有效教学评估方面，主要包括定量评价（通过进行统计学前测与后测的对比，检验学生是否进行了有效的生涯规划）和质性评价（通过分析学生这次活动后的手写感想以及与部分学生进行访谈后的资料，进行编码总结，最后得出学生对这次活动的评价）两个方面。通过这次课程，学生对自己的学业有明确的和可操作性的规划并在课后付诸实践，从而能够将民族复兴的使命落实在具体的行动中去。通过定量评价，统计学结果显示学生对这次教学活动认同度较高。通过质性评价，可以得出这次活动学生的评价包括形式评价和内容评价。形式评价的编码结果为新颖、轻松等。内容评价的编码结果为收获、成长等。通过定量评价与质性评价的结合,可见这次活动较好完成教学目标,对提升大学生思政课获得感发挥重要作用。

高校思想政治理论课三课堂文化型教学模式属于文化型教学模式的一种,是对思想政治教育文化范式的落地应用。这一模式是在新时代背景下对高校思政课教学的进一步创新。这一模式力求在理论与实践上都给学生以深刻的体验,最终将有利于高校思政课亲和力和有效性的提升。这一模式不仅受到了笔者所在高校的师生的欢迎与喜爱,而且笔者与省内外多所高校进行经验交流与分享,发挥了三课堂文化型教学模式的辐射带动作用,立德树人效果显著。三课堂文化型教学模式还被《光明日报》《光明网》《中国青年网》《环球网》《中国日报网》《陕西日报》等国家级和省级媒体报道。

结论与展望

对思想政治教育文化范式进行深入研究，既是思想政治教育文化学深入发展从而深化思想政治教育学科发展的需要，也是切实提升思想政治教育以文化人、以文育人实践有效性的需要。鉴于思政界对思想政治教育文化范式研究存在的不足，在借鉴前人研究成果的基础上，本书对思想政治教育文化范式的"构建"与"优化"两个大的方面进行了深入研究，得出以下结论。

第一，思想政治教育文化范式是指特定阶级或集团的教育者文化主体用其主导文化的意义与价值对受教育者文化主体进行文化建构所遵循的结构模型。思想政治教育文化范式在思想政治教育范式谱系中主要属于思想政治教育实践范式的范畴。思想政治教育文化范式不等于思想政治教育文化学范式，二者虽有交叉，但侧重点不同。思想政治教育文化范式由深层要素圈、核心要素圈、中介要素圈和外围要素圈等组成一个同心圆结构。思想政治教育文化范式具有整合性、趋向性、规范性、时空性和稳定性等特征。思想政治教育文化范式按照不同的分类标准可以划分为不同类型。按照时空划分，可以划分为不同时代、国家以及地域的思想政治教育文化范式；按照呈现形态划分，可以划分为理论形态、实践形态、历史形态三种主要形态的思想政治教育文化范式；按照生成方式划分，可以把思想政治教育文化范式划分为内生型、借鉴型与同化型三种类型。思想政治教育文化范式的功能主要体现在为科学共同体提供范本、实现文化教化和实现文化发展等方面。

第二，思想政治教育文化范式结构模型在静态构成上由深层要素圈、核心要素圈、中介要素圈和外围要素圈组成。思想政治教育文化范式的深层要素圈由指导思想和人性基础两个要素构成。深层要素圈决定着思想政治教育文化范式的性质与方向。思想政治教育文化范式的核心要素圈由思想政治教育文化目标、思想政治教育文化内容和思想政治教育文化主体等要素构成。核心要素圈对思想政治教育文化范式作出最为重要的规定。思想政治教育文化范式的中介要素圈由思想政治教育文化资源、思想政治教育文化载体和思想政治教育文化方法等要素构成。中介要素圈对思想政治教育文化范式发挥着中介桥梁的作用。思想政治教育外围要素圈由思想政治教育文化情境和思想政治教育文化环境等构成。外围要素圈对思想政治教育文化范式发挥着重要的保障作用。思想政治教育文化范式的四个要素圈是相互联系和相互作用的。具体而言，深层要素圈决定核心要素圈、中介要素圈和外围要素圈；深层要素圈和核心要素圈作为思想政治教育文化范式最为重要的两个要素圈，又共同决定着中介要素圈和外围要素圈；中介要素圈和外围要素圈又反作用于深层要素圈和核心要素圈。思想政治教育文化范式结构模型的静态要素构成分析，不仅可以有效破解思想政治教育文化范式的通约性与转换问题，而且对于切实提升思想政治教育以文化人、以文育人有效性在要素优化层面发挥着重要的理论指导作用。

第三，思想政治教育文化范式动态运行过程包括思想政治教育文化范式与社会大系统的动态互动过程以及思想政治教育文化范式作为独立系统的动态运行过程。思想政治教育文化范式与社会大系统的动态互动过程包括社会大系统作用于思想政治教育文化范式的过程以及思想政治教育文化范式反作用于社会大系统的过程。思想政治教育文化范式作为独立系统的动态运行过程由施教运行过程和受教运行过程组成。思想政治教育文化范式与社会大系统的动态运行过程需遵循文化代码机理、文化资本机理、文化领导权机理和文化创造机理四个方面的机理。思想政治教育文化范式作为独立系统的运行过程需遵循文化引导—认同机理、文化选择—加工机理、文化适应—匹配机理、文化生成—超越机理四个方面的机理。思想政治教育文化范式动态运行过程以及机理分析，对于切实提升思想政治教育以文化人、以文育人过程有效性发挥着重要的指导作用。

第四，不同时代、不同国家和不同阶级的思想政治教育文化范式在形式上遵循着思想政治教育文化范式结构模型的基本规定，因此具有形式上的通约性。但在实质内容上具有不可通约性，因为不同时代、不同国家和不同阶级的思想政治教育文化范式的各个要素圈尤其是核心要素圈和深层要素圈具有不可通约性。不同时代、不同国家和不同阶级的思想政治教育文化范式虽然具有不可通约性，但可以进行交流与借鉴。新时代中国各种思想政治教育文化范式之间具有可通约性，因为在新时代背景下我国不同的思想政治教育文化范式都具有同源、同根性，即都在以不同的方式"分有"新时代中国思想政治教育文化范式的基本规定，这种基本规定不仅仅是形式上对思想政治教育文化范式结构的遵循，更主要的是在内容规范上受其约束。思想政治教育文化范式转换需要遵循范式转换的标准。新时代中国思想政治教育文化范式不论是从功能还是从结构分析，都不存在转换的需要，而是需要进行优化。优化的重点在于处理好思想政治教育文化范式发展的不平衡不充分的矛盾。

第五，在高校场域，新时代高校思想政治教育文化范式实践运行过程相对平稳的同时也存在着诸多问题。具体而言，就高校思想政治教育文化范式静态要素来看，高校思想政治教育文化范式的深层要素圈、核心要素圈、中介要素圈和外围要素圈都在不同程度上存在着需要优化的地方；就高校思想政治教育文化范式动态运行来看，高校思想政治教育文化范式与社会大系统的互动过程以及高校思想政治教育文化范式作为独立系统的运行过程中都存在着急需改进的方面，尤其是高校思想政治教育文化范式各个要素圈之间的有效衔接以及各个要素之间的有效匹配急需进一步加强。究其原因，主要体现在相关部门对高校思想政治教育文化范式的重视不足、高校思想政治教育文化范式实践中各方协同联动的工作格局未形成、高校思想政治教育文化范式实践中教育者文化主体素质参差不齐以及大学生文化主体主动性不足等方面。

第六，针对面临的诸多问题，需要探索有效的新时代高校思想政治教育文化范式实践优化路径。首先要完善高校思想政治教育文化范式的诸要素圈结构。这主要包括坚定马克思主义对高校思想政治教育文化范式的指导地位、重点优化高校思想政治教育文化范式核心要素圈诸要素、充分发展高校思想政治教育文化范式中介要素圈诸要素、大力建设高校思想政治教育文化范式外围要素圈诸要素等方面。其次要构建高校思想政治教育文化范式实践的一体化格局。这主要体现在构建高校思想政治教育文化范式与社会大系统的互促互进格局、构建高校思想政治教育文化范式实践过程中诸部门之间的协同合力格局、构建高校思想政治教育文化范式实践过程中诸要素圈之间的衔接契合格局等方面。最后要建立高校思想政治教育文化范式实践的长效机制。这主要体现在构建高校思想政治教育文化范式实践的组织领导机制、完善高校思想政治教育文化范式实践的制度规约机制、创新高校思想政治教育文化范式实践的评价与奖励机制、开发高校思想政治教育文化范式实践的科学反馈机制等方面。

对思想政治教育文化范式进行研究，是一个重大且深奥的课题。本书重点对思想政治教育文化范式结构模型进行学理分析，在此基础上以高校为场域，对高校思想政治教育文化范式的现状与优化路径进行了深入研究，并得出具有创新性的结论。但本书研究成果还存在一些不足之处，比如在对高校思想政治教育文化范式实践进行研究时，是把不同类型的高校看成一个整体对高校思想政治教育文化范式实践进行研究，没有对不同类型高校的思想政治教育文化范式分别进行研究。随着研究的不断深入，发现在未来的研究生涯中还可以从不同层面和不同维度对思想政治教育文化范式进行研究。比如，运用比较研究的方法，对古今中外思想政治教育文化范式进行比较研究；对中国共产党思想政治教育文化范式的百年演进历程与经验启示进行深入研究；对不同场域诸如农村、企业等场域的思想政治教育文化范式进行深入研究；对思想政治教育文化范式在高校思政课中的运用进行更加深入的学理研究与实践研究；等等。总之，对思想政治教育文化范式进行深入研究，是一个十分丰富的课题，在后续的学术研究中需要在目前研究成果基础上继续前行、不断深化。

附　　录

附录1

问卷编号：＿＿＿＿＿＿

新时代高校思想政治教育文化范式实践状况的调查问卷

亲爱的同学：

您好！为了客观、准确地了解新时代高校思想政治教育文化范式实践状况，特进行此次调查。本问卷填写采取不记名形式，大约会耽误您15分钟的时间，我们将对您提供的个人信息进行保密，填写结果仅用于科学研究，敬请放心填答。谢谢您的真诚合作！

西北农林科技大学"新时代高校思想政治教育
文化范式实践状况"课题组

注：高校思想政治教育文化范式是指教育者文化主体用中国特色社会主义主流文化的意义与价值对大学生文化主体进行文化建构所遵循的结构模型。

一　个人基本信息（请直接在选择项上打"√"）

1. 学　校：＿＿＿＿＿
2. 您的性别是
 A. 男　　　　　B. 女

3. 您的年级是

A. 大一　　B. 大二　　C. 大三　　D. 大四

4. 您的专业类型是

A. 文史类　　B. 理工类　　C. 农林类　　D. 师范类

E. 政法类　　F. 医学类　　G. 其他

5. 您的政治面貌是

A. 中共党员（含预备党员）　　B. 入党积极分子

C. 共青团员　　　　　　　　　D. 其他

二　调查题目

（一）关于高校思想政治教育文化范式静态要素状况的调查题项

请依据您对下列叙述的同意程度强弱在选项下方打"√"

题　目	A.非常同意	B.基本同意	C.不知道	D.基本不同意	E.非常不同意
（6）高校思想政治教育在用中国特色社会主义主流文化对大学生进行教育的过程中需要坚持马克思主义的指导					
（7）我知道马克思主义立场观点方法是什么					
（8）我对马克思主义充满信心					
（9）我将实现共产主义作为价值追求					
（10）马克思主义立场观点方法是我认识问题、分析问题、解决问题需要掌握的理论知识					
（11）我将掌握的马克思主义立场观点方法等知识付诸实践					
（12）我需要发展自己，使自己逐步成为自由、全面、充分发展的人					
（13）社会主义核心价值观是全体社会成员要积极弘扬和践行的文化价值和文化规范					
（14）我接受的思想政治教育所倡导的中国特色社会主义主流文化可以促进人的自由、全面、充分发展，同时，人的自由、全面、充分发展也可以促进中国特色社会主义主流文化的发展					

续表

题 目	A. 非常同意	B. 基本同意	C. 不知道	D. 基本不同意	E. 非常不同意
（15）我知道中国特色社会主义是什么					
（16）我相信中国特色社会主义发展具有美好的前景					
（17）我坚决支持与拥护中国特色社会主义					
（18）中国特色社会主义所承载的意义和价值是我成长成才所需的文化养分					
（19）面对文化多元多样的社会现状，我会高举中国特色社会主义旗帜，坚定地投身到中国特色社会主义建设事业中去					
（20）思想政治理论课注重我的自由、全面、充分发展					
（21）通过诸如思想政治理论课、青年大学习、各类学生政治理论活动的学习，为我的发展储备了思想道德文化素养层面的能量					
（22）我接受了思想政治教育，在学习生活中追求真、善、美					
（23）我能够积极投身中国特色社会主义伟大实践，为中华民族的伟大复兴贡献自己的力量					
（24）我知道马克思主义世界观、人生观与价值观是什么					
（25）马克思主义世界观、人生观与价值观是具有蓬勃生命力的科学理论					
（26）我认同马克思主义世界观、人生观与价值观					
（27）马克思主义世界观、人生观与价值观是我学习生活需要的指导思想					
（28）我在学习生活中能自觉践行马克思主义世界观、人生观与价值观					
（29）我知道"以人民为中心"这一价值立场					
（30）我愿意为人民幸福勤奋努力					
（31）我将"以人民为中心"作为行为准则					
（32）秉持"以人民为中心"的价值立场，是我实现人生价值的需要					

续表

题 目	A.非常同意	B.基本同意	C.不知道	D.基本不同意	E.非常不同意
（33）我会在学习生活中践行"以人民为中心"的价值立场					
（34）我知道"人的解放与发展"这一价值目标					
（35）我对实现"人的解放与发展"充满信心					
（36）我将实现"人的解放与发展"作为价值追求					
（37）追求"人的解放与发展"，是我创造有价值人生的需要					
（38）我会在学习生活中不懈追求"人的解放与发展"					
（39）我知道"全心全意为人民服务"是社会主义道德的核心					
（40）我愿意"全心全意为人民服务"					
（41）我认同"全心全意为人民服务"这一社会主义道德核心					
（42）全心全意为人民服务，是我创造有价值人生的需要					
（43）我会在学习生活中真正践行"全心全意为人民服务"					
（44）我知道"集体主义"是社会主义道德的原则					
（45）我愿意为集体奉献牺牲					
（46）我认同"集体主义"这一社会主义道德原则					
（47）坚持"集体主义"，是我正确处理个人与社会关系的需要					
（48）我会在学习生活中真正践行"集体主义"道德原则					
（49）我知道中国特色社会主义法治精神与法治价值					
（50）我对中国特色社会主义法治精神与法治价值充满信心					
（51）我认同中国特色社会主义法治精神与法治价值					
（52）践行中国特色社会主义法治精神与法治价值，是我成长成才的需要					
（53）我会在学习生活中践行中国特色社会主义法治精神与法治价值					
（54）学校党团组织举办的主题文化活动，如体育节、艺术节、科技节、读书节等对我影响深刻					
（55）学校先进党员、师德标兵、劳动楷模、优秀毕业生身上所展现出的精神与意志对我影响深刻					

续表

题 目	A.非常同意	B.基本同意	C.不知道	D.基本不同意	E.非常不同意
（56）我将"习近平新时代中国特色社会主义思想"入脑入心入行					
（57）在校园内，我深刻体会到以爱国主义为核心的民族精神和以改革创新为核心的时代精神					
（58）博物馆、校史馆、雕塑、校园建筑、校园广播站和主题网站传播着中国特色社会主义的主流文化					
（59）学校的校训、校风和学风等承载着中国特色社会主义主流文化的意义与价值					
（60）学校的校纪、校规体现着中国特色社会主义主流文化					
（61）课堂教学传播和弘扬了中国特色社会主义主流文化					
（62）在我接受思想政治教育的过程中，教育者文化主体对某一现象或问题的解释有助于我理解和接受中国特色社会主义主流文化的意义和价值					
（63）在我接受思想政治教育的过程中，教育者文化主体将某一现象或问题置于历史文化脉络中讲授，加深了我理解的宽度和深度					
（64）在我接受思想政治教育的过程中，教育者文化主体引导我融入社会，在具体实践的亲身感受中实现对中国特色社会主义主流文化的内化与外化					
（65）在我接受思想政治教育的过程中，教育者文化主体围绕学习主题创设的对话合作式文化情境和复合型文化情境有助于我理解和接受中国特色社会主义主流文化的意义与价值					
（66）校园物质文化环境（校园设施、特色场所、标志性建筑物等）对我的世界观、人生观和价值观具有正向影响					
（67）校园精神文化环境（校训、校风、办学理念等）对我的世界观、人生观和价值观具有正向影响					
（68）校园制度文化环境（学校章程、校规、校纪等）对我的世界观、人生观和价值观具有正向影响					

续表

题　目	A.非常同意	B.基本同意	C.不知道	D.基本不同意	E.非常不同意
（69）校园行为文化环境（师生的日常言行、各类教学实践活动、社团实践活动等）对我的世界观、人生观和价值观具有正向影响					
（70）社会上的历史博物馆、革命纪念馆、图书馆、文化艺术中心等文化设施对我的世界观、人生观和价值观具有正向影响					
（71）社会道德风尚、传统习俗等对我的世界观、人生观和价值观具有正向影响					
（72）中国特色社会主义政治制度、经济制度、法律制度承载的文化意义和价值对我的世界观、人生观和价值观具有正向影响					
（73）家人、朋友、老师、同学积极参与中国特色社会主义建设的氛围对我的世界观、人生观和价值观具有正向影响					

（二）关于高校思想政治教育文化范式动态运行状况的调查题项（请直接在选择项上打"√"）

74. 您认为高校思想政治教育对大学生文化主体进行文化建构设定的目标是什么？（可多选）

　　A. 认同并践行马克思主义和中国特色社会主义

　　B. 实现人的自由、全面、充分发展

　　C. 提升人的思想道德文化素养

　　D. 引导人们自觉投身中国特色社会主义伟大实践

75. 您认为高校思想政治教育对大学生文化主体进行文化建构设定的目标是否贯彻了马克思主义指导思想？（单选）

　　A. 完全贯彻，高校思想政治教育文化目标鲜明、坚决地贯彻了马克思主义指导思想

　　B. 较多贯彻，高校思想政治教育文化目标多层多样，其中马克思主义指导思想在大多数时候能够被贯彻

　　C. 不知道，不清楚

D. 较少贯彻，在多层多样的高校思想政治教育文化目标中，马克思主义指导思想被贯彻得较少

E. 没有贯彻

76. 您认为高校思想政治教育对大学生文化主体进行文化建构设定的目标是否体现了对人的自由、全面、充分发展的追求？（单选）

A. 完全体现，高校思想政治教育是以人为对象的实践活动，本身就将人的自由、全面、充分发展作为自身的目标追求

B. 较多体现，高校思想政治教育文化目标多层多样，其中大多数都体现着对人的自由、全面、充分发展的追求

C. 不知道，不清楚

D. 较少体现，高校思想政治教育文化目标更多地体现在为国家服务，维护中国特色社会主义主流文化，对个体的自由、全面、充分发展关注较少

E. 没有体现

77. 您目前接受的高校思想政治教育在对大学生文化主体进行文化建构时，是否对以下内容进行了讲授？（可多选）

A. 以马克思主义世界观、人生观、价值观为核心的中国特色社会主义思想文化

B. 以中国特色社会主义政治意识形态为核心的中国特色社会主义政治文化

C. 以中国特色社会主义道德价值观为核心的中国特色社会主义道德文化

D. 以中国特色社会主义法治精神与法治价值为核心的中国特色社会主义法治文化

78. 您认为高校思想政治教育所选择的文化内容是否体现了马克思主义指导思想？（单选）

A. 完全体现，高校思想政治教育文化内容深刻体现着马克思主义指导思想

B. 较多体现，高校思想政治教育文化内容繁杂多样，其中大多数文化内容体现了马克思主义指导思想

C. 不知道，不清楚

D. 较少体现，高校思想政治教育文化内容繁杂多样，对马克思主义指导思想体现较少

E. 没有体现

79. 您认为高校思想政治教育所选择的文化内容是否体现了对人的自由、全面、充分发展的追求？（单选）

A. 完全体现，高校思想政治教育文化内容就是引导人们在理解、实践真善美的过程中实现自身的自由、全面、充分发展

B. 较多体现，高校思想政治教育文化内容繁杂多样，其中大多数都是围绕人的自由、全面、充分发展而设置的

C. 不知道，不清楚

D. 较少体现，高校思想政治教育文化内容对个体的自由、全面、充分发展关注较少

E. 没有体现

80. 您认为高校思想政治教育在对大学生文化主体进行文化建构时，是否运用了以下文化资源？（可多选）

A. 高校思想政治教育组织型文化资源，如各级党团组织通过举办传递抗疫精神的征文比赛、弘扬爱国主义精神的演讲比赛等主题文化活动进行思想政治教育

B. 高校思想政治教育人才型文化资源，如通过大力宣传高校先进党员、师德标兵、劳动楷模、优秀毕业生等榜样人物事迹进行思想政治教育

C. 高校思想政治教育理论型文化资源，如通过对习近平新时代中国特色社会主义思想这一马克思主义中国化最新理论成果的深刻讲解进行思想政治教育

D. 高校思想政治教育情感型文化资源，如贴合社会热点话题选取校园内能启发思考、启迪智慧的雕塑、建筑、名人名言等资源进行思想政治教育

81. 您认为教育者文化主体在思想政治教育过程中，对高校思想政治教育组织型、人才型、理论型和情感型文化资源的运用状况如

何？（单选）

  A. 非常好，可以综合运用多种高校思想政治教育文化资源开展思想政治教育

  B. 比较好，基本可以运用多种高校思想政治教育文化资源开展思想政治教育，但对各类文化资源的开发和利用程度有待加深

  C. 不知道，不清楚

  D. 不太好，只运用了某些高校思想政治教育文化资源，且大多时候集中于理论型文化资源

  E. 非常不好，只运用了高校思想政治教育理论型文化资源

82. 您认为教育者文化主体在思想政治教育过程中，对校园建筑类物质文化载体、校训校风类精神文化载体、校规校纪类制度文化载体以及课堂教学类活动文化载体的运用状况如何？（单选）

  A. 非常好，对各类高校思想政治教育文化载体进行了综合选用，实现了多种文化载体之间的有效配合

  B. 比较好，运用了多种高校思想政治教育文化载体，但在各种文化载体之间的配合方面有所欠缺

  C. 不知道，不清楚

  D. 不太好，只运用了高校思想政治教育文化载体中的某些文化载体，且多集中于课堂教学类活动文化载体

  E. 非常不好，只运用了高校思想政治教育课堂教学类活动文化载体

83. 您认为教育者文化主体在思想政治教育过程中，对高校思想政治教育文化理论解释法（通过对某一现象或问题的解释实现中国特色社会主义主流文化意义和价值的传播和创造）、文化叙事理解法（将某一现象或问题置于历史文化脉络中讲授以加深理解）、文化体验实践法（在社会实践的亲身体验实现对中国特色社会主义主流文化的内化与外化）的运用状况如何？（单选）

  A. 非常好，结合教学实际灵活运用多种高校思想政治教育文化方法，使得教学活动生动、有吸引力

  B. 比较好，运用了多种高校思想政治教育文化方法，但在结合教学实际灵活运用方面有所欠缺

C. 不知道，不清楚

D. 不太好，只运用了高校思想政治教育文化方法中的某些方法，且大多时候集中于文化理论解释法

E. 非常不好，只运用了高校思想政治教育文化理论解释法

84. 您认为教育者文化主体运用的高校思想政治教育文化资源、文化载体和文化方法，是否贴合当前时代背景和大学生文化主体的现实需要？（单选）

A. 非常贴合，教育者文化主体注重结合当前大学生文化主体重体验的实际融合多种高校思想政治教育文化资源、文化载体和文化方法开展形式多样的思想政治教育

B. 比较贴合，在当前的网络时代，教育者文化主体注重开展网络教学，在校园网、微信公众号等平台上渗透进马克思主义基本立场、基本观点和基本方法

C. 不知道，不清楚

D. 不太贴合，教育者文化主体基本上都是选用高校思想政治教育理论型文化资源、通过课堂教学类活动文化载体、运用文化理论解释法开展思想政治教育的

E. 完全没有贴合

85. 您认为教育者文化主体在思想政治教育过程中，是否创设了以下高校思想政治教育文化情境，即有利于学生对其传播的中国特色社会主义主流文化意义和价值进行理解的具体场景或氛围？（可多选）

A. 高校思想政治教育对话合作式文化情境，如组织师生合作、生生合作以共同完成对某一文化主题内容的探讨和学习

B. 高校思想政治教育复合型文化情境，如借助中国国家博物馆"复兴之路"虚拟展厅等网络文化资源，通过联系社会生活实际和讲故事等方式，设置有层次的文化问题并精心引导，深化学生的理论认知和情感体验

86. 您认为教育者文化主体创设的高校思想政治教育对话合作式文化情境和复合型文化情境，对您内化并外化高校思想政治教育文化目标和文化内容的作用如何？（单选）

A. 作用非常大，教育者文化主体创设的高校思想政治教育文化情境极大地帮助我深刻理解其要传递的中国特色社会主义主流文化的意义和价值，进而实现对文化目标和文化内容的内化并外化

B. 作用比较大，教育者文化主体创设的高校思想政治教育文化情境对我内化并外化文化目标和文化内容有作用

C. 不知道，不清楚

D. 作用不大，教育者文化主体创设的高校思想政治教育文化情境对我内化并外化文化目标和文化内容基本没作用

E. 没有作用

87. 您在内化并外化高校思想政治教育文化目标和文化内容时，受到了以下哪些校园文化环境的影响？（可多选）

A. 校园设施、特色场所、标志性建筑物等校园物质文化环境的影响

B. 校训、校风、办学理念等校园精神文化环境的影响

C. 学校章程、校规、校纪等校园制度文化环境的影响

D. 师生的日常言行、各类教学实践活动、社团实践活动等校园行为文化环境的影响

88. 您认为校园文化环境对您内化并外化高校思想政治教育文化目标和文化内容的作用如何？（单选）

A. 作用非常大，校园文化环境处处体现着高校思想政治教育文化目标和文化内容，我深受其影响和熏陶

B. 作用比较大，校园文化环境强化我对中国特色社会主义的认知，有助于我形成良好的思想道德文化素养

C. 不知道，不清楚

D. 作用不大，校园文化环境未明显体现高校思想政治教育文化目标和文化内容，对我基本没有作用

E. 没有作用

89. 您认为自己内化并外化高校思想政治教育文化目标和文化内容后，对校园社会文化环境的作用如何？（单选）

A. 作用非常大，作为具有较高文化素养的青年大学生，将高校思想政治教育文化目标和文化内容内化于心、外化于行，可以对其他

社会成员发挥示范引领作用，对推动校园和社会文化环境建设大有助益

B. 作用比较大，青年大学生作为社会成员，提升思想道德文化素养，对推动校园和社会文化环境建设有一定作用

C. 不知道，不清楚

D. 作用不大

E. 没有作用

90. 您认为当前社会大系统的政治方面、经济方面、文化方面、社会方面、生态方面对高校思想政治教育文化目标、文化内容、文化资源、文化载体、文化方法、文化环境等要素的影响如何？（单选）

A. 当前我国已进入新时代，政治、经济、文化、社会、生态领域的发展取得了巨大成就，对高校思想政治教育文化目标、文化内容、文化资源、文化载体、文化方法、文化环境等要素具有积极影响

B. 当前我国已进入新时代，政治、经济、文化、社会、生态领域的发展处于国内社会主要矛盾发生变化、国际竞争日趋激烈的风险挑战交织叠加的复杂环境中，对高校思想政治教育文化目标、文化内容、文化资源、文化载体、文化方法、文化环境等要素具有消极影响

C. 当前我国已进入新时代，政治、经济、文化、社会、生态领域的发展，对高校思想政治教育文化目标、文化内容、文化资源、文化载体、文化方法、文化环境等要素既有积极影响，也有消极影响

D. 不知道，不清楚

问卷到此结束，感谢您的耐心填答，祝您学习进步，生活愉快！

附录 2

新时代高校思想政治教育文化范式实践状况的访谈提纲（A）

面向思政界专家学者的访谈提纲

时间		地点		受访对象		编号	
备注							
访谈提纲及记录	1. 您认为从范式角度研究高校思想政治教育以文化人、以文育人，需要注意哪些方面的问题？ 2. 您认为要实现对当前个性特征鲜明的"00后"大学生的文化建构，首先需要解决的是什么问题？ 3. 您认为当前高校对思想政治教育文化范式是否重视？ 4. 您认为应从哪些方面着手提升教育者文化主体的育人主体性？ 5. 您认为怎样的教学模式能够充分调动起大学生文化主体的主动性？ 6. 您认为当前高校思想政治教育文化范式的运行机理有哪些？其状况如何？ 7. 您认为社会大系统对高校思想政治教育文化范式的作用状况如何？ 8. 您认为高校思想政治教育文化范式对社会大系统的反作用状况如何？ 9. 您认为当前高校思想政治教育文化范式作为独立系统的运行状况如何？ 10. 您认为当前高校思想政治教育文化范式实践过程中存在哪些问题？ 11. 针对目前高校思想政治教育文化范式实践状况，您认为应该如何改进？							

附录3

新时代高校思想政治教育文化范式实践状况的访谈提纲（B）

面向高校教师群体的访谈提纲

时间		地点		受访对象		编号	
备注							
访谈提纲及记录	1. 您认为"新时代高校思想政治教育文化范式"是什么，如何理解？ 2. 在思想政治教育过程中，您是如何贯彻马克思主义指导地位的？ 3. 在思想政治教育过程中，您坚持的是何种人性观？ 4. 您是以何种方式开展思想政治教育的？ 5. 您认为教育者文化主体与大学生文化主体在进行高校思想政治教育文化范式实践时的素质如何？ 6. 您认为高校思想政治教育文化范式是如何实现中国特色社会主义主流文化意义和价值的传播的？ 7. 您认为高校思想政治教育文化范式的实践状况受哪些因素影响？这些因素是如何发挥作用的？ 8. 您认为当前社会大系统对高校思想政治教育文化范式实践有何影响？ 9. 您认为高校思想政治教育文化范式对社会大系统有何影响？ 10. 针对目前高校思想政治教育文化范式实践状况，您认为应该如何改进？							

附录 4

新时代高校思想政治教育文化范式实践状况的访谈提纲（C）

面向大学生群体的访谈提纲

时间		地点		受访对象		编号	
备注							
访谈提纲及记录	1. 您怎么理解"新时代高校思想政治教育文化范式"？ 2. 您是如何理解马克思主义指导思想的？ 3. 在接受思想政治教育的过程中，您坚持的是何种人性观？ 4. 您所在的学校通过怎样的方式开展思想政治教育的？您如何评价这种方式？ 5. 您觉得当前我国的高校思想政治教育文化范式对您的思想道德文化素养有何影响？ 6. 您觉得当前高校师生的思想道德文化素养如何？它对高校思想政治教育文化范式实践有何影响？ 7. 您认为高校思想政治教育文化范式是如何实现中国特色社会主义主流文化意义和价值的传播的？ 8. 您认为当前的文化环境对高校思想政治教育文化范式实践有什么影响？ 9. 您觉得哪些因素会影响人的思想道德文化素养的形成和发展？ 10. 您觉得哪些因素会影响高校思想政治教育文化范式实践运行？ 11. 针对目前高校思想政治教育文化范式实践状况，您认为应该如何改进？							

参考文献

一 经典著作

《马克思恩格斯全集》第3卷，人民出版社1960年版。
《马克思恩格斯文集》第1—10卷，人民出版社2009年版。
《马克思恩格斯选集》第1—4卷，人民出版社2012年版。
《列宁选集》第1卷，人民出版社2012年版。
《列宁选集》第4卷，人民出版社2012年版。
《毛泽东选集》第1—4卷，人民出版社1991年版。
《邓小平文选》第1卷，人民出版社1994年版。
《邓小平文选》第2卷，人民出版社1994年版。
《邓小平文选》第3卷，人民出版社1993年版。
《江泽民文选》第1卷，人民出版社2006年版。
《江泽民文选》第3卷，人民出版社2006年版。
《习近平谈治国理政》，外文出版社2014年版。
《习近平谈治国理政》第2卷，外文出版社2017年版。
《习近平谈治国理政》第3卷，外文出版社2020年版。

二 资料汇编

《加强和改进大学生思想政治教育重要文献选编》（1978—2014），知识产权出版社2015年版。
《十八大以来重要文献选编》（上），中央文献出版社2014年版。
《十八大以来重要文献选编》（下），中央文献出版社2018年版。

《十八大以来重要文献选编》（中），中央文献出版社2016年版。

《十九大以来重要文献选编》（上），中央文献出版社2019年版。

《习近平关于"不忘初心 牢记使命"论述摘编》，中央文献出版社、党建读物出版社2019年版。

《习近平关于"全面深化改革"论述摘编》，中央文献出版社2014年版。

段忠桥：《建国以来普通高校马克思主义理论课和思想品德课程设置及教学内容历史沿革资料汇编》（上、下编），高等教育出版社2004年版。

习近平：《决胜全面建成小康社会 夺取新时代中国特色社会主义伟大胜利——在中国共产党第十九次全国代表大会上的报告》，人民出版社2017年版。

中共中央宣传部：《习近平总书记系列重要讲话读本》，学习出版社、人民出版社2016年版。

三 专著和编著

曹清燕：《思想政治教育目的研究——基于马克思主义人学视角》，中国社会科学出版社2011年版。

曾兰：《当代大学生精神生活现状及其优化研究》，人民出版社2021年版。

段文灵：《论思想政治教育与"实践人学"思维》，军事科学出版社2012年版。

冯刚、彭庆红等：《新时代高校思想政治教育学原理》，人民出版社2021年版。

顾友仁：《中国传统文化与思想政治教育的创新》，安徽大学出版社2011年版。

郭齐勇：《文化学概论》，武汉大学出版社2014年版。

洪波：《思想政治教育话语范式转换研究》，浙江大学出版社2012年版。

金林南：《思想政治教育学科范式的哲学沉思》，江苏人民出版社2013年版。

雷骥：《现代思想政治教育的人性基础研究》，人民出版社2008年版。

李辽宁：《社会阶层结构变迁与思想政治教育互动研究》，中国社会科学出版社 2013 年版。

刘放桐:《现代西方哲学》,人民出版社 1990 年版。

刘宏达、万美容等:《高校思想政治工作前沿问题研究》,人民出版社 2019 年版。

陆扬等:《马克思主义文化理论发展史》(上),百花洲文艺出版社 2018 年版。

骆郁廷:《精神动力论》,武汉大学出版社 2003 年版。

马文颖:《思想政治教育的文化功能》,中国社会科学出版社 2022 年版。

戚万学:《道德教育的文化使命》,教育科学出版社 2010 年版。

邱伟光、张耀灿等:《思想政治教育学原理》,高等教育出版社 1999 年版。

沈国权:《思想政治教育环境论》,复旦大学出版社 2002 年版。

沈壮海:《思想政治教育的文化视野》,人民出版社 2005 年版。

沈壮海:《思想政治教育有效性研究》,武汉大学出版社 2016 年版。

沈壮海:《新编思想政治教育学原理》,中国人民大学出版社 2022 年版。

宋俊成:《高校思想政治教育学科建设研究——以学科政策内容分析为视角》,社会科学文献出版社 2017 年版。

孙其昂:《思想政治教育现代转型研究》,学习出版社 2015 年版。

孙其昂:《思想政治教育学前沿研究》,人民出版社 2013 年版。

万光侠、张九童等:《马克思主义人学视域中的思想政治教育范式转换研究》,山东人民出版社 2014 年版。

王滨:《思想政治教育环境论》,同济大学出版社 2011 年版。

王海滨:《人的精神结构及其现代批判》,新华出版社 2015 年版。

王海明:《新伦理学原理》,商务印书馆 2017 年版。

王易:《传统文化与思想政治教育创新》,中国人民大学出版社 2018 年版。

王玉德:《文化学》,云南大学出版社 2006 年版。

熊建生:《思想政治教育内容结构论》,中国社会科学出版社 2012 年版。

杨威:《思想政治教育根源论》,社会科学文献出版社 2022 年版。

衣俊卿等:《马克思主义文化理论研究》,北京师范大学出版社 2017

年版。

张其娟:《现代思想政治教育精神资源开发与利用》,知识产权出版社 2013 年版。

张澍军:《德育哲学引论》,中国社会科学出版社 2008 年版。

张耀灿、钱广荣等:《思想政治教育学科范式简论》,安徽师范大学出版社 2018 年版。

张耀灿、郑永廷等:《现代思想政治教育学》,人民出版社 2006 年版。

张耀灿:《思想政治教育学前沿研究》,人民出版社 2006 年版。

赵志业:《文化视野中的思想政治教育研究》,吉林大学出版社 2018 年版。

郑永廷、胡树祥等:《思想政治教育方法论》,高等教育出版社 2020 年版。

郑忠梅:《文化视野中的思想政治教育研究》,吉林人民出版社 2006 年版。

[德] 卡尔·雅斯贝斯:《时代的精神状况》,王德峰译,上海译文出版社 2005 年版。

[法] 爱弥儿·涂尔干:《道德教育》,陈光金等译,上海人民出版社 2006 年版。

[美] 艾尔·巴比:《社会研究方法》,邱泽奇译,华夏出版社 2000 年版。

[美] 塞缪尔·亨廷顿、劳伦斯·哈里森:《文化的重要作用》,周琪等译,新华出版社 2020 年版。

[美] 托马斯·库恩:《科学革命的结构》,金吾伦、胡新和译,北京大学出版社 2003 年版。

[英] 本·海默尔:《日常生活与文化理论导论》,王志宏译,商务出版社 2008 年版。

[英] 马林诺夫斯基:《文化论》,费孝通等译,中国民间文艺出版社 1987 年版。

[英] 特瑞·伊格尔顿:《文化的观念》,方杰译,南京大学出版社 2003 年版。

四　学术论文

蔡如军：《思想政治教育学科范式的反思与建构》，《思想政治教育研究》2015 年第 4 期。

蔡宗模、毛亚庆：《范式理论与高等教育理论范式》，《复旦教育论坛》2014 年第 6 期。

常亮：《大学文化育人功能的实现机理：基于隐性知识传递的分析》，《国家教育行政学院》2017 年第 9 期。

陈秉公：《建党百年思想政治教育学科建设的回顾与展望》，《思想政治教育研究》2021 年第 6 期。

陈秉公：《论思想政治教育的"一体二重性"范式》，《教学与研究》2016 年第 8 期。

陈玲、王汐牟：《论思想政治理论课教学中的"情"与"理"》，《思想理论教育》2019 年第 5 期。

陈万柏：《论思想政治教育文化载体的特征和功能》，《求索》2005 年第 5 期。

陈卓：《论思想政治教育载体的实体性》，《思想教育研究》2021 年第 12 期。

崔成前：《面向大学生的三位一体"以文化人"育人环境探究》，《思想理论教育导刊》2018 年第 4 期。

丁玉峰、黄蓉生：《略论思想政治教育文化形态的类别、特性与功能》，《思想教育研究》2019 年第 5 期。

冯刚、王振：《以文化人在国家治理现代化中的价值意蕴》，《北京大学学报》（哲学社会科学版）2019 年第 6 期。

冯刚、张芳：《新时代高校文化育人的理论与实践探析》，《湖北社会科学》2019 年第 5 期。

冯刚：《论新时代高校思想政治工作守正创新》，《上海交通大学学报》（哲学社会科学版）2021 年第 5 期。

冯刚：《增强新时代思想政治教育专业人才培养的内在动力》，《学校党建与思想教育》2021 年第 5 期。

冯开甫、李小双：《高校思想政治教育文化价值的表现形态》，《思想政治教育研究》2017年第5期。

高鑫：《思想政治教育话语范式解读》，《湖北社会科学》2018年第1期。

顾友仁：《论新中国思想政治教育的文化生态》，《探索》2011年第4期。

顾友仁：《我国当前思想政治教育的文化属性及其选择》，《大连理工大学学报》（社会科学版）2011年第4期。

管秀雪：《人工智能时代思想政治教育者角色探析》，《思想理论教育》2022年第1期。

郭绍均：《思想政治教育研究范式的内涵、功能及其优化》，《思想教育研究》2018年第9期。

侯勇、钱锦：《思想政治教育学科交叉研究范式：现状、问题与创新》，《思想教育研究》2021年第8期。

胡洪彬：《系统思维与新时代思想政治教育资源的整合优化》，《思想理论教育》2021年第12期。

胡晶晶、戴锐：《范式论视角下思想政治教育学科的理论之失与建构之路》，《现代教育管理》2011年第3期。

胡菊华：《思想政治教育文化生态研究的实践逻辑与现实向度》，《马克思主义研究》2020年第2期。

金林南、孙晓蕾：《思想政治教育学科范式研究的若干思考》，《思想理论教育》2013年第11期。

赖雄麟、梁东亮：《思想政治教育人学范式献疑》，《思想教育研究》2016年第3期。

黎海燕、张忠江：《大众文化视域下思想政治教育话语的"变"与"不变"》，《广西社会科学》2015年第2期。

李超民、茹以蓓：《文化自信视域下思想政治教育话语体系创新研究》，《学术论坛》2017年第5期。

李怀杰：《大数据时代思想政治教育研究范式的转型——以电子科技大学为例》，《思想教育研究》2016年第12期。

李怀杰：《现代思想政治教育大数据研究范式变革的逻辑理路与实践路径》，《学校党建与思想教育》2017年第1期。

李辉：《"以文化人"的价值论思考》，《思想教育研究》2015年第11期。

李坤、王秀阁：《科学实践观何以可能——谈思想政治教育研究范式的转换》，《思想教育研究》2016年第2期。

李坤：《思想政治教育范式还是思想政治教育研究范式？》，《思想教育研究》2019年第7期。

蔺伟、苟曼莉：《高校文化育人的工作原则和实现途径》，《中国高等教育》2017年第2期。

刘海春、吴之声：《思想政治教育研究的人学范式：形成、困境及出路》，《思想理论教育》2016年第11期。

刘水静、朱洁仪：《增进高校思想政治理论课程的文化含量：目标、内容与方法》，《教学与研究》2019年第10期。

刘献君：《论文化育人》，《高等教育研究》2013年第2期。

刘卓红、张堃：《以社会主义核心价值观引领新时代中国特色社会主义法治文化建设》，《马克思主义理论学科研究》2020年第4期。

柳礼泉、周文斌：《思想政治教育的政治性与文化性之关系解读》，《思想理论教育导刊》2013年第9期。

卢景昆、罗洪铁：《论思想政治教育的文化责任》，《思想教育研究》2012年第3期。

卢岚：《社会转型与研究范式：思想政治教育范式转换及其运作逻辑》，《学校党建与思想教育》2021年第7期。

卢忠萍、王欣：《全媒体时代思想政治教育环境研究》，《思想理论教育导刊》2021年第12期。

陆凯、杨连生：《以文化人视域下高校学生社团文化育人机制研究》，《思想教育研究》2017年第9期。

罗莎、熊晓琳：《新时代高校文化育人实现理路探赜》，《思想教育研究》2020年第4期。

马超：《高校思想政治理论课增强大学生文化自信的教学着力点》，《思想理论教育导刊》2020年第3期。

梅萍、贾月：《析思想政治教育文化环境和文化载体之异》，《思想教育研究》2017年第3期。

倪娜、张澍军：《思想政治教育的文化特质》，《思想教育研究》2011 年第 7 期。

欧巧云、甄凌：《红色经典体验：高校思想政治教育实践教学范式创新研究》，《湖南社会科学》2019 年第 2 期。

秦在东、唐佳海：《新时代提升文化育人质量的基本方略》，《思想理论教育》2019 年第 6 期。

任少波、许占鲁：《新时代高校思想政治教育范式建构初探》，《国家教育行政学院学报》2018 年第 12 期。

邵从清：《思想政治教育的文化机理及其实现路径》，《江苏高教》2016 年第 3 期。

沈壮海、王迎迎：《2016 年度大学生思想政治教育状况调查分析——基于全国 35 所高校的调查》，《中国高等教育》2017 年第 11 期。

沈壮海：《关注思想政治教育的文化性》，《思想理论教育》2008 年第 3 期。

沈壮海：《论思想政治教育理论研究的新范式与新形态》，《思想理论教育导刊》2007 年第 2 期。

孙其昂：《论思想政治教育的学科定位及组织建设》，《思想政治教育研究》2020 年第 2 期。

陶磊：《思想政治教育研究范式人学转换的批判与探索》，《广西社会科学》2017 年第 12 期。

王宝鑫、段妍：《关于思想政治教育环境本质的再认识》，《学校党建与思想教育》2019 年第 2 期。

王晶：《文化自信视域下思想政治教育话语方式研究》，《学校党建与思想教育》2019 年第 3 期。

王景云：《思想政治教育文化载体发展新趋势刍议》，《思想教育研究》2015 年第 7 期。

王升臻：《文化符号：思想政治教育载体研究的新视角》，《思想政治教育研究》2018 年第 3 期。

王学俭、郭绍均：《思想政治教育研究范式：体系、问题与建构》，《思想理论教育》2015 年第 3 期。

王莹、孙其昂：《思想政治教育文化及其系统解读》，《思想理论教育》2015 年第 2 期。

王振：《以文化人过程中的协同问题研究》，《学校党建与思想教育》2018 年第 20 期。

王振：《遵循以文化人规律 创新思想政治教育方法》，《思想教育研究》2017 年第 4 期。

魏荣、肖李伟：《基于思想政治教育的大学生文化自信提升研究》，《学校党建与思想教育》2021 年第 12 期。

杨光：《高校思想政治教育以文化人的方法研究》，《思想理论教育导刊》2018 年第 6 期。

杨威：《论思想政治教育的文化根源》，《江汉论坛》2016 年第 9 期。

杨威：《思想政治教育：文化意识形态治理的重要方式》，《思想理论教育》2014 年第 11 期。

杨晓慧：《中外大学生价值观教育调查与比较》，《教育研究》2022 年第 3 期。

於国波：《思想政治教育文化的理论范畴探究》，《中国青年政治学院学报》2010 年第 1 期。

余亚林：《思想政治教育视域下的当代文化生态建构探析》，《思想政治教育研究》2016 年第 4 期。

张驰：《系统思维视域下思想政治教育的作用机理探究》，《思想理论教育》2022 年第 4 期。

张建晓、孙其昂：《论思想政治教育文化的逻辑建构》，《理论与改革》2017 年第 2 期。

张立平：《思想政治教育文化环境建设的原则向度及趋势探析》，《理论月刊》2018 年第 2 期。

张耀灿、钱广荣：《思想政治教育研究范式论纲》，《思想教育研究》2014 年第 7 期。

张耀灿：《推进思想政治教育研究范式的人学转换》，《思想教育研究》2010 年第 7 期。

张翼、崔华华：《论高校思想政治教育话语的文化困境与文化进路》，《学术论坛》2017 年第 1 期。

赵玉枝、胡树祥：《网络思想政治教育范式转换：内涵、成因及意义》，《思想教育研究》2021 年第 6 期。

郑永廷、董伟武：《论思想政治教育的文化功能及其发展》，《江苏高教》2008 年第 5 期。

五　其他

《中共中央关于党的百年奋斗重大成就和历史经验的决议》，《人民日报》2021 年 11 月 17 日第 1 版。

习近平：《用新时代中国特色社会主义思想铸魂育人　贯彻党的教育方针　落实立德树人根本任务》，《人民日报》2019 年 3 月 19 日第 1 版。

习近平：《在全国高校思想政治工作会议上的讲话》，《人民日报》2016 年 12 月 9 日第 1 版。